커피보다 쉽게 즐기는

122가지
허브티

오성출판사

머리말

우리나라에 허브가 도입되어 보급되면서, 이제는 가정에 1, 2종의 허브화분이 가꾸어지는 것이 보편화되어 허브라는 말이 생소하던 때를 벗어난 것을 기쁘게 생각한다.

돌이켜보면 허브라는 어휘조차 낯설었던 시절에 허브의 유용성을 체득한 저자는 허브의 도입과 보급을 염원하여 허브라는 식물의 재배방법과 그것들의 긴 여정의 역사를 알리고 이해시켜 활용해 주길 바라는 마음으로 기회가 주어질 때마다 농업분야의 신문이나 잡지에 허브에 관한 글을 기고해왔다.

또 한편으론 농민의 소득증대와 국민건강에 기여하길 바라며 허브의 보급에 주력했는데, 이제는 허브의 효능이나 적응력 및 치료 작용에 대해서는 독자나 생산농가들이 어느 정도 알게 되었지만, 손쉽게 활용할 수 있는 방법을 몰라 그에 대한 문의가 쇄도하는 시점에 와있다.

허브가 제자리를 찾아가는 과정이겠지만, 허브가 각광을 받는 산업으로 발전할 수 있는 초기단계라고는 해도 이 조류에 따라 선진국의 허브제품이 봇물 터진 듯이 밀려들어와 백화점이나 화장품 전문 판매점 등에 진열되어 판매고를 올리고 있는데 비해, 국내 생산자들은 어느 허브농장을 막론하고 생산품의 판로를 찾지 못해 안타까워하고 있는 실정이다.

저자는 점차 확대되어 가고 있는 허브시장을 국내의 허브 생산자가 외국에 내어주지 않기를 바라고 있으며, 전국 어디의 찻집에서나 커피와 함께 국산차와 허브티가 함께 취급되고 있는 현실 속에서, 국내 허브 생산자의 유기농재배(무농약, 무화학비료) 원칙 또한 바라고 있다. 믿을 수 있는 허브의 생산이 이루어진다면, 국내의 허브생산 전망이 결코 어둡지 않다는 것을 말하고 싶다.

이 집필의 목적이 가정에서 손쉽게 허브를 티로 이용하여 건강을 유지하는데 보탬이 될 수 있도록 하는 것이므로, 허브가 갖는 화장품이나 약품으로서의 기능개발은 제약회사나 화장품회사의 몫이라고 여겨 가능한 한 이 부분의 언급은 피하고자 한다.

저자는 4대째 그 맥을 이어오고 있는 양의 가문의 후손이다. 가업이 의업과 약업이다 보니 자연히 건강에 대한 관심이 남달랐고, 아울러 치료식물에 대한 관심 또한 많았다. 이것이 가업 탓인지는 몰라도 1957년 미국대사관 근무 당시 직접 재배했던 허브를 국내에 보급하고자 무던히도 애를 썼는데, 40여년에 걸쳐 연구한 허브에 관한 책 출간과 더불어, 불과 몇 년 사이에 시대의 조류와 맞물려 해외여행이 자유화되자, 외국에서 체험한 허브의 효험과 매력이 국내에 허브 보급을 가속화시켰다고 생각한다.

허브라는 단어는 매우 신선하고 세련된 느낌을 주지만, 약용식물을 지칭하는 단어이며, 아울러 향료식물, 약미식물, 향신료식물이기도 하기에 그 쓰임새가 다양함을 알 수 있다.

다만 우리가 건강을 지키기 위한 방편으로, 가까이 두고 손쉽게 꺼내 쓸 수 있는 게 무엇일까를 생각할 때, 누구나 약을 생각하게 되고, 허브와 같은 약용식물을 음용하는 것은 조금 번거롭다는 생각이 들게 된다. 하지만 기호식품인 차(茶)는 누구나 즐길 수 있는 약의 일종이다. 그런데 차를 약이라고 생각하는 사람은 드물다. 이것이 차가 갖는 묘미다.
언제부터인가 카페인 때문에 녹차와 커피를 멀리하는 등의 차 문화 패턴이 바뀌고 있다. 국산차와 허브티의 수요가 증대 일로에 있어 바람직하나, 예로부터 즐기던 인삼차, 대추차, 계피차, 생강차, 옥수수차, 보리차, 결명자차 등 모두라고 해도 좋을 만큼 우리 차는 달여서 마시는 번거로운 차로 인식되어 있다. 그런데 외국에서는 홍차나 녹차, 커피 등을 끓인 물에 우려내어 마시듯이, 허브티용 허브들도 간단하게 끓는 물에 우려내어 마시는 것만으로도 그 허브가 가진 효능을 얻을 수 있어, 허브티의 활용은 세계적으로 그 붐을 형성하며 확대되어가고 있다. 다만 잊지 말아야 할 것은 허브는 약초라는 것을 명심하고 오용과 남용을 삼가고 적절하게 활용한다면 기호식품의 영역에서도 즐길 수 있다. 허브애용자를 위해서나 생산자 모두를 위해서, 허브 중 티로 쓸 수 있는 122종을 엄선하여 그 허브가 갖는 특성들과 활용방법, 재배와 수확, 보존방법 등을 알려 감히 허브길잡이의 적은 몫을 감당할 수 있었으면 하는 바램으로 이 책을 집필하였다.
개중에는 켓츠그로우 같은 세상에 알려진 지 20년도 안된 전혀 낯선 식물도 있는데, 페루의 전 대통령(모리)이 법으로 살아있는 켓츠그로우의 수출을 금할 만큼 암 치료에 절대적으로 좋은 약용식물임이 미국과 유럽에서 확증되었기에, 암으로 고통 받는 환자에게 희소식을 전하고 싶은 마음에서 비중 있게 다루었음을 알려둔다. 또 남아공의 루이보스티나 남미의 마태티 같은, 세계에선 유명 티지만 우리나라에서는 아직 생소한 티 식물도 건강에 기여할 수 있기를 소망하여 다루었다.
아울러 몸의 컨디션에 따라 브랜드 허브티의 비법을 제시하여 몸의 상태를 개선할 수 있기를 소망하며 허브의 식용화를 위한 활용방법을 제시한다.

출판계의 어려움을 무릅쓰고 출간을 쾌히 승낙하신 오성출판사의 김중영 이사장님께 감사를 드리며, 편집에 수고를 아끼지 않은 임직원에게도 사의를 표한다.
이 책이 우리의 차 문화 발전에 기여하면서, 기호식품이 건강을 지키는데 한 몫을 다할 수 있음을 인식하는데 일조하기를 기도하면서……

2008.10 저자 최영전

contents

허브티란?

- 12 읽어두기
- 13 티의 역사
- 14 허브가 걸어온 배경
- 15 허브티란 무엇인가?
- 18 허브티로 쓸 수 있는 허브는?
- 19 허브티로 이용할 때 알아 두어야 할 것
- 20 허브티의 이중효과
- 21 드라이 허브 만드는 법
- 27 허브티용 허브 구입할 때 체크 할 것
- 27 허브티 만드는 요령
- 30 아이스 허브티 만드는 법
- 31 냉수로만 우려낸 허브티
- 32 브랜드 허브티 만드는 법
- 33 계절별 브랜드 허브티
- 34 허브티 마시는 요령
- 36 유아를 위한 허브티
- 37 마시는 외의 허브티 이용법

티로 쓸 수 있는 여러 가지 허브

- 40 가시오갈피
- 41 갈다몬
- 42 감나무
- 43 고쓰코라 (조개풀)
- 44 김네마
- 45 넷틀 (서양쐐기풀)
- 46 단데리온 (서양민들레)
- 48 당귀
- 49 딜
- 50 라벤더
- 52 라스베리(유럽딸기)
- 53 렁워드
- 54 래드크로버
- 55 레몬
- 56 레몬그라스
- 58 레몬밤 (메릿사)
- 60 레몬버베나 (베루베누)
- 61 레이디스 멘틀
- 62 로즈 (장미)
- 64 로즈마리
- 65 로즈힙(장미열매)
- 67 로켓트
- 68 루이보스
- 69 리코리스 (스페인감초)
- 71 린덴 (서양보리수, 유럽피나무)
- 72 마더워드 (익모초)
- 73 마쉬말로우

74 마조람	101 썸마세이보리
75 마태	102 세이지 (약용살비아)
77 말로우 (당아욱)	103 센트죤스워드 (서양고추나물)
78 멀레인	105 셀프힐 (서양꿀풀)
79 메도우 스위트	106 스위트 바이오랫 (서양 오랑케꽃)
81 메리롯트	107 스칼캅 (버지니아 황금)
82 물베리 (뽕나무)	108 스테비아
83 밀크시슬 (마리아 엉겅퀴)	109 스피아민트
84 바레리안 (서양 쥐오줌풀)	110 시나몬 (계피, 육계)
86 바질	112 아그리모니 (서양 짚신나물)
87 바도크 (우엉)	113 아니스
88 버베인 (마편초)	114 아이브라이트
89 베토니	115 아쥬와칸다
90 벨가못트 (모날다)	116 아티쵸크
92 보리지	117 알로에베라
93 부랙코흐시 (미국승마)	118 안제리카 (유럽당귀)
94 붓촤스부룸	119 알팔파 (자주개자리)
96 부랙카란트	120 야로우 (서양톱풀)
97 빌베라 (들쭉나무)	122 약모밀(어성초)
98 샤프란 (번홍화)	123 에리카 (히wm)
100 사플라워 (잇꽃, 홍화)	124 에키나세아
	126 엘더 (서양접골목)
	127 엘로우독크 (긴잎 소루쟁이)
	128 여주
	129 오래가노
	130 오렌지 브롯삼 (오렌지꽃)
	131 오렌지 필 (오렌지 과피)
	132 오미자
	134 오트 (귀리)

contents

- 135 올리브
- 136 와일드 스트로베리 (유럽 야생딸기)
- 137 우바울시
- 138 위치헤젤 (미국 풍년화)
- 139 유카리
- 140 율무 (의이인)
- 141 은행나무
- 143 이질풀
- 144 인삼
- 145 쟈스민
- 146 진저 (생강)
- 147 쥬니퍼 (서양 노간주나무)
- 149 차나무
- 150 챠스트 트리
- 151 카라웨이
- 152 카우스립 (서양앵초)
- 154 케모마일
- 155 켓츠 그로우
- 157 켓트닛프 (개박하)
- 158 코리안더 (고수풀)
- 159 콜츠후드
- 160 쿠미스쿠칭 (고양이수염)
- 161 크란베리 (유럽덩굴월귤)
- 162 크로우브 (정향)
- 163 크리빌스 (칼퀴덩굴)
- 164 타임 (백리향)
- 166 터메릭 (울금)
- 167 파세리
- 168 팻숀플라워 (시계초)
- 170 페누그리그 (호로파)
- 171 페퍼민트 (서양박하)
- 172 애플민트
- 173 펜넬 (회향)
- 175 폿트마리골드 (금잔화)
- 176 프락스 (아마)
- 178 피버퓨
- 179 하즈이스 (삼색오랑케꽃)
- 180 화이트 윌로우 (서양흰버들)
- 181 화이트 허하운드
- 183 호손 (서양산사나무)
- 184 호스텔 (쇠뜨기)
- 186 호프
- 187 황기
- 189 히비스커스 (로젤)
- 190 히솝

심신의 상태별 브랜드 허브티 비법 (recipe)

- 195 1. 감기, 기침, 목 아플 때, 코 막힐 때
- 196 2. 간기능이 마음 쓰일
- 198 3. 갱년기 장해가 올 때

199	4. 고혈압에
200	5. 구취가 심할 때
201	6. 기미가 생겼을 때
202	7. 긴장에는
203	8. 긴장성 두통, 편두통
204	9. 냉증에는
205	10. 눈이 피로할 때
206	11. 멀미에
206	12. 면역을 강화하고 싶을 때
208	13. 방광염에는
209	14. 변비에는
210	15. 부기가 생겼을 때
211	16. 불면증에는
212	17. 불안, 근심 있을 때
213	18. 비만대책
215	19. 빈혈에는
216	20. 생리통, 월경주기이상이 있을 때
218	21. 설사에는
219	22. 숙취에
220	23. 스트레스 해소에
220	24. 아토피로 괴로울 때
222	25. 알레르기성 비염, 화분증
223	26. 여드름에는
224	27. 여름타는데
225	28. 우울하고 기분이 가라앉을 때
226	29. 위장이 나빠졌을 때
228	30. 월경 전 증후군
229	31. 조급증이 생겼을 때
230	32. 졸음, 무기력증에
231	33. 집중력이 없을 때
232	34. 체력, 기력 저하에

식용화 : Edible Flower

236	식용화
238	티로 쓸 수 있는 식용화
239	샐러드로 쓸 수 있는 식용화
240	튀김에 쓸 수 있는 식용화
241	스프에 쓸 수 있는 식용화
241	꽃죽에 쓸 수 있는 식용화
241	꽃술 만들 수 있는 식용화
242	샤베트에 쓸 수 있는 식용화
243	아이스크림에 쓸 수 있는 식용화

01 part

허브티란?

berb

읽어두기

허브티는 허브(약용식물)를 이용하여 가볍게 차로 마시는 것을 말하며, 그 허브에 함유된 여러 가지 유효성분이 인체에 작용하여 기호식품 이상의 효과를 나타내므로 그 수요가 꾸준히 증가하고 있으며, 이것은 세계적인 추세이다.

그러나 무엇보다 허브티는 치료 약이라기보다 건강보조식품이라는 점을 명심하고 이용하기를 바란다.

의사가 처방한 약품대용으로 사용한다든가, 전적으로 치료목적으로 사용하는 것은 피하는 것이 바람직하다.

우리는 흔히 두통이 있다든가, 소화가 안 된다든가, 감기기운이 있다든가, 생리통이 있다든가, 관절염이나 신경통으로 고생할 때 병원에 가기 전에 우선 약국에서 약을 사서 대처하는 경우가 많다. 이럴 때 화학약품 대신 허브를 사용하여 보면 기대이상의 효과를 얻을 수 있다.

그러나 1주일 이상 증상이 개선되지 않을 때는 병원에 갈 것을 권한다. 또 임신 중이거나, 중병을 앓고 있는 사람, 만성적인 질병이 있는 사람 등 신체의 건강상태가 마음에 걸리는 사람은 반드시 의사나 전문가와 사전에 상담한 후에 사용토록 한다.

우리나라에 허브가 도입되어 일반인에게 다양하게 이용된 것은 오래되지 않았기 때문에 의사가 허브를 이해하지 못하는 경우도 있을 수 있으므로 이 점에 유의하길 바란다.

허브에 따라서는 약의 효과에 차이가 있으므로 사용량과 사용횟수에 따른 심신의 영향이 사람에 따라 다르게 나타날 수도 있다는 것을 유념해 충분히 읽고 숙지해서 사용해야 한다.

이 책의 저자 및 출판사는 허브티를 이용했을 때 발생한 일절의 손상이나 신체적인 이상, 약물과의 상호작용 및 부작용에 대하여 책임을 지지 않음을 밝혀둔다.

티의 역사

1

티(tea)는 차(茶)를 지칭한 영명인데, 차는 중국이 원산지인 차나무(camellia sinensis)의 잎으로 만든 음료수로서 가공과정을 거치면서 녹차, 우롱차, 홍차 등 여러 가지 이름으로 불린다.

차의 기원은 B.C 2737년 고대중국의 신농황제(神農皇帝)가 물을 끓이느라고 불 앞에 꿇어 앉아 있을 때, 갑자기 돌풍이 불어 나뭇잎이 펄펄 끓는 물속에 떨어졌는데 이것은 야생 차나무 잎들이었다. 그 잎이 물에 잠기면서 좋은 향기가 퍼져 나오자, 황제가 그 향기에 매료되어 뜨거운 물을 마셨는데, 그 싱그럽고 향기로운 맛에 반해 황제가 그 후부터 차로 이용하게 되었다는 차 기원의 역사가 전해져 오고 있다. 이 차는 항산화작용, 항균작용, 항암작용 등 많은 성분이 함유되어 있는 허브로서, 옛날에는 생화학적 작용은 몰랐지만 체험으로 얻은 장수와 강장 질병치료를 하는 약용음료로서 인기를 얻었다.

긴 세월을 거치면서 약용음료는 기호식품으로서의 가치를 더해 동양문화권(중국, 한국, 일본 등)에서 차 문화인 다음의식(茶飮儀式)으로 발전했고, 일상에서 습관화될 정도로 보급화되어 다기에서 마시는 예절까지 생겨나며 고품격화되어갔다. 이 다문화가 무역항로를 따라 세계로 퍼져갔는데, 1559년에 이란(페루샤)에서 온 상인이 베네치아의 학자에게 중국에서 마신 차 이야기를 한 것이 계기가 되어 기사화되자, 베니스의 항간에 소문이 나서 이 미스터리의 음료가 무엇인가 하여 누구나 마셔보고 싶어하게 되었다.

1600년대 초까지는 네덜란드의 동인도회사가 차 잎을 유럽으로 도입하는 루트가 되어 유럽에 전파 되었으며, 유럽에 수입된 당시의 차는 고급 고가 수입품으로서 황실, 제후, 귀족, 권력자, 부유층 등의 전용물이 되어 장수와 질병 치료의 이국적인 약용음료로서 사치와 인기를 누렸다.

영국이 식민지를 확대해가면서 인도와 스리랑카(시론) 등지에 차 재배를 권장 확대하자, 생산과잉에 따른 소비방법으로서 홍차에 우유를 섞은 영국식 티가 생겼다(영국에서 티라 하면 이것을 지칭한다). 지금도 영국의 티타임은 이 티를 마시는 것이다.

티 역사상 가장 기억에 남을 만한 사건은 1773년 영국에서 미국으로 이주한 이주민들이 영국에서 익숙했던 티를 즐겼는데, 영국정부가 티(홍차)에 법 외의 관세를 부과하였으므로 이에 분노한 미국인들이 보스톤 티파티의 밤에 고가인 드라이 티 32상자를 바다에 던

져버리고 파티를 보이콧하여 혁명을 폭발시킨 빌미가 된 사건인데, 수입 홍차 대신 그 곳 원주민들이 건강 차로 마시고 있던 "벨가못트"티를 마셨다는 기록이 남아있다. 벨가 못트는 오스웨고(oswego)강 유역에 많이 자생하고 있으므로 이것을 원주민은 오스웨고 티라 했다. 그래서 벨가못트티는 지금도 오스웨고티라는 애칭으로 불리고 있다.

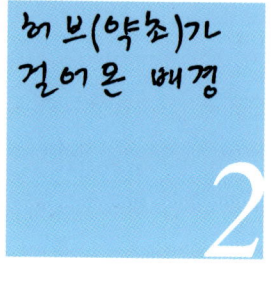

허브(약초)가
걸어온 배경
2

티라 하면 동양의 차를 지칭하는 것으로 굳어지자, 서양에서는 수 천년 전부터 약용하던 식물을 메디칼 허브라고 했는데, 동양에서 약용식물을 생약(生藥)또는 한약이라 하는 것과 일맥상통한다.

성경 에스겔 47장 12절에 "그 실과는 먹을만하고 그 잎사귀는 약재료가 되리라"라고 기록되어 있는데, 많은 세월을 거치면서 하나님이 주신 약초의 의미가 달라졌다. 지금은 식물(허브)의 잎뿐 아니라 꽃, 열매, 씨, 줄기, 뿌리, 근경, 수피(樹皮) 등 식물의 모든 부분이 약으로 쓰이고 있다. 아울러 연구가 거듭되면서 이용방법도 다양해졌는데, 식료품, 향료, 염료, 목욕재, 화장품, 구라프트까지 그 용도가 다양하지만 그 중에서 가장 중요하고 또 오랜 역사를 지닌 것이 의료에서의 활용이다.

이 약용의 명맥을 이어온 것은 동양에서는 승려나 도교신자(道敎信者)들, 식물 요법사들에 의해 구전 내지 전승되어 오늘에 이르렀고, 서양에서는 고대로부터 지금까지 왕실의 궁정(宮庭)이나 가톨릭 수도원에서 재배 전승되어 치료에 쓰여오면서 발전해왔다.

그런데 식물의 의학적 효용은 과거 4,000여 년을 지나면서 인류의 지혜로운 경험에서 생겨난 것이지만, 전세기 후반부터 금세기에 걸쳐 그 과학적인 연구결과가 계속 발표되면서 수천 종의 식물에 대한 성분 및 효용이 계속적으로 규명되고 있다. 이렇게 되자 종래의 약용식물이 갖는 다양한 성분 중에서 뛰어난 한 가지 성분을 분리 추출하는데 성공하여 그 화학약품은 그 병에 잘 듣는 약으로 정평이 나면서 화학약품에 대한 의존도가 높아졌으며 값싼 합성화학약품이 대중요법의 핵이 되었고, 자연산의 식물요법이 경원시되기에 이르렀다. 이 시기를 자연식물요법의 암흑기라고 할 수 있다.

그런데 유럽의 세계 2차 대전으로 약용식물생산이 부족하게 되자 과학자들은 화학적으로 합성하여 만든 합성원료를 대용하게 되었다. 과학만능의 산업화 사회가 도래하여 사람이 달에도 갈 수 있는 세상이 되자, 근대화의 과정에서 한 때 자연의 소재들은 야만이나 조잡한 것으로 경시되어 잊혀져 갔다. 그런데 근대화의 주 동력이였던 과학이나 화학공업이 옛날에 없던 공해로 인한 질병이나 화학약품의 폐단으로 생긴 약해 등이 사회의 큰 문제로 대두되기에 이르렀는데, 합성항생물질이 신종 바이러스에 전혀 효과가 없다는 것이 확인되자, 신종 감기나 인프루엔자, 아토피, 공해천식 화분증, 피부발진 등 신종 바이러스의 제 증상에 무엇을 처방 해야 할지 대처방법에 골몰하게 되었다. 우리는 부지중에 인공적이고 기계화된 사회에 익숙해져서 걷는 것은 자동차에 맡기고, 먹는 것은 인공착색, 표백, 합성가공품 등 산업화에서 얻어진 것을 가지고 건강에 면죄부나 받은 것처럼 탐닉함으로서 우리의 건강을 좀먹게 했다. 이것은 자연을 훼손하고 학대한 대가로 얻어진 것인데, 특히 건강을 지켜주던 자연환경이나 질병과 싸워주던 천연 자원이었던 허브(약초)를 경시하고 또 농약이나 제초제 등에 의존한 농법도 한 원인이다.

허브는 한가지 식물에도 많은 성분이 함유되어 있어서 예상 밖의 복합작용을 하는 것이 특징인데, 항바이러스작용, 항진균작용, 항균작용, 항산화작용, 면역부활작용 등 다양한 역할을 감당해주는 것이 규명되어 신약의 원료로도 많이 개발되지만 과학의 선진화를 이룩한 나라들이 각종 공해에서 건강을 지키려는 노력이 1970년대부터 싹트기 시작하여 공감대를 형성하면서 급속도로 전세계로 확산되어 범세계적인 운동으로 "자연을 지키고 자연으로 돌아가자"는 캠페인으로 발전했다. 이 해결책의 일환으로 서구인들이 일상생활에 익숙해있던 자연의 힘을 빌린 건강법인 허브활용에 관심을 집중하게되어 증조모가 할머니에게, 그리고 어머니에게로 대대로 전수하던 인간의 심신에 순하게 작용하여 질병을 무리 없이 고쳐주던 옛날 허브의 힘에 새롭게 눈뜨게 되었다. 이것은 허브이용의 재발견이다.

허브티란 무엇인가?

3

허브(약용식물)의 꽃, 잎, 줄기, 뿌리, 근경, 열매, 씨, 수피 등을 프래시(날 것)상태 또는 드라이(건조 시킨 것) 상태로 하여 뜨거운 물, 또는 냉수에 우려서 수용성(水溶性)의 성분을 추출한 음료수를 말한다. 식물이라는 일반적 단어가 아니라 허브라는 세련된 이름을 쓴 것은 "티"라고 하면 차(茶)를 뜻하게 되어 허브티(herb tea)라고 했는데 많은 허브가 티로 쓰일 때는 '캐모마일티', '페퍼민트티'라고 하는 식으로 허브 명을 앞에 붙여서 부르기 때문에 허브티라고 한다.

허브가 약초인 만큼 우리의 관념 속에 약초는 달이는 것으로 인식되어 있고, 차라 하면 녹차나 홍차, 커피처럼 열탕에 우려내던가 타서 마시는 것으로 이해되고 있다.

그런데 허브티는 허브용법의 가장 기초적이고 가장 손쉬운 방법이라 할 수 있다. 허브에 함유된 유효성분을 허브와 끓는 물, 이 두 가지만으로 간단하게 소기의 목적을 얻을 수 있기 때문이다.

허브에 끓는 물을 붓고 휘발성 유효성분(정유성분)의 손실을 막기 위해 뚜껑을 덮고 그 허브가 우러나는 시간만큼 기다렸다가 부어서 마시면 된다.

우러난 성분이 몸 안에 흡수되면서 심신의 나빠진 부위의 증상을 개선할 뿐 아니라, 쇠약해진 간이나 뇌, 신경 등 여러 대사기관에도 작용하게 되어 약해진 기관이 강화하므로 치

유목적뿐 아니라 예방효과도 얻을 수 있어 허브의 여러 효능을 가장 안전하고 손쉽게 취할 수 있는 이상적인 방법이라 할 수 있다.

허브티의 매력은 많은 종류의 허브마다 각기 다른 빛깔을 내는 색의 다양함인데, 붉은빛, 노란빛, 청색으로 우러난 말로우티에 레몬을 1~2방울 떨구면 핑크색으로 변하는 등 다른 티에서 느낄 수 없는 묘미가 식욕을 촉진하여 약효를 끌어 올린다.

허브마다 독특한 향기와 달고, 쌉싸름하고, 쓰고, 떫고, 신맛과 톡 쏘는 자극적인 맛 등은 허브티만이 가질 수 있는 장점이라 할 수 있다.

그런데 어디까지나 허브(약초)라는 이름이 붙어 있으므로 허브 하나하나에 대하여 모든 것을 파악하지 않고는 기대하는 효과를 얻기 어렵다. 허브가 가진 진정, 향산화, 항균, 소화기능촉진 등 여러 가지 작용으로 심신을 안정시키는데 쓰이지만, 화학약품처럼 그 나쁜 증상만을 제거하는 것이 아니라 전신(全身)에서 원인을 찾아 개선해주므로 뜻밖의 효과도 얻지만, 반대로 원인을 무시(가령 머리가 아프니까 진통만 시키면 된다는 생각)하면

오산이다. 두통의 원인이 스트레스에 의한 것인지 아니면 컴퓨터와 하루 종일 씨름하느라 눈이 피로해서 오는 두통인지, 감기 기운이 있어서 오는 두통인지, 뇌의 이상에 의한 두통인지 등 여러 가지 원인이 있으므로 그 원인을 규명한 후에 전체적으로 살펴서 그에 적합한 티를 선택해야 한다. 아무리 좋고 유효한 성분이라도 정확하게 흡수되지 않으면 몸 속에서 작용하지 않는다. 따라서 소화기관을 통하여 체내에 들어가는 것이므로 소화기 계통의 기능이 정상적인 것도 중요하다.

허브티는 100% 자연자원이다. 첨가물이나 방부제, 착색제가 전혀 섞여있지 않고 설탕이나 감미료도 첨가되지 않았다. 간혹 맛이 써서 먹기 힘들 때는 항균작용이 있는 꿀이나 칼로리가 전혀 없는 천연감미료인 '스테비아'를 몇 잎 넣어 티를 만들면 된다. 설탕이나 인공 감미료는 허브의 효능을 약화시키므로 넣지 않는다. 아울러 카페인 성분이 없는 것이 대부분이어서 이것도 허브티의 장점이 될 수 있다.

허브티는 향기의 효과(정유성분)와 마시는 효과에 의한 양쪽의 약리효과를 동시에 즐길 수 있는 것이 특징이다. 티에서 피어 오르며 풍기는 향기를 코로 들이 마시면, 미량의 휘발성 정유성분이 흡수되어 향기의 화학분자가 취각의 신경경로를 따라 뇌에 도달하여 자율신경이나 내분비계(홀몬), 면역계 등을 자극하여 순한 알로마테라피 효과를 기대할 수 있다.

허브티에 녹아난 수용성 성분은 비타민c, 미네랄(철, 칼슘, 칼륨 등), 타닌, 푸라보노이드(비타민p)유기산, 점액질, 배당체, 사포닌, 고미질 등인데, 이 유효성분은 직접 소화기 계통에 흡수되며, 혈류를 따라 전신의 약화(弱化)된 부분에 작용하게 된다. 허브티에는 향기성분인 정유는 함유되어 있지 않다. 여기에서 주목할 것은 항산화 작용이다. 음식물이 소화되어 체내에서 대사가 이루어지는 과정에서 발생하는 것이 활성산소인데, 이것이 노

화 등의 원인이 된다. 허브는 이것을 무독화시키는 s.o.d (활성산소 제거효소)를 공통으로 함유하고 있다. 또, 콜레스테롤을 배출하며, 변비 등에 유효한 식물섬유를 많이 함유하고 있다는 특징도 있다.

허브는 효능이 있다 하여도 사람에 따라서, 또는 컨디션에 따라 반응이 다를 수 있기 때문에 맞지 않는다고 단정하

기 전에 허브 하나 하나에 대한 지식을 넓히는 과정이 필요하다. 예를 들면 동일 허브일지라도 사용부위(잎, 뿌리, 열매, 씨 등)에 따라 함유성분이 다를 수 있고, 또 상승효과를 기대하여 브랜드 할 때 역효과가 날 수도 있다.

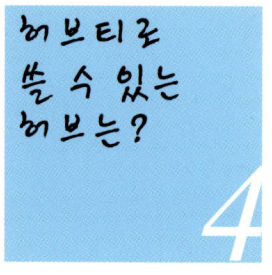

허브티로 쓸 수 있는 허브는?

4

허브라고 다 티로 쓸 수 있는 것은 아니다. 수용성(水溶性)도 있고, 지용성(脂溶性)도 있으며, 내복용은 안되고 외용(外用)에만 가능한 것 등 각각 다르므로 허브에 대하여 알기 쉽게 요약하여 남용을 피하고자 한다.

흔히 생약(生藥)에서 상약(上藥)이라 하여 일명 군약(君藥)이라고도 하는, 인삼, 대추, 생강, 맥문동, 출(창출, 백출), 율무(의이인), 아니스, 펜넬(회향) 타임, 캐모마일, 샤프란, 바질, 페퍼민트, 라벤더, 메릿사, 마조람, 카라웨이 등 식품으로 쓰이는 것이 많은데 약식동원(藥食同源)이라는 말이 이를 뒷받침해 준다. 생명을 기르는 약으로서 일반인이 사용해도 아무런 부작용이 없으며, 독도 없고 활력을 강화하는 영양분이 많으므로 연용(連用)해도 무방한 것들인데 대체로 순하게 작용하며 강렬한 성분은 함유되어있지 않는 것이 많다. 주 성분은 모노텔펜계 화합물이다.

중약(中藥)은 신약(臣藥)이라고도 하며, 신체의 병을 고치는 허브로서 성품을 기르고 보익강장약(補益强壯藥)도 되지만 때로는 독이 될 수도 있어서 복용에 주의를 요하며 의사나 약사의 지시에 따라서 사용할 수 있다.

작약, 당귀, 칡, 마황, 목단, 백합, 겐쨔 아티쵸크, 허하운드, 세이지, 제라늄, 사포나리아 등이 이에 속하며, 주 성분은 고미질, 푸라보노이드, 페놀성 화합물(모노텔펜, 세스키텔펜, 폴리페놀 등)이다.

하약(下藥)은 좌사약(左使藥)이라고도 하며, 독극물이 함유된 치료 약이다. 질병을 치료하는데 쓰이는 것으로 명백하게 독이 있으므로 병에서 회복되면 사용을 중지해야 하며, 그렇게 하지 않으면 신체에 역 반응을 일으킨다. 하약의 독극물은 신체를 상하게 하므로 특히 치료에만 써야 한다. 매우 위험도가 높으므로 의사만이 임상적으로 쓰는 약이다.

양귀비, 디기달러스, 베라돈나, 사리풀(헨벤), 아코닛트, 콜히쿰 등이 이에 속하며, 주 성분은 알카로이드, 스테로이드, 안토라기노 화합물 등이다.

이렇게 허브를 설명하면 두려워서 선뜻 티로 이용하는 것을 망설이게 되겠지만 "상약"에 해당되는 것은 티로서 약리효과를 얻을 수 있어 안심하고 쓸 수 있다.

난, 어느 허브이건 간에 연용(連用)은 리스크를 각오해야 하지만 천연물인 만큼 화학 약품과 달리 많은 성분을 함유하고 있으며, 완충제적인 면이 많아서 지나친 것은 감소시키고 부족한 것은 채워주는 묘약이 된다. 따라서 허브티는 그 룰을 꼭 지켜서 이용해야 실패하지 않는다는 것을 명심해야 한다.

허브티를 이용할 때 알아두어야 할 것. 5

① 허브티를 마셨을 때 허브가 가진 효능은 신체 본래의 생체방어기능(生體防禦機能)을 높이고 감염증을 막아준다. 항생제 사용 후나, 병 후 또는 수술 후 등의 체력회복을 위한 면역력을 향상시켜주며, 항스트레스작용, 신경진정작용, 항불안작용, 위가 약해졌을 때의 천연제산작용, 화분증이나 알레르기 대책을 위한 항히스타민작용, 항울작용, 항균, 살균, 항바이러스작용, 항진균작용, 면역부활작용까지 하는 티까지 여러 가지인데, 신체의 특정부위를 강장하는 보약이 되는 티가 있는가 하면 정력제가 되는 티까지 참으로 다양하다.

② 허브티는 어디까지나 약을 쓴다는 심정으로 대해야 한다. 단순한 기호식품이 아니라는 것을 염두에 두고, 사용하기 전에 주의할 점을 체크하는 것도 잊어서는 안 된다. 가령 임신 중이거나 수유기간 중, 어린이에게도 쓸 수 있는지의 여부, 그리고 질병(고혈압 등)이나 치료 중일 때는 사용제한사항이나 의사와 상의 하에 허브티를 사용해야 한다.

③ 허브티가 효험이 좋다고 하루 또는 한꺼번에 몇 잔씩 과음해서는 안되며 용법을 지켜야 한다. 특히 연용(連用)이 가능한 것 외에는 허브티를 마시는 룰에 따르는 것이 효과적이다. 또, 허브티는 진한 것 보다 연한 것이 안전하다. 허브티를 마시는 기간 중에 설사를 하거나 몸의 컨디션이 나빠졌을 때는 허브티 사용을 중지한다.

④ 오용하지 않도록 주의한다. 예를 들면 폿트마리골드(카렌쥴라)는 황금색 꽃잎만이 피부나 소화기 염증에 쓰이는데, 흔히 마리골드라 불리는 관상용의 프렌치 마리골드도 꽃빛이 황금색으로, 비슷한 이름 때문에 혼동을 빚어 오용하는 경우가 있다.

⑤ 치료 약을 복용할 때 물 대신 허브티를 마시는 것은 삼가야 한다. 허브에 함유된 타닌

성분이 타닌산으로 분해 되어 약물과 결합하여 인체의 흡수를 방해하여 약효를 떨어뜨리기 때문이다.

⑥ 허브티로 병을 고칠 목적일 때는 의사와 상의하는 것이 안전하다. 건강을 위해서라면 예방과 가벼운 트러블을 완화하는 보조역할로 체력을 강화하는 보완책으로 이용하는 것이 현명하지만, 그 중에는 기호식품으로 연용해도 건강증진에 기여할 뿐 아니라 유해작용이 없는 것도 있으므로, 허브티는 필요할 때 마신다는 생각과 알고 마신다는 지혜가 필요하다.

효능이 심신에서 깨달아지면 이것은 이중의 효과를 얻은 것이 되어 매료된다.

허브티의 2중 효과

⑥ 허브티는 한 가지 허브로만 티를 만들어도 허브의 뛰어난 많은 성분이, 문제가 생긴 한 가지 증상뿐만 아니라 몸 전체에 작용한다는 장점이 있다. 본인도 의식하지 못했던, 근본적으로 약화된 부분에도 작용하는 2중의 효과를 나타낸다. 예를 들면 케모마일티는 리락스(진정작용)하고 싶을 때 또는 편히 잠들고 싶을 때(불면증) 마시는 티인데, 이 효능 외에 과민성 장 증후군에도 본인도 모르게 작용하며 위가 약한 것을 강화하고 감염증을 예방하는 항균력도 있어 인프루엔자에도 효력을 발휘하며 피부에도 작용한다.

페퍼민트티는 상쾌한 향미가 인기인데, 간장(肝臟)을 강화하고 코막힘을 완화하며 관절염을 진정시키고 소화를 촉진하며 두통에도 효과가 있다.

엘더베리티는 화분증이나 코막힘과 울체를 완화하는데, 다른 효능은 알레르기 증상을 완화하며, 기능저하에 작용하여 호흡기를 강화하여 폐에 싸인 점액을 제거하는데 일조하여 염증을 경감시킨다. 호흡기가 강화되므로 앞으로의 알레르기 반응에 대한 최고의 방어가 된다.

로즈마리티는 뇌의 혈액순환을 촉진시켜 주의력이나 집중력, 기억력을 높여준다.

밀크시슬티는 해독을 위한 중요 장기의 하나인 간장을 회복시키는데 이 티는 간장을 튼튼하게해서 피부의 트러블을 개선하며, 우울증이나 두통도 해소시켜 원기 왕성하게 만들어 준다. 이 트러블은 간 기능의 저하와 관계가 있으므로 약해진 장기를 강화하면 증상도 완화 개선된다. 항생제의 과용이나 수술 등으로 면역기능이 약해졌을 때 황기(아스트라가루스)티를 마셔보면 좋다. 오-트는 전신강장제이며 천연항생제다.

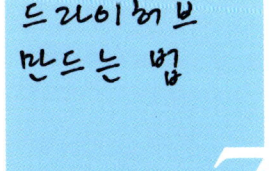

드라이허브 만드는 법

드라이 허브란 허브를 그 형상대로 건조시켜 1년 내내(비수기에도) 쓸 수 있도록 보존하는 것을 말한다. 채취시기는 각각의 허브 유효 성분이 가장 충실할 때가 적기다. 수확 후 건조가 끝날 때까지 대략 1주일쯤 걸리므로, 맑은 날이 계속 될 때를 보아가면서 수확하여 바람이 잘 통하며, 습기가 없고, 오염된 공기에 접하지 않게하며 서늘한 그늘에서 말리는 것이 원칙이다.

① 꽃은 중형 이상의 큰 꽃으로 하는 것이 좋으며, 꽃만 이용하는 것은 채반에 흡습지(吸濕紙)나 석유냄새가 날아간 신문지를 깔고 따온 꽃을 겹쳐지지 않게 펴 널어서 건조시킨다. 폿트마리골드, 로즈, 로만캐모마일 등.

② 잔꽃과 씨는 단으로 묶어 매달아 두면 꽃이나 씨가 떨어지거나 바람에 날아갈 염려가 없다. 이 때는 큼지막한 종이 봉투를 씌워서 고무 밴드로 묶어두면 된다. 이 때 코딩된 종이나 비닐봉투는 공기 유통이 나빠서 부적당하다. 공기 유통이 잘 되는 엷은 종이나 신문지도 무방하다. 라벤더, 저맨캐모마일, 펜넬, 딜 등.

③ 잎은 대개의 허브를 이 방법으로 건조시킨다. 지상부를 베어서 바람이 잘 통하게 5~6대씩 잔 다발로 고무밴드로 묶어서 거꾸로 매달아 그늘에서 건조시킨다. 완전히 건조되면 손으로 가지에서 잎을 떼어내 보존용기에 넣는다. 페퍼민트, 세이지, 레몬바베나, 타임 등.

④ 뿌리는 수확한 후, 흙은 물에 빨리 씻어(담구어 두지 말 것)내고 건조하면 자르기 힘든 종류의 것은 잘게 썬다. 이것을 꽃의 건조요령에 준해 채반에 펴서 건조시킨다. 대량생산자의 경우에는 건조기나 돗자리에 펴서 말린다.

⑤ 수피나 가지 등 굳은 것도 이 방법으로 건조시키나, 나중에 분쇄할 수 있는 것은 적당한 길이로 잘라 건조시키면 산화면적을 줄여준다.

⑥ 열매는 건조시간이 가장 오래 걸리지만 부수지 말고 원형대로 그늘에서 건조시킨다. 장과로서 수분이 많은 것은 볕에서 1~2일 시들게 한 후에 그늘에서 건조시켜 색깔의 변질을 막는다.

⑦ 보존법은 직사광선을 피하고 습도, 벌레의 침입을 막기 위한 차광, 밀폐, 냉 보관이 원칙이다. 캔류에 의한 보관은 공기에 의해 향이 샐 우려가 있으므로 피하며, 용기는 고무 팩킹이나 콜크마개가 있는 유리병이나 도자기가 좋다. 퇴색하기 쉬운 폿트마리골드나 말로우, 로즈 등은 갈색 유리용기가 좋으며, 햇볕이 들지 않는 건조한 곳이 안전하다. 어느 것이나 방습제를 넣어 두면 습기제거에 도움이 된다.

⑧ 보존현상(保存現狀)은 유효성분을 추출할 때는 잘게 한 것이 추출 면적이 넓어 효과적이지만, 표면 면적이 넓으면 산화하기 쉬워 품질이 저하되며 향의 손실도 심하므로 잎은 딸 때 큰 잎도 원형 그대로 보존하고, 열매나 씨도 원형대로 보관했다가 티로 만들기 직전에 잘게 자르던가 부수어서 쓴다. 퇴색이 심하던가 보존기한이 지난 것은 목욕재로 이용한다.

티용 드라이 허브의 여러가지

레몬+민트티

로즈+저맨케모마일

합비율이나 우려내는 방법은 동일하다. 우롱차의 브랜드는 녹차와 같은 방법으로 즐긴다.

ⓒ 과일주스(과즙 100%)와 브랜드 할 때는 미리 아이스 허브티를 준비하여 주스에 부으면 된다. 배합비율은 주스 6~7, 허브티 4~3의 비율이면 된다.

오렌지 주스에는 캐모마일티.

포도 주스에는 민트류의 티.

토마토 주스에는 타임티.

파인애플 주스에는 히비스가스(로젤)티가 제격인데, 색깔의 변화도 즐길 수 있다.

허브티를 와인이나 좋아하는 술에 브랜드하여 칵텔도 만들 수 있다.

ⓔ 우유와 브랜드한 허브티는 취침 전에 마시면 진정효과와 안면효과도 있고 몸을 따뜻하게 해 주어서 안정된다. 은은한 단맛도 있어 마음도 온화하게 된다.

우유 180cc를 냄비에 넣고 티스푼 1의 캐모마일을 넣어 불에 올려 끓기 직전에 불을 끄고 뚜껑을 덮어 3분간 우려내면 된다. 거름망에 걸러내서 컵에 따라 마신다. 밀크 허브티는 페파민트, 린덴 등도 잘 맞고, 칼타몬, 신나몬, 크로우브 등의 향을 첨가하는 방법도 있다.

ⓓ 브랜드티는 질병의 증상에 따라 치료의 상승효과를 목적으로 브랜드하는 방법 외에 계절별로 기후에 맞게 춘하추동을 달리 하여 스테미너를 높이고 저항력을 길러주어 건강을 향상시키는 브랜드도 있고, 하루를 단위로 하여 아침, 점심, 저녁, 취침 전 등 생활의 리듬에 맞추는 브랜드티도 있어, 허브티를 깊이 알게 되면 그 무궁무진한 이용법에 반하게 된다.

계절별 브랜드 허브티 13

4계절의 변화에 맞는 브랜드티의 요점은 계절의 변화에 따른 인체의 가능을 원활케 하여 심신의 균형을 깨지 않고 상승시켜서 활기 넘치는 일상 생활을 유지시키는데 있다.

① 봄의 허브티
기온의 상승과 함께 긴 겨울잠에서 깨어나 봄을 맞을 즈음 몸도 활발히 활동을 시작한다. 이 때는 몸 속의 혈액이 더러워진 상태가 되어 알레르기 반응이 일어나기 쉽다. 그래서 봄에는 철분이나 엽록소를 풍부하게 함유한 '넷틀'로서 혈액을 정화(淨化)하고 항알레르기 작용을 하게 한다. 여기에 프라보노이드와 활성산소제거효소의 역할로 알레르기 반응을 억제하는 '루이보스'를 브랜드한 허브티가 좋다. 브랜드 비율은 넷틀 2g에 루이보스 2g이다.

② 여름의 허브티
비타민과 미네랄이 넘치도록 많아서 여름을 왕성한 정력으로 넘길 수 있는 강장의 효과적인 브랜드로서, 여름은 몸 전체의 대사가 높아져 심장이나 순환기계, 호흡기계에 부담이 가중된다. 마태티는 중추신경을 자극하여 강장효과를 발휘하고, 조혈작용을 높이는 철분, 운동능력을 높이는 칼슘이 풍부하여 피로도 회복시킨다. 여기에 체온상승에 의해 비타민c가 손실되지만, 비타민c를 레몬의 20배나 함유한 로즈합을 브랜드하면 강장효과가 뛰어난 이 티의 신기한 파워가 수월하게 여름을 넘겨준다. 브랜드 비율은 마태 뿌리 간 것 3g, 로즈힙 5g(6개)이다. 마태는 세계 3대 티의 하나로 알젠틴의 국민음료다(유럽

의 커피, 동양의 티, 남미의 마태).

③ 가을의 허브티

가을은 침울해지기 쉬운 기분을 극복하고 정신안정을 시켜줄 브랜드가 좋다. 이 계절에는 생체리듬을 조절하여 기분을 밝게 해주고 항불삭용과 완화작용이 있는 센트존스워드에 순한 정신안정효과와 완화작용이 있는 팻숀플라워의 브랜드가 좋다. 비율은 센트존스워드 2g에 팻숀플라워 1g이다.

④ 겨울의 허브티

몸을 따뜻하게 하고 저항력을 길러주는 감기 예방의 브랜드가 좋다. 엘더플라워는 예로부터 인프루엔자의 특효약이라 했다. 점액정화작용과 몸을 따뜻하게 하는 작용이 있어서 이 계절에 가장 어울리는 허브티다. 또 몸의 저항력을 강화하여 감기에 의한 발열(發熱) 등으로 소비된 비타민 c와 그 효과를 증강하는 프라보노이드(비타민 p)를 풍부하게 함유한 로즈힙을 브랜드하면 그 효과가 상승된다. 감기기운이 있던가 인프루엔자의 예보가 있을 때 마셔두면 겨울을 이길 수 있다. 비율은 엘더플라워 2g에 로즈힙 5g이다.

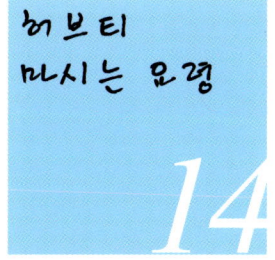

허브티 마시는 요령 14

① 허브티는 기본적으로는 1일 3회 매 식후에 마시는 것이 기본이다. 허브티는 수용성의 유효성분을 섭취하는 것으로서 여기에는 티를 마시는 요령이 있다. 애써 마신 성분이라도 시간이 지나면 체내에서 대사(代謝)되어 땀이나 소변으로 배설되어 버린다. 허브의 유효성분이 효과를 발휘하려면 일정 농도의 성분이 체내에 머물러 있어야 한다. 따라서 한꺼번에 3잔을 마시는 것 보다 4~5시간 간격을 두고 3번에 나누어 마시는 것이 지속시간이 길어 효과적이다.

② 처음 허브티를 마시는 경우라면 몸의 컨디션에 맞는 1종류(싱글)를 골라 아침, 저녁으로 1잔씩 마시기를 권한다.

③ 매 식후라고 시간을 정한 것은, 음식물이 위 속에 있으므로 직접 위벽을 자극하지 않고 작용이 온화하게 이루어지기 때문이다. 또 마시는 것을 잊어버리지 않는다는 이점이 있다.

④ 그러나 체내 흡수 면에서는 공복시가 가장 빠르고, 효능을 최우선시 할 때는 아침 공

복시가 좋다. 불면증일 때에는 취침 전에 마시면 된다. 이 때는 자고 싶은 시각의 30분 전에 마신다. 자기 직전에 마시면 몸에 일시적으로 각성작용이 일어날 수 있으므로 30분 정도의 시간을 두는 것이 바람직하다.

소화기계의 상태가 나쁠 때, 개선을 위해 마실 경우에는 식간이 좋고, 식욕부진일 때는 위에 직접 작용 시킴과 동시에 향기(정유성분)가 코를 통해 뇌에 전달되어 신경이 위를 자극하여 식욕을 증진하는 방법도 있다.

입안에 티를 머금고 있으면 혀 밑의 모세혈관에서도 유효성분이 직접 흡수 되는데, 이 경로는 장에서의 흡수와 간장에서의 대사를 받지 않아 속효성과 유효성이 기대된다.

⑤ 치료목적으로 허브티를 마실 때는 1~2주일간 계속 마신 후 1주일 정도 공백을 두고 쉰 뒤 경과를 살펴서 증상이 완화되면 매일 마실 필요 없이 중지하나 아닐 때는 다시 1주간 마신다. 치료목적일 때는 브랜드티가 더 효과적이다.

허브티는 장기간 복용을 피하는 게 좋고 필요할 때 마신다는 것이 가장 중요하다.

허브티는 연용해도 부작용이 없어 기호식품처럼 다루어지는 것에서부터 시작하는 것이 허브티 애용의 첫 걸음이다.

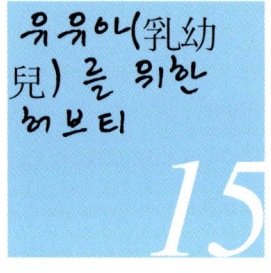

유유아(乳幼兒)를 위한 허브티 15

허브티가 좋은 티라는 것을 알게 되면 어린이에게도 쓰고 싶은 욕구가 생긴다. 여기에서 독일의 예를 들어 참고하기를 권한다. 독일을 메디칼 허브(약초)의 나라라고들 한다. 미국이 원산지인 '에키나세아'는 원주민들이 민간약으로 즐겨 썼지만, 미국에서 의약품으로 인정 받지 못하고 있는 동안 독일의 수집가가 가져가 연구 개발하여 면역부활제로 인증 받아 전세계에서 인기를 얻고 있고 경제 효과도 올려 지금은 미국에서도 제품화하고 있는 것이 좋은 예라 할 수 있다.

독일에서는 출생한 지 얼마 되지 않아서부터 저맨캐모마일의 연한 허브티를 먹인다고 한다. 어릴 적부터 허브티를 익히게 되어 자라서도 습관화된다. 저맨캐모마일은 치아가 날 때의 통증이나 급한 복통, 흥분해서 잠을 이루지 못하고 보챌 때 등에 효과적이며, 또 티로 우려낸 것을 목욕물에 1컵 타서 목욕을 시킨다든가, 티를 미지근하게 하여 습포제로 쓰면 땀띠를 예방할 수 있고, 아기의 기저귀습진에도 효과 있다.

마시는 외의 허브티 이용법 16

허브티는 마시는 방법 외에 다른 방법으로도 이용할 수 있다. 피부도 영양과 유효성분을 공급하는 통로가 될 수 있다.

① 습포제 : 마시는 허브티보다 3~5배정도 진하게 우려낸 허브티를 대야에 붓고 수건을 적셔 짠 후에 온습포나 냉습포로 사용한다. 습포는 작용이 순하므로 어린이나 노인에게도 안심하고 쓸 수 있다. 어깨나 허리 등의 통증에는 소염작용이 있는 저맨캐모마일이나 폿트마리골드, 수렴작용이 있는 로즈 등이 효과적이고, 눈의 피로에는 탈지면을 적셔 짠 후 눈 위에 얹어서 습포한다. 저맨캐모마일 외에 라벤더, 아이브라이트도 유효하다.

② 목욕재와 손이나 발을 담구는 부분욕에도 쓴다. 이 경우는 다소 진한 허브티를 만들어 (3~5배 농도) 욕조의 목욕물이나 대야나 양동이의 물 30℃~40℃에 타서 담구면 된다. 족욕은 발목 위 한 뼘쯤 잠기게 하고 손은 손목 위 10cm까지 15분간 잠기게 한다. 거칠어진 살결을 회복시키는데 쓸 수 있는 허브는 저맨캐모마일티이며, 세포를 원상태로 되돌려주는 로즈티, 소취(消臭) 살균에는 세이지티나 타임티를, 상처의 치료나 염증완화 목적에는 스킨 워셔를 쓴다. 또 많이 걸어서 피로할 때는 족욕이 효과적인데 이 때는 페퍼민트티가 효과가 있다.

목욕재로 드라이 허브를 주머니에 넣어서 욕조에 띄워도 피로, 냉증, 변비, 견비통, 생리통, 권태감, 초기 감기 등에 동일한 효과를 얻을 수 있다.

③ 얼굴 스팀은 허브티를 대야에 따르고 수건으로 얼굴과 대야까지 감싸서 피어 오르는 수증기를 피부로 흡입시키는데, 살균(여드름 등)이나 노폐물제거 등 피부미용은 물론 약효(유효성분)도 흡입되므로 좋다.

④ 함수제(含漱劑)로서 허브티로 가글하면 구내염, 후두염 등의 염증을 완화하고 살균작용도 한다. 아울러 구취제거에도 효과가 있다.

⑤ 티팩으로 된 허브티를 여행시에 휴대하고 가면, 병원이나 약국이 가까이에 없는 경우 티로 만들어 마시면 대체요법이 되어준다(진통, 진정). 또 여행지에서 물을 갈아먹고 고생할 때 레몬버베나티는 설사, 이질 등에 효과가 있고 케모마일티, 페파민트티 등을 상비약과 함께 준비하면 좋다.

허브티는 로션이나 화장수, 린스, 샴푸로도 쓰고, 티로 우려내고 난 찌꺼기는 비료가 된다.

02 part

티로 쓸 수 있는
여러가지 허브

herb

가시오갈피

학명: Eleutherococcus senticosus
영명: Eleuthero
별명: Siberian ginseng (미국), 刺五加(중국)
성상: 낙엽저목
이용부위: 뿌리
함유성분: 구나린류, 구마린, 사포닌, 다당류

작 용 __ 면역력증강, 신경계강화, 내분비활성화, 강장작용, 생기를 높이는 작용 등.

스트레스에 대한 적응력을 증강하며, 신경계나 내분비계 및 면역계를 통틀어 몸 전체의 생명력을 증강시킨다. 심신의 피로를 해소내지 방지하며, 운동 능력을 향상시키며, 집중력을 지속시켜준다. 감염증의 예방효과도 있고, 병후의 건강회복에 크게 도움이 된다.

티 로 마 시 는 법 __ 우리의 인삼과 효능이 비슷하다. 뿌리를 캐서 물에 씻어 건조시켰다가 약용(달이던가)티로 우려 마신다. 뿌리를 잘게 부수어서 티스푼 수북이 1(약 2~3g)에 열탕을 150cc 부어 뚜껑을 덮고 5~10분간 우려낸 것을 1일 3회 마신다.

독일에서는 복용기간을 보통 3개월 이내로 하고, 쉬었다가 다시 복용해도 된다고 하고 있다. 이때 1개월의 쉬는 간격을 두는 것이 효과적이라고 한다.

주 의 __ 고혈압 환자의 사용은 금한다. 인삼만큼은 아니지만, 다소 작용이 완화되므로 사용하지 않는 것이 안전하다.

해 설 __ 가시오갈피는 미국에서 시베리아 인삼이라 하고 중국에서는 가시가 있는 오가피(刺五加)라 하여 2000년 전부터 인삼대용으로 약용했다.

1960년 구 소련의 과학자들이 연구에 뛰어들어 가시오갈피의 뛰어난 효능을 밝혀냈다. 러시아에서는 가시오갈피를 운동선수의 음료로 사용하여 큰 성과(스테미너를 증강시키고 저항력을 높여 스트레스를 해소하는 등)를 올렸으며, 우주 비행사를 통해서도 그 효능이 입증되고 있다.

작 용 _ 소화촉진, 구취제거, 거담작용, 발한작용, 건위작용, 식욕자극(위액, 타액분비촉진), 과식, 복통완화작용, 구풍작용, 매스꺼움 억제, 명치끝이 쓰리고 아플 때.

티 로 마 시 는 법 _ 생강을 닮은 독특한 청량감이 있는 향기다. 열매가 완숙되기 전 짙은 녹색일 때 수확하여 건조시킨 것을 최 양질의 갈다몬이라 하며, 열매 꼬투리일 때는 무미, 무취이지만 차로 만들 때는 열매 꼬투리를 찢어서 속의 갈색 씨를 부수어 티로 만들면 향기로운 차가 된다. 갈다몬 씨 부순 것 티스푼 수북이 1에 열탕 180cc를 부어 뚜껑을 덮고 3~5분간 우려내어 식후에 마신다. 상쾌하다. 향과 맛이 강하기 때문에 싱글로도 마시지만 홍차나 다른 허브와 브랜드티로도 이용할 수 있다.

법랑냄비나 유리폿트에 물 50~100cc를 넣고 갈다몬열매 1개의 씨를 부수어 넣고, 계피 반대(길이기준)와 홍차 잎 1티스푼을 넣어 불에 올려 끓어오르면 차 잎이 펴진다. 이때 우유 50~100cc를 부어서 펄펄 끓기 직전에 불을 끄고 뚜껑을 덮어 5~10분간 우려낸 후 거름망으로 걸러내면 몸을 덥게 하는 티가 된다. 취침 전에 마시면 평안히 수면을 취할 수 있다.

아랍제국에는 갈다몬 싱글 티를 커피에 넣어 즐기는 습관이 있다. 갈다몬커피라 하여 갈다몬을 꼬투리째 넣고 끓인 물을 커피 또는 홍차에 타는 티는 중근동에서 귀한 손님을 환대한다는 뜻으로 대접하는 티라고 한다. 향기로운 티다.

갈다몬 티는 북유럽에서도 많이 소비되는 티의 하나다.

갈다몬

학명: Elettaria cardamomum
영명: cardamom
성상: 다년초
이용부위: 열매
함유성분: 정유(텔피네올, 텔펜), 시네올, 전분, 고무질, 황색색소, 리모넨, 보루네올

주 의 _ 향이 진하기 때문에 사용할 때 양에 주의한다.

해 설 _ 유럽에서는 사프란, 바니라 다음가는 고가의 스파이스에 속하며 카레의 주원료 중 하나이며 요리나 과자에도 부향제로 쓴다. 식욕이 없을 때 마시면 식욕이 생기고, 속이 더부룩할 때 마시면 소화를 촉진하며 아울러 구취도 없애는 역할을 한다. 복통을 완화하여 마음의 불안을 해소해주어 활기차게 만든다.

감나무

학명: Diospyros kaki
영명: Chinese persimmon kaki
성상: 낙엽교목
이용부위: 잎
함유성분: 비타민 류, 타닌, 겐페롤

작 용 _ 혈압강하, 혈행촉진, 강장작용.
감나무 잎과 감 꼭지에 약효 성분이 많다. 혈압을 내리는 작용이 있고 혈액순환을 촉진하는 작용도 있어 말초혈관까지 혈행이 원활하도록 작용하므로 냉증을 개선하는데 기여한다. 몸 전체의 강장효과도 있다.

티 로 마 시 는 법 _ 감 잎을 따서 쪄서 잘게 썰어서 건조시켜두고 차로 이용한다. 감잎차는 보편화 단계에 있는 국산차다. 싱그러운 풀 같은 풍미의 티로 상쾌한 맛이 있다.

잎의 수확기는 너무 늦지 않게 6~8월경에 딴다. 싱글티도 좋고 브랜드 티도 좋다.

건조시킨 것을 더 잘게 부수어서 <u>티스푼 수북이 1</u>에 <u>열탕 150cc</u>를 부어 뚜껑을 덮은 후 <u>5~7분쯤</u> 우려낸 것을 <u>1일 3회 복용</u>한다. 말린 감 잎을 목욕물에 넣고 목욕하면 혈행촉진에 효과가 있다.

해 설 _ 감은 우리나라에서 제수로 쓸 만큼 예부터 귀히 여긴 과일이다. 타닌성분 때문에 떫다고 싫어하기도 하고 변비를 일으킨다고도 하나 지금은 단감도 개량되어있고, 연시나 건시(곶감)는 변비의 우려가 적어 즐겨 먹는다.

감 꼭지는 버리지 말고 건조시켜 간수하면 약제가 된다.

고쓰코라 (조개풀)

작 용 __ 강장작용, 혈행촉진, 해열작용, 면역부활, 진정작용, 완하작용, 고미소화촉진, 이뇨작용, 항염증작용, 중추신경을 자극하여 뇌를 활성화시키는 작용이 있어 기억력이나 집중력을 높이는 뇌의 강장제다.

티 로 마 시 는 법 __ 잡맛이 없고 싱그러운 초원 같은 향기다. 동양에서는 장수의 허브로 다룬다. 지상부를 건조시켜서 잘게 잘라 티스푼 수북이 1에 열탕 180cc를 부어 뚜껑을 덮고 5분간 우려서 1일 3회 식후에 마신다. 싱글이나 브랜드 티로도 이용한다.

학명: Centella asiatica
영명: gotu kora
한국명: 말굽풀, 조개풀
성상: 다년초
이용부위: 지상부
함유성분: 헤데로시드, 도리텔펜산, 배당체, 수지, 타닌, 정유, 비타민류, 미네랄.

주 의 __ 임신초기의 사용은 피한다. 다량 복용시는 어지럼증을 일으킬 수 있다.

해 설 __ 기억력과 장수에 좋다고 알려져 있으며, 코끼리가 즐겨 먹는 허브로 알려져 있다. 인도나 태국 등 열대지방에서는 아유르베다(Ayurveda)에서 장수와 뇌의 영양원이라 하여 건강을 위해 즐겨 쓰는 허브다. 혈액을 정화하고 중추신경을 자극하여 뇌의 활성화에 작용하며 기억력과 집중력을 높이므로 회의 전이나 시험 전에 고쓰코라 티를 마시면 좋다. 또 신경계에 작용하여 마음을 진정시키는 효과도 있다. 기분 전환을 하고 싶을 때나 정신적 피로를 풀고 싶을 때도 마시면 효과가 있다. 간장의 기능을 높여 혈행을 촉진하므로 냉증이나 견비통을 개선하는데도 좋다. 인도에서는 지능 발육이 더딘 아이가 고쓰코라 티를 복용했더니, 표준테스트의 IQ수치가 상승하여 적극적으로 행동하게 되었다는 결과가 나와있다. 고쓰코라는 홀몬의 밸런스를 조정하여 영구히 젊음을 유지하는 비결로도 알려져 있다. 이것은 고쓰코라가 뇌하수체와 갑상선을 자극하기 때문이라 한다.

피부의 궤양이나 피부 감염증의 치료에도 효과가 있고 혈액정화로 면역기능도 높인다고 한다. 고쓰코라는 포복형으로 퍼지며, 그 줄기에서 뿌리가 난다.

김네마

학명: Gymnema sylvestris
영명: gymnema
성상: 상록덩굴목본
이용부위: 잎
함유성분: 김네마산 화합물

작 용 __ 혈당치 강하 작용, 인슐린 생산 증가, 단맛에 대한 욕구억제작용, 다이어트, 당뇨병.

티 로 마 시 는 법 __ 말린 잎을 이용한다. 티스푼 수북이 1에 열탕 180cc를 부어 뚜껑을 덮고 3~5분간 우려내어 식후에 마신다. 이 티는 싱그럽고 풀 같은 향기로 녹차를 닮은 잡맛이 없는 차다. 잎에 함유된 김네마산은 당분의 흡수를 억제하는 작용이 있는데, 혀에서뿐 아니라 위나 장에서도 흡수를 억제한다. 싱글이나 브랜드 티로도 쓸 수 있다.

주 의 __ 어린이는 사용을 피한다. 여윈 사람에게도 좋지 않다. 당뇨병 약을 복용하고 있는 사람은 의사와 의논할 것.

해 설 __ 인도와 말레이시아에서는 옛날부터 당뇨병 치료약으로 이용했다고 하며, 아프리카에서는 뿌리의 쓴 유액이 단맛과 쓴맛을 없애는데 쓰였다. 중국에서는 유선염, 해열, 종기, 외상 등에 치료제로 쓴다. 최근에는 문명병의 하나라는 당뇨병 치료에 쓰인다. 당분의 흡수를 억제하는 작용이 있으므로 다이어트 식품으로도 쓰이는데, 김네마티를 마시면 단 것에 대한 욕구가 억제된다고 하므로 당분을 억제하고 싶을 때 마시면 좋다.

최근의 연구로는 김네마티를 마시면 인슐린 생산이 증가되고 혈당치를 저하시킨다는 보고도 있어, 인도나 스리랑카, 말레이시아의 뿌리깊은 전통요법인 아율베타(5000년의 역사가 있다)를 다시 생각케한다.

넷틀(서양 쐐기풀)

작 용 __ 수렴작용, 이뇨작용, 강장작용, 정혈작용, 조혈작용, 항알레르기, 화분증, 아토피, 통풍, 요도염, 혈당치 저하, 류마티스, 육모(育毛) 작용 등이 있다.

혈액순환을 촉진하여 모세혈관까지 피가 잘 돌게 한다. 빈혈을 예방하고 정혈 작용도 하며 생리의 출혈량을 조절하는 등 여성 특유의 고민에 효과가 있다.

히스타민을 함유하여 천식, 알레르기, 화분증, 아토피 등의 완화에도 효과가 있다. 큰 상처의 회복기나 관절염, 류마티스, 통풍 등에도 효과가 있고, 체내의 노폐물이나 요산을 배설하는 이뇨작용도 강하고, 호흡기 계통의 부조(不調)나 짧은 호흡,

학명: Urtica dioica
영명: stinging nettle
한국명: 서양 쐐기풀
성상: 다년초
이용부위: 잎
함유성분: 푸라보노이드, 루틴, 스테롤, 카로틴, 엽산, 히스타민, 구로로필, 비타민c, k, 미네랄(칼슘, 칼륨, 규소, 철, 마그네슘), 세토로닌, 코린, 타닌.

기침, 감기, 기관지의 울체 등에도 유효한 티다. 간장, 담낭, 신장에도 유익하며 체내의 에너지를 만드는 티다.

뿌리에 다당류와 피트스테롤이 함유되어 있어서 양성(良性) 전립성비대의 배뇨통과 빈뇨, 잔뇨감 등의 증상 완화에도 쓰인다.

티 로 마 시 는 법 __ 티스푼 수북이 3~4개(약 4g)에 열탕 180cc를 부어 뚜껑을 덮고 10분간 우려 낸 것을 1일 3회 복용한다.

싱글이나 브랜드티로도 이용한다.

주 의 __ 임신 중이거나 어린이에게 사용할 때는 주의한다. 심장 및 신장의 기능저하로 인한 부종에는 사용을 금한다.

해 설 __ 넷틀은 예로부터 조혈과 정혈의 목적에 쓰인 역사가 오랜 허브다. 독일에서는 봄철의 알레르기나 여드름, 두드러기 등의 예방에 계절요법으로 넷틀티를 내복한다. 대머리의 육모제로서 로즈마리와 함께 티로 이용하면 효과가 있다. 머리털이 버석거릴때도 효과가 있다.

단데리온
(서양 민들레)

학명: taraxacum officinale
영명: dandelion
한국명: 서양민들레
성상: 다년초
이용부의: 뿌리, 잎.
함유성분: 잎에는 철분, 칼륨, 칼슘, 카로티노이드, 고미질, 비타민 A,B,C,D, 코린, 텔페노이드, 뿌리에는 정유, 이누린, 토리텔펜, 스테롤, 타닌, 코린, 아스파라긴, 카페산.

작 용 __ 이뇨작용, 건위작용, 완하작용, 강장작용, 소염작용, 해열작용, 발한작용, 최유작용, 해독작용, 간장기능촉진, 항류마티스, 정혈작용, 이담작용, 소화촉진, 식욕증진, 변비예방에도 좋다. 복부 팽만감을 완화하는 완하제도 된다.
잎의 티는 빈혈에 효과적이다.

티 로 마 시 는 법 __ 잎은 봄에서 여름 개화기에 채취하여 볕에 말린다. 뿌리는 2년째 가을에서 다음해 이른봄에 캐내어 물에 씻어 거칠게 썰어 볕에 말린다. 뿌리의 티는 콜레스테롤 수치를 내리는 작용이 있다. 이뇨효과는 잎이 더 강하다.

만드는 법은 건조시킨 뿌리를 믹서로 갈아서 <u>티스푼 수북이 1(3~4g)</u>에 <u>열탕 180cc</u>를 부어 뚜껑을 덮고 <u>5~10분간</u> 우려낸 것을 <u>1일 3회 식전</u>에 복용한다.

만성적인 중독증상, 노폐물의 축적 등의 해독 및 배설작용에는 <u>뿌리를 부순 것 5g</u>에 열탕 180cc를 부어 뚜껑을 덮고 <u>10분간</u> 우려낸 것을 <u>1일 3회</u> 복용한다.

비뇨기의 결석(結石)을 분해하는데도 쓰인다. 췌장을 자극하여 인슐린의 생성을 증가시키므로 당뇨병 치료의 보조 역할도 한다. 뛰어난 이뇨작용과 항균작용은 전립선의 감염증에도 좋고, 부종을 해소하며 소화 불량이나 변비, 식욕증진에는 위의 티를 마셔도 좋고, <u>건조시킨 뿌리 15g을 물 600ml</u>로 다려서 <u>1일 3회</u>에 나누어서 매 식후에 마시면 효과가 있다. 뿌리뿐 아니라 잎에도 칼륨성분이 많이 함유되어 있어서 대부분의 이뇨제가 칼륨 결핍증을 일으키는데 비해 단데리온의 잎 티는 오히려 회복시키므로 손, 손가락, 발, 발목 등의 부종을 해소하는(이뇨작용)데 크게 효과가 있다.

뿌리를 거칠게 부수어서 타지 않게 볶은 후 커피 대용으로 이용할 수 있는데, 카페인이 없는 맛있는 커피가 된다.

주 의 ― 담도폐쇄, 담낭염, 장폐색 등의 증상이 있는 사람은 사용을 금한다. 국화과의 알레르기 있는 사람은 주의한다.

해 설 ― 서양 민들레인데, 잡초처럼 흔히 길섶에서 볼 수 있어 대수롭지 않게 여기나, 영양가 높은 채소로서 서양에서는 채소로 다루며 재배도 한다. 철분 흡수를 돕는 비타민c가 함유되어 있어서 빈혈에도 효과가 있으며, 허브티 내지 샐러드로도 이용한다.

당귀

학명: Angelica gigas
영명: angelicae gigantis
생약명: 當歸
성상: 다년초
이용부위: 뿌리
함유성분: 정유, 데커신, 데커시놀, 노다케닌, 시토스테롤, 비타민 E, C, B, B3, B12, 칼슘, 칼륨, 미네랄, 타닌, 구마린, 세렌.

작 용 _ 자궁기능 조절작용, 진정작용, 진통작용, 이뇨작용, 항균작용, 사하작용, 비타민E의 결핍치료작용 등이 있어 한방에서는 부인병의 산후복통, 진통, 진정, 건위, 보혈, 빈혈증에 치료제로 쓴다.

당귀에는 중국 당귀인 angelica sinensis와 일본 당귀인 angelica acutilobae가 있으며, 함유 성분과 작용이 조금씩 다르다.

당귀 전체의 공통점은 강장제이며 혈액순환을 촉진하고, 심장 기능을 높이며, 소화기계를 조정하여 통증을 억제, 진정시키며 항균작용, 항진균작용, 항바이러스작용을 하는 세렌이 함유되어있어 병에 대한 저항력을 높이고, 항산화작용을 하는 비타민도 있어 노화방지에도 기여한다. 가벼운 부정맥을 안정화시켜 심장의 부담을 경감시킨다. 근육이나 관절을 회복시키며 항류마티스작용도 있고 월경 증후군이나 월경의 여러 증상을 완화하는 진정제다.

여성의 폐경기에 홀몬의 변화 사이클에 쓰면 안전하고, 골다공증에도 골수생성에 도움이 된다. 신경을 진정시켜 스트레스를 경감시켜주는 등 참으로 유익한 허브다.

티 로 마 시 는 법 _ 우리는 당귀를 달이는 한약으로만 이용하지만 유럽에서는 허브티로 즐겨 쓰는 인기있는 허브티용 허브의 하나다.

건조시킨 뿌리를 잘게 썰어서 티스푼 수북이 1에 열탕 180cc를 부어 10분간 우려낸 것을 1일 3회 복용한다. 드라이 허브나 티팩은 다소 진하게 티로 만들어 관절염이나 류마티스의 국소에 습포제로 찜질하면 깊이 침투하여 염증을 완화 경감시켜주며 혈액순환을 촉진하여 환부의 부담을 경감시켜준다.

주 의 __ 당뇨병환자의 사용은 금한다.

해 설 __ 동양에서는 2000년 전부터 이용한 인삼 다음가는 인기 허브로 신농본 조성에도 올라있는 오랜 전통의 명약의 하나다. 한약방에 가면 풍기는 냄새가 당귀 향기다.

작 용 __ 진정작용, 소화작용, 구풍작용, 최면 효과도 뛰어나며, 구취제거, 동맥경화의 예방에도 좋다. 당뇨병이나 고혈압환자의 소금기 적은 감염식에 풍미를 내는데 긴히 쓰인다. 위의 불쾌감을 경감시켜준다.

티 로 마 시 는 법 __ 청량감이 있는 허브다.

잎은 10cm이상 자랐을 때 잘라 티로 이용하며, 씨는 갈색으로 익은 것을 쓴다. 잎을 프레시로 쓸 때는 잘게 뜯어서 티스푼 수북이 3에 열탕 150cc를 부어 뚜껑을 덮고 3분간 우려낸 것을 1일 3회 식후에 마신다.

딜

학명: Anethum graveolens
영명: dill
생약명: 蒔羅
성상: 1년 초
이용부위: 줄기와 잎, 씨(열매).
함유성분: 씨에는 정유(카본, 리모넨, 페란도린, 벨가포텐, 지리피올, 키산톤배담체의 지라노사이드.

열매(씨)는 식후에 몇 알씩 씹기만 해도 입안이 개운해지며, 소화나 구풍작용도 하고 구취 제거도 되는데, 티로 쓸 때는 티스푼 수북이 1(5g)에 열탕 150cc를 부어 뚜껑을 덮고 5~10분간 우려낸 것을 1일 3회 마신다.

또, 한밤중에 갑자기 젖먹이가 울 때, 딜씨를 성인의 1/2의 농도의 티로 만들어 먹이면 신통하게 울음을 멈추고 잠든다. 소아 복통의 진정제로 예로부터 이용했다. 어른의 불면증에도 취침 전에 딜씨의 티를 마시면 숙면하게 된다.

해 설 ＿ 딜은 5000년 전 고대 이집트의 고분에서 재배 사용한 기록이 발견될 만큼 예로부터 중요시했던 허브인 동시에 향신료이다. 'dill'은 진정시킨다. 달랜다는 뜻의 스칸디나비아어에서 비롯되며, 17세기에는 meeting house seed라 하여 교회의 예배가 길어져서 지루해지면 딜씨를 씹으면서 지루함도 잊고 시장기도 달랬다고 한다. 딜의 잎은 요리에 부향제로 쓰며, 비네거와 생선요리, 감자샐러드에 잘 어울리는 허브이고, 씨는 향뿐 아니라 약간 매운맛도 있어 피클(오이)에 잘 맞는다.

라벤더

학명: Lavendula officinalis, L, angustifolia
영명: lavender, (English lavender)
성상: 상록반관목
이용부위: 꽃
함유성분: 정유(초산리나릴, 리나롤), 푸라보노이드, 타닌, 구마린.

작 용 ＿ 진정작용, 진경작용, 항균작용, 방부작용, 진통작용, 항울작용, 구풍작용, 신경강장작용, 살균작용 등이 있다. 불면증에 특효약으로 불안이나 우울한 기분 탓에 잠 못 이룰 때 라벤더 티를 마시면 편히 잠들게 된다. 정신적 스트레스를 완화하고 진정시켜서 기분 좋게 안면을 취할 수 있다. 마음이 불안하여 안절부절 못 할 때도 그 마음을 차분하게 가라앉혀주며 신경성 두통이나 현기증, 고혈압에도 효과가 있다. 열을 수반한 감기나 인프루엔자, 천식 등에도 뜨거운 라벤더 티를 마시면 발한을 촉진하여 열을 내림과 동시에 체내의 독소를 배출시킨다. 신경성 위염을 진정시키며 병후나 수술후 등 만성 피로의 체력회복에도 라벤더 티는 뛰어난 효과가 있다. 배에 가스가 차서 괴로울 때도 구풍작용으로 평안하게 해주며, 호흡기계의 기관지염이나 후두염, 구내염 등에 살균작용이 있어 염증을 가라앉힌다. 매스꺼움이나 구취제거에도 효과가 있다.

티 로 마 시 는 법 __ 깔끔하면서도 상쾌한 꽃향기와 맛이 있는 티다. 라벤더는 100여종이나 있지만, 티로 이용하는 것은 잉크릿쉬 라벤더와 프렌치 라벤더다. 꽃이 피기 직전에 꽃줄기를 잘라 바람이 잘 통하는 그늘에 매달아 건조 시키다 잎이 많이 붙어 있으면 선별하는데 수고로우므로 잎을 붙이지 말고 줄기를 잘라 건조시켜 마르면 꽃을 턴다. 티는 티수푼 수북이 2에 열탕 150cc를 부어 뚜껑을 덮고 5~10분간 우려낸 것을 1일 몇 차례 마신다. 특히 취침 전에 마시면 불면증에 좋다.

라벤터 티 함수제로 가글하면, 구내염이나 구취를 제거할 수 있다.

싱글티로 쓰며 브랜드 티로 이용할 때는 향이 강하므로 소량을 사용한다.

건조시킨 꽃을 대야에 10g 넣고 열탕을 500cc부어 타올로 수증기가 날아가지 않게 얼굴(머리까지)을 덮어 훼이셜 스팀하면, 피부의 트러블을 없애고, 여드름 등을 살균하여 피부조직을 회복시킨다.

라벤더 티는 프레쉬(생꽃) 또는 드라이(건조)로도 이용할 수 있다. 티를 목욕물에 붓고 목욕하면 근육통, 신경통, 류마티스, 어깨 뻐근함, 우울증 등이 이완, 진정되고 소화기의 경련도 진정되며, 불안 긴장상태도 진정되고 불면증에도 효과가 있다. 진한 티는 백대하의 세정제로 쓰인다.

해 설 __ 라벤더는 고대 그리스 시대부터 노여움이나 집착을 진정시키고 심신을 맑게 하는데 쓰였다. 꽃에서 증류하여 라벤더 오일을 얻는데, 이 정유는 고급 향수와 약이 되며, 증류하고 남은 물은 세포의 재생을 촉진하는 수렴 화장수가 되어 여드름의 살균제가 된다. 정유(엣센셜 오일)에는 살균작용, 진정작용, 진통작용, 향균작용, 소독작용 등이 있어 연쇄구균, 페렴쌍구균, 디프테리아균, 장티푸스균을 살균한다. 소화관의 경련을 완화하는 효과도 있고 관자놀이에 바르면 신경성두통에 효과가 있다. 알로마 맛사지로 근육통, 신경통, 류마티스, 불면증, 우울증, 고혈압에도 효과가 있다. 강력한 항균작용이 있어 베인 상처에 뛰어난 치료효과가 있다. 벌레 물린데, 화상, 인후염, 두통에 살균, 진정, 진통작용을 한다. 꽃은 잼, 비네거, 사탕과자, 크림 스튜 등의 부향제로 쓰이며, 건조시킨 꽃은 포푸리나, 스립핑필로라 하여 베개속에 넣어 베고 자면 진정, 안면을 취할 수 있고 향도 오래간다. 비누나 화장품의 부향제로도 정유는 널리 쓰인다.

라스베리
(유럽딸기)

학명: Rubus idaeus
영명: Raspberry, European red raspberry
한국명: 유럽 나무딸기
성상: 낙엽관목
이용부위: 잎
함유성분: 푸라보노이드(푸라가린), 타닌, 비타민 C, B

작용 — 수렴작용, 강장작용, 자궁과 골반의 근육 조정, 진통작용, 진경작용, 지사작용(어린이) 등이 있다. 유럽에서는 안산(安産)티라 한다. 분만 시에 이 티를 마시면 자궁근육의 경련을 일으키지 않고 자궁 수축의 효율을 높여 출산을 도와 분만을 수월하게 할 수 있다. 출산 직후부터 이 티를 마시면 모유 분비를 촉진할 뿐 아니라 모유의 영양가도 높인다. 산모의 회복을 촉진하는 효과도 있다. 생리통이나 월경전 증후군의 예방에도 유효하다.

구내염 같은 구내점막의 염증을 진정시켜주며 잇몸염증, 잇몸출혈에 라스베리티 함수제로 가글하면 증상이 완화되며 치석제거에도 효과가 있다. 수렴성이 뛰어나므로, 티로 달여서 설사, 이질, 편도선염, 감기, 인프루엔자 등에 마시면 효과 있다. 특히 어린이의 설사에 잘 듣고, 갑자기 설사로 배가 몹시 아플 때 라스베리 티를 식혀서 마시면 곧 통증도 멎고 설사도 완화된다.

티 로 마 시 는 법 — 약간 달콤한 향기와 뚜렷한 맛이 있다. 건조시킨 잎을 <u>티스푼 수북이 2(약 1.5g)</u>에 <u>열탕 150cc</u>를 부어 뚜껑을 덮고 <u>3~5분간</u> 우려낸 것을 <u>1일 3회</u> 복용한다. 장내의 바이러스에 의해 생긴 설사에는 티를 식혀서 아이스티로 마신다. 설사는 여름에 많이 발생하고 물을 갈아먹는 휴가지에서 자주 경험하게 되는데 여행 준비물로 꼭 챙겨가면 안심할 수 있다. 라스베리 티(잎)는 출산 전, 후에는 싱글로 마시는 것이 효과적이고 임신 말기부터 시작하는 경우도 있으나 진통이 시작된 이후부터 마시는 것이 좋다.

주 의 ＿ 카페인도 없고 당분도 없어 페파민트나 생강처럼 입덧예방용으로 세계의 여성들이 이용하는데, 자궁수축작용이 있으므로 임신초기에는 입덧이 심하더라도 다량의 사용은 피한다.

해 설 ＿ 출산관련 허브티로 쓰인 역사는 수 천 년이 되며, 임신말기와 출산 직후에 마시는 유럽의 경험 방식이 지금도 쓰이고 있다.

라스베리의 빨간 열매를 유럽 나무딸기라 하는데, 당류, 구연산, 능금산, 비타민 c와 철분이 많고, 비타민 A, B, D, E, 펙틴, 미네랄 등 자양분이 풍부하여 빈혈증 치료에 쓰며, 조리용으로 디저트의 아이스크림 샤벳, 과실주, 쨈 등을 만들며 생식도 한다.

렁워드

작 용 ＿ 거담작용, 진통작용, 수렴작용, 이뇨작용, 강장작용, 점액분비, 피부 연화작용.
렁워드는 폐나 호흡기계를 정화하는 허브로서 귀히 여겼다. 폐 안쪽의 점액은 감염이나 병이 폐조직 속에 침투하지 못하게 방어적인 역할을 한다. 렁워드는 점액이 폐의 안쪽을 보호하므로 알레르기, 천식, 기관지염, 밭은기침, 호흡기의 감염증, 오래가는 기침이나 감기를 수반한 폐의 약함으로 생기는 여러 증상을 개선한다. 반년에 한번씩 렁워드 티로 폐를 정화하는 것도 바람직하다.

학명: pulmonaria offieinalis
영명: Lungwort
별명: Jerusalem cowslip
성상: 다년초
이용부위: 잎
함유성분: 점액, 사포닌, 아란도인, 타닌, 2산화규소, 칼슘, 철, 비타민 C, B, 칼륨, 망간, 동, 은, 닛켈 등

잎과 꽃자루에는 피부를 연화(軟化)시키는 기능이 있고 이뇨, 거담, 수렴작용도 있다. 비타민 c가 있어 세포의 재생도 돕는다. 티는 눈이 피로하여 핏발이 설 때 세정제로도 쓰인다.

티 로 마 시 는 법 __ 잎을 건조시킨 것을 쓰며 티스푼 수북이 1에 열탕 150cc를 부어 뚜껑을 덮고 3~5분간 우려낸 것을 1일 2~3회 복용한다. 폐에 활력을 주려고 할 때는 1주일간 마시면 좋다. 폐의 정화나 울체의 제거와 폐 점막의 진정을 촉진해 준다. 폐의 조정에는 1일 1잔의 렁워드티를 2~3주간 마시면 좋다.

해 설 __ 렁워드는 잎의 흰 반점이 폐포를 연상시킨다 하여 붙여진 이름인데, 폐의 탄력을 회복시키므로 올바른 이름이 주어졌다고 할 수 있다. 꽃이 카우스립 꽃과 닮아서 예루살렘 카우스립이라는 별명도 있다.

레드크로버

학명: Trifolium pratense
영명: Red clover
성상: 다년초
이용부위: 꽃송이
함유성분: 페놀배당체(살칠산), 푸라보노이드, 구마린, 푸라본, 이소푸라본류.

작 용 __ 항균작용, 항염증작용, 진정작용, 완하(緩下)작용(설사), 최유작용, 홀몬 같은 에스트로겐 작용이 있다. 푸라보노이드 속에 에스트로겐 같은 성분이 여성 홀몬의 밸런스를 조절하므로 갱년기 장해의 여러 증상을 완화하는데 쓰는 티다. 또 항염증작용과 진정작용으로 호흡기의 감염증에도 효과가 있어 기침을 수반한 감기나 기관지염에 쓰인 오랜 역사가 있다. 또, 습진이나 마른 버짐 같은 피부의 트러블에도 효과가 있고, 항염, 이뇨작용이 있어 관절염에도 유효하다. 1930년대부터 항암작용이 연구결과 인정되고 있어 유방암, 난소암, 임파선 종양 등에 티로 이용되고 있다. 미국의 연구기관에 의하면 항응혈작용이 있어 관상동맥혈전에 유효하다 하여 예전에는 심장의 강장제로 썼다.

티 로 마 시 는 법 __ 싱그러운 풀향기가 나고 결함이 없는 달큰한 티다. 꽃은 분홍색인데 꽃송이에 윗쪽 잎을 붙여 따서 씻은 후 건조 보존한다. 티는 건조시킨 꽃을 뜯어서 티스푼 수북이 1에 열탕 150cc를 부어 3~5분간 우려낸 것을 1일 3회 복용한다. 싱글티로도 좋고, 로젤(하이버스가스)과 브랜드로 만들어도 좋다. 알레르기, 마른기침, 제실개선, 피부 트러블에 브랜드티로 이봉해도 효과가 있다.

주 의 ㅡ 임신 중인 부인과 어린이는 사용을 피한다. 티로 만든 것은 결막염에 세안제로 쓰면 효과가 있다.

해 설 ㅡ 크로버에는 흰색 꽃이 피는 것 외에 분홍 꽃이 피는 레드크로버, 빨간 꽃이 피는 크림손 크로버가 있는데, 티로 쓰는 것은 유럽에 많은 레드크로버다. 잎에 단백질이 풍부한 영양가 높은 목초다. 비타민이나 미네랄도 많은데, 사람이 식품으로 이용할 때는 소화를 저해하고 뱃속에 가스가 찬다. 생식은 좋지 않다.

식용하려면 소금물에 담가 우려내던지 10분간 데쳐야 나물로 먹을 수 있는데, 영양가 많은 채소가 된다. 꽃에서 달콤한 크로버 꿀을 채취한다.

레몬

학명: Citrus limon
영명: Lemon
성상: 상록교목
이용부위: 과피
함유성분: 비타민c가 많고, A, B1, B2, B3, 바이오 푸라보노이드(비타민 p), 점액질.

작 용 ㅡ 항균작용, 항산화작용, 해열작용, 이뇨작용, 식욕증진, 자극 등이 있다.

레몬필(과피)티는 항균작용과 해열작용이 있어 뜨거울 때 마시면 열을 수반한 감기 증상이 완화된다. 동맥 내 벽이 두터워지는 것을 예방하고 정맥이나 혈관, 모세혈관을 강화하는 작용도 있다. 매맞아 멍든 곳이나 정맥류의 예방에도 효과가 있다. 상큼한 신맛은 식욕을 촉진하므로 식전에 마시면 좋다. 산성 노폐물을 체내에서 제거한다. 흔히 레몬은 산을 형성하는 것으로 생각하지만, 몸 안에서 알카리성이 된다.

티 로 마 시 는 법 _ 레몬의 과피를 건조시킨 것을 티로 이용한다. 레몬티는 레몬의 상쾌한 향기와 약간 쌉싸름한 맛이 있다.

건조된 과피를 잘게 부수어 티스푼 수북이 1에 열탕 150cc를 부어 뚜껑을 덮고 5~7분 동안 우려낸 것을 1일 3회 식전에 복용한다. 싱글티도 좋고 브랜드 티도 좋다.

영국이나 프랑스에서는 옛날부터 기침이나 감기의 치료법으로 뜨거운 물에 레몬과 설탕을 넣어 뜨거운 음료로 마시는 습관이 있다.

레몬티나 과피를 주머니에 한 줌 넣고 목욕물에 섞어서 쓰면 피로가 회복된다.

해 설 _ 레몬이라 하면 생선 비린내를 없애는 데 즐겨 쓰이는데, 레몬 과즙에는 살균작용과 수렴작용이 있어 효과가 있고 맛도 좋아진다. 레몬의 과피에는 정유가 있어 표백작용과 면역부활작용을 한다. 레몬 85개에서 정유(엣센셜 오일) 30g(1온스)을 추출한다. 목욕제로 쓸 때는 2~3방울만 떨구면 된다.

정유는 갈색병에 넣어 서늘한 곳에 두며, 스포이드로 몇 방울씩 떨어뜨려 사용하는 것이 지혜다.

레몬그라스

학명: Cymbopogon citratus
영명: lemon grass
성상: 다년초
이용부위: 잎, 줄기(지상부)
함유성분: 정유(시트랄), 푸라보노이드, 비타민 c.

작 용 _ 살균작용, 건위작용, 소화촉진, 구풍작용, 항균작용, 교미(矯味), 교취(矯臭)제로 쓰인다. 인도에서는 수 천년 전부터 감염 증이나 열병에 이용해 왔다. 잎의 살균성분으로, 레몬그라스 티를 마시면 복통이나 설사, 두통, 발열 등의 증상을 완화하는 작용도 있고, 인프루엔자의 감염을 예방한다.

기분을 리프렉스 시켜서 위장의 기능을 높여 소화를 돕고 졸음을 깨워준다. 과식하여 속이 더부룩할 때 효과가 있고 배 속의 가스를 배출시키는 구풍작용도 있다. 빈혈의 예방에도 효과가 있다.

티 로 마 시 는 법 _ 잎 줄기를 이용하며 레몬향 같은 싱그러운 향기와 약한 신맛이 있다.

레몬향이 나는 티로 유명하다. 레몬그라스티는 프레쉬, 드라이 어느 것이든 맛있으며, 효능도 같다.

프레쉬티로 만들 때는 생 줄기나 잎을 15cm 길이로 잘라 잘게 썰어서(1컵 분량) 폿트에 넣고 열탕을 150cc부어 뚜껑을 덮고 5분간 우려낸다. 드라이티는 잎줄기를 5cm 길이로 잘라 건조시켜 보존했다가 티를 만들 때 가볍게 비벼서 잘게 썰어 티스푼 수북이 1에 열탕 150cc를 부어 뚜껑을 덮고 5~7분간 우려낸다.

프레쉬 티가 더 향기롭다. 이 티는 1일 3회 식전에 마신다. 소화기 계통에 이상이 있을 때 효과가 있다. 리프렉스 효과를 기대할 때는 싱글티도 좋지만 브랜드 티로 효과를 상승시킬 수 있다.

주 의 _ 임신 중에는 사용을 피한다. 자궁 수축 작용이 있으며 통경작용도 있다.

해 설 _ 레몬그라스는 태국요리에 식품재료로 쓰이며, 기분이 울적할 때 리프렉스하고 싶으면 목욕물에 넣고 잠시 온욕을 하면 기분이 명랑해진다. 주머니에 넣어 옷장 같은데 걸어두면 방충제가 되며, 냄새를 없애주는 소취제가 된다.

레몬밤

학명: Melissa officinalis
영명: Lemon balm
별명: 메릿사
성상: 내한성 다년초
이용부위: 지상부
함유성분: 정유(시도랄, 시도로네랄), 타닌, 프리페놀, 고미질, 푸라보노이드, 로즈마린산, 토리텔페노이드.

작용 __ 진정작용, 항울작용, 항균작용, 진경작용, 신경강장작용, 발한작용, 소화촉진, 구풍작용, 혈압강하작용, 항바이러스작용 등이 있다. 장수하며 기억력도 높인다. 레몬밤 티는 심신의 예민한 상태를 온화하게 조정하는데 그 특징이 있다. 항울작용과 강장작용이 있으므로 신경계의 히스테리나 공황상태, 긴장감, 불안감, 조급함, 불면증 등에 차게 만든 아이스티를 마시면 기분이 안정된다. 편두통이나 신경통에도 효과가 있다. 또 열을 수반한 감기에 뜨거운 티를 마시면 발한을 촉진하여 증상을 완화한다. 심신의 긴장에 의한 신경성 위염이나 대장염, 신경성 식욕부진 같은 소화기계의 기능장해를 해소하는 진경, 진정, 소화촉진작용이 있어 식전의 티로 권할 수 있다.

강한 항균작용과 항바이러스작용이 있어 헬페스치료에도 효과가 있다. 알레르기의 예방에도 좋은 건강티로, 일상적으로 마셔도 좋다. 말초혈관을 이완하여 고혈압 환자에게도 권할 수 있는 티다.

티로 마시는 법 __ 레몬 같은 싱그러운 향이 있는 상쾌한 맛의 티다. 그러나 신맛은 없다.

티는 생 잎을 이용한 프레쉬 티나, 건조시킨 드라이티도 만들 수 있는데, 효능은 같으나 프레쉬티가 더 상쾌하고 기분을 밝게 해서 정신피로를 회복시켜준다. 싱글티도 좋고 브랜드티로도 좋다.

신경성 불안증이나 신경성 소화계의 트러블에는 식전에 티로 마시고, 소화불량에는 식후의 티로 마신다. 불면증에는 취침 1시간 전에 마신다. (프레쉬 허브가 더 좋다.)

티는 건조시킨 잎을(부서진다) 티스푼 수북이 1~3(1~3g)에 열탕 150cc를 부어 뚜껑을 덮고 5~10분간 우려낸 것을 1일 2~3회 마신다.

프레쉬티는 생 잎을 따다가 10장(15g)을 티를 만들기 직전에 잎을 몇으로 찢어 폿트에 넣고 열탕을 150cc부어 뚜껑을 덮고 3~5분간 우려낸 것을 마신다.

드라이 레몬밤티는 페파민트나 레몬버베나와 브랜드하면 향기가 더 좋다. 생 잎은 수시로 수확하고, 건조시킬 것은 여름~가을의 개화기에 배어서 수확하며, 그늘에 매달아 빨리 건조시켜 밀폐 용기에 보관한다.

주 의 __ 레몬밤은 정유의 함유량이 매우 적으므로 건조와 보존에 주의해야 한다. 자른 잎에 함유된 정유는 실온에서 차광 밀폐하여 보관해도 3개월 이내에 처음의 30%로 감소된다. 될 수 있는 대로 빨리 소비한다.

해 설 __ 유럽이 원산지인 레몬밤은 여왕벌이 좋아하는데, 로얄젤리 같은 강장 물질이 있어 옛날에는 모든 병을 고친다고도 했었다. 티는 젊음을 지켜 장수한다고도 했다.

레몬밤의 생 잎은 요리와 비네거, 오일, 릭큐 등의 부향제로 쓰며, 목욕재로 쓰면 불안, 긴장, 불면증이 진정되고 편히 잠들 수 있다.

레몬버베나

학명: Aloysia triphylla, Lippia citriodora
영명: Lemon verbena
별명(프랑스명): 벨베-누
성상: 관목
이용부위: 잎
함유성분: 정유(리모넨, 네롤, 게라니올, 네랄, 게라니알, 시네올)등 시트랄계 이다.

작 용 __ 진정작용, 소화촉진, 강장작용, 리락스 효과, 완화작용 등이 있다.

소화기의 활동을 높여 식욕부진이나 소화불량을 개선하며, 상쾌하고 강한 레몬향은 진정작용이 있어, 곤두선 신경의 흥분을 진정시켜준다. 또 기관지나 코의 충혈을 진정시키며, 두통이나 매스꺼운 증상도 완화 시킨다.

레몬버베나는 프레쉬나 드라이 어느 것으로도 쓸 수 있으며, 프레쉬티는 소화를 도울 뿐 아니라 우아한 기분으로 리락스 시켜주며 여성 특유의 월경에 의한 편두통과 간장에도 효과가 있고, 과음에도 좋다. 기분을 명랑하게 만들어 원기를 회복시켜준다. 레몬버베나의 잎은 건조시켜도 향이 없어지지 않고 오래도록 향기로운 것이 특징인데, "향수목"이라는 애칭도 있다

티 로 마 시 는 법 __ 드라이티는 건조시킨 잎을 가볍게 비벼서 부서진 것을 티스푼 수북이 2(1g)에 열탕 150cc를 부어 뚜껑을 덮고 5분간 우려낸 것을 1일 3회 식후에 복용한다. 프레쉬 티는 생 잎을 3~4장 찢어서 폿트에 넣고 열탕을 150cc부어 뚜껑을 덮고 3~5분간 우려낸 것을 마신다.

레몬버베나 티는 프랑스에서는 '벨베-누'라 하며 저녁식사 후부터 취침까지의 리락스 타임에 가장 적합한 허브티라 하여 '이브닝티'라는 애칭으로 친숙하며, 프랑스에서 인기를 얻고있어 지금은 거리의 카페에서 정식메뉴가 되고 있다.

해 설 __ 레몬베버나는 남미의 안데스산 지방이 원산지로서 고도차 순응을 위한 상비음료였다며, 스페인 사람에 의해 유럽에 전해졌다고 한다. 지금은 상쾌한 향기로

인해 만찬때 횡가볼의 부향제로 물 그릇에 띄운다고 한다.

잎에서 에센셜 오일을 추출하여 향수나 목욕 로숀도 만들며 목욕할 때 리락스하고 싶을 때 욕조에 잎을 넣으면 살결도 매끄러워지고 편안해진다. 건조시킨 잎을 베개속에 넣고 자면 편한 잠을 잘 수 있다. 레몬버베나의 생 잎은 티 외에 요리의 부향제로 샐러드, 비네거, 허브오일 등에 쓰며, 케익이나 쿡커, 젤리에도 잘게 썰어서 넣으면 좋다. 잔가지는 폿푸리에도 향로로 쓴다.

레이디스맨틀

학명: Alchemilla vulgaris
영명: Lady's mantle
성상: 다년초
이용부위: 잎
함유성분: 타닌, 고미질, 살칠산, 정유.

작 용 __ 수렴작용, 항염증작용, 이뇨작용, 월경조정작용, 자궁자극, 소화촉진작용 등이 있어서, 레이디스맨틀 티는 생리통을 완화하고 월경과다와 생리불순을 개선하며 정상적인 주기로 되돌려 놓는 역할도 한다. 출산시는 진통을 촉진하며, 산후의 회복도 촉진한다. 갱년기장애의 여러 증상을 완화한다.

항염증작용과 뛰어난 수렴작용이 있어 위염, 장염 등을 경감시키며 설사를 멎게하는 효과도 있고 또 구내염, 인두염, 목이 아플때도 함수제로 가글하면 염증이 완화되며 잇몸의 출혈도 지혈된다.

티 로 마 시 는 법 __ 레이디스맨틀을 건조시킨 잎은 건초 같은 강한 향기로 맛은 없다. 이 식물은 잎이 비교적 큰 편이며 개화기에 잎만 따서(잎줄기 제거함) 포개지지 않게 그늘에서 건조시켜 이용한다. 건조시킬 때 잎이 포개지면 발효하게 되므로 한 장씩 펴서 건조시킨다.

건조시킨 잎을 부셔서 티스푼 수북이 1~2(약 3~5g)에 열탕 150~180cc를 부어 뚜껑을 덮고 10분간 우러낸 것을 1일 2~3회 복용한다. 이 허브티는 싱글로도 좋고 브랜드 티도 좋은데, 부인과계의 질환에 잘 듣는 티로 옛날부터 유명하다.

레이디스맨틀 티는 상처의 치료에도 효과가 있는데 이때는 건조시킨 잎 10~15g에 물을 600cc 부어 달여서 식힌 것을 종기, 외상, 볕에 탔을 때, 화상, 습진, 벌레에 쏘인 데에 바르면 효과가 있고, 백대하(白帶下)에는 관주용 좌약으로 쓰며, 외음부의 가려움증에도 세정소독제로 쓰면 효과가 있다. 지성피부에는 티를 화장수로 바르면 좋다.

주 의 — 임신 중의 티 사용은 피한다

해 설 — 레이디스맨틀은 티 외에 연한 어린잎을 샐러드에도 섞고, 고약도 만들어 외용하며 소젖의 분비를 촉진하는 양질의 사료가 되기도 한다. 그러나 옛날에는 부인전용 약용 외에 상처의 치료제로 가장 잘 듣는 약초의 하나로 인기 있었다.

로즈 (장미)

학명: Rosa gallica officinalis
영명: Apothecary Rose, French Rose
성상: 소관목
이용부위: 꽃
함유성분: 정유(시토로네롤, 게라니올, 페닐에틸알콜), 타닌, 유기산, 페쿠틴, 니코틴산 아미드

작 용 — 진정작용, 강장작용, 수렴작용, 해독작용, 살균작용, 신경강장, 간장강장, 폐장강장 작용 등이 있고 완하작용이 있다.

로즈티로 쓰이는 장미는 가리카종의 꽃으로 빨간 꽃이 피는 로즈레드와 분홍꽃이 피는 로즈핑크가 있는데 지쳐 있을 때나 기분이 가라앉아 우울할 때, 이 티를 마시면 기분이 리프레쉬 되어 밝고 명랑해진다. 신경과민으로 인한 불안, 우울, 두려움, 비탄 등을 진정시키고 완화하는 힘도 있어 기력을 회복시키며, 간장과 위장의 피로에도 효과가 있고 변비에도 유효하다. 로즈 핑크는 Rosa centifolia 라 하며 여성 생식기의 충혈을 경감시키는 작용이 있어 생리통, 생리불순, 불임에도 유효하다. 또 구강이나 인두점막의 염증을 해소한다. 열을 수반한 감기와 변비, 설사, 부종 등 여러 증상에 효과가 있다. 홀몬의 밸런스를 잡아주어 여성의 아름다움과 건강에 기여하는 티로 레드로즈와 함께 사랑받는 있다.

티 로 마 시 는 법 _ 로즈티는 달콤하고 고상한 향기, 상쾌한 맛으로 결점이 없는 티다. 꽃잎을 따서 그늘에서 빨리 말려 변색되지 않게 한다. 티스푼 수북이 1(약 1~2g)에 열탕 150cc를 부어 뚜껑을 얹고 5분간 우려낸 것을 1일 3회 복용한다.

설사를 멎게 하는 목적일 때는 타닌이 충분히 우려나도록 고온에서 10~15분간 우려낸다. 로즈 홍차를 만들면 더 향기롭고 맛있는데, 이때는 홍차를 만든 다음 여기에 로즈 꽃잎을 집게 손가락으로 한번 집어 넣으면 된다.

로즈티는 싱글도 좋고 브랜드티로도 좋다. 단 로즈핑크는 색이 변하기 쉬우므로 수확하여 차광병(갈색)에 밀폐 보관하여 변질을 막는다. 될 수 있으면 빨리 소모시킨다.

티를 화장수로도 쓰는데, 살결을 젊게 하는 효과가 있다. 훼이셜 스팀으로도 쓴다(건조한 살결, 노화방지 등).

로즈의 생 꽃잎에 같은 양의 설탕을 섞어 물을 조금 붓고 2~3시간 약한 불로 졸인다. 레몬쥬스를 조금 넣으면 더욱 맛이 있으며, 이 티는 미용에 효과적이다. 마른 꽃잎 30~40g에 열탕 1/2를 부어 뚜껑을 덮고 1일쯤 두었다가 걸러내고 그 물에 50g의 설탕이나 꿀을 넣어 끓여 시럽을 만든다. 이것을 매일 식사 전에 큰 숟갈로 1스푼씩 먹으면 신경진정효과가 있다.

해 설 _ 로즈는 개량종까지 합하면 만 여종이 되지만 티로 쓸 수 있는 것은 가리가종(rosa gallica)뿐이다. 로즈오일을 얻기 위해 꽃잎을 수증기 증류하고 남은 로즈워터(장미수)는 중세 때 영국에서 약용으로 쓰였다. 지금은 지친 눈과 피부를 회복시키는 화장용으로 쓰인다. 가리가종의 꽃은 건조하면 향이 더 짙어지므로 포푸리나 베갯속에 긴히 쓰인다.

로즈마리

학명: Rosemarinus officinalis
영명: Rosemary
한국명: 미질향(迷迭香)
성상: 상록관목
이용부위: 지상부
함유성분: 정유(시네올, 피넨, 캄파, 보루네올), 로즈마린산, 카루노솔, 푸라보노이드, 타닌, 고미질, 수지, 구로로겐산, 카페산, 로즈마놀

작용 _ 항산화작용, 방부작용, 혈행촉진, 소화기능촉진, 수렴작용, 구풍작용, 항경련작용, 항울작용, 이뇨작용, 살균작용, 울체제거, 리락스 효과 등이 있다.

로즈마리 티는 전신(全身)강장제로서 혈액순환을 촉진하여 대사를 활성화시켜 심신의 활력을 높이는데 효과가 있다. 과로로 지친 몸이나 병후 또는 수술 후에 몸의 회복을 촉진하여 건강을 회복시키며 면역력도 높여주고 영양 흡수능력도 높여준다. 또, 피부에 윤기를 주며 노폐물의 축적을 방지하여 노화를 방지하는 등 항산화작용으로 젊음을 되찾아주는 것으로도 유명하다. 신경을 진정시키는 작용도 있어 불안, 우울증, 긴장에 의한 신경성 두통 등을 진정시켜주며, 심신의 피로를 회복시키고 뇌의 활동을 활성화하여 기억력과 집중력을 높이는 작용도 있어 시험 공부하는 학생이나 회의 전에 마시면 좋다. 식욕부진, 위무력증, 간기능저하, 이완성 변비 등 소화기능의 저하와, 순환부전(循環不全)에 의한 활력저하 등에 활력을 준다. 또, 류마티스나 신경통에도 효과가 있다. 기관지의 감염증에도 쓰인 역사가 오래인데 항경련작용이 있어 기관지의 경련을 진정시키고 염증을 완화하여 호흡을 쉽게 해준다. 저혈압에도 효과가 있다(혈행촉진). 로즈마리의 주 성분인 로즈마린산은 염증을 억제 해소하는 항바이러스작용, 항균작용, 항염증작용 등도 있어 감기와 같은 염증 증세를 완화한다.

티 로 마 시 는 법 _ 강열한 향과 맛이 있는 상큼하면서도 자극적인 특징이 있는 티다. 프레쉬도 좋고 드라이 티로도 좋으며, 싱글티도 좋고 브랜드티로도 좋은 마시기 쉬운 티다. 드라이티 기준으로 하면 말린 잎을 티스푼 수북이 1(1g)에 열탕 150cc

를 부어 뚜껑을 덮고 10~15분간 우려낸 것을 1일 3~4회 식간에 복용한다.

주 의 __ 임신 중인 부인과 고혈압 환자는 계속해서 장기간 마시는 것을 피한다. 향이 너무 강하므로 브랜드 티로 쓸 때는 양을 줄이는 것이 좋다.

해 설 __ 로즈마리는 옛날부터 젊음을 되돌려주는 회춘의 허브라 하여 유명한데, 이것은 헝가리의 엘리자베스 여왕이 어떤 천사에게서 처방을 받아 여왕의 손발이 마비되는 것을 고쳤다는 약으로, 알코올을 이용한 향수의 시초로 유명하다. 이것을 '헝가리워터'라 했다. 지금도 로즈마리에서 정유를 채취하여 향료와 약용에 쓰며, 요리의 소취 부향제로도 쓰고, 로즈마리 와인도 만들며, 화장수, 샴푸, 헤어토닉, 린스, 오데코롱의 원료로 쓴다. 목욕재로 쓰면 혈행을 촉진하여 리락스 효과가 있다. 로즈마리 티는 노화방지 화장수로 쓰며, 함수제로 가글하면 감기 예방도 된다.

작 용 __ 이뇨작용, 완하작용, 수렴작용, 보습작용, 항울작용, 항염증작용, 항바이러스작용, 강장작용, 항균작용, 항경련작용, 항스트레스, 소화촉진작용, 호흡기계 촉진, 순환기계 촉진, 신경계 강화, 면역강화, 긴장완화, 비뇨기 감염증, 거담작용 등이 있다.

특히 비타민c는 오렌지의 20배, 레몬의 40배가 함유되어있고 다른 비타민과 미네랄 등 면역과 건강에 필요한 영양소를 함유한 영양강장제이며, 비타민의 폭탄이라고까지 일컬어진다. 로즈힙티를 마시면 피로하여 지쳤을 때 강장작용이 있어 피로감이 간단히 해소되며, 피로뿐 아니라 스트

로즈힙 (장미열매)

학명: Rosa canina
영명: Rose hip, wild dog rose
한국명: 유럽 들장미열매
성상: 낙엽 소관목
이용부위: 열매 속의 씨와 흰 털을 제거 하여 건조 시킨 것
함유성분: 비타민 C, B, E, K, P, A, 푸라보노이드, 페구틴, 과실산, 카로티노이드, 타닌, 칼슘, 철, 규소, 세렌, 마그네슘, 망간, 칼륨, 인, 유황, 아연, 나트륨

레스에서도 회복된다. 비뇨기의 감염증에는 절대로 노출되지 않는다. 자외선이 신경 쓰일 때 로즈힙 티를 마시면 멜라닌 색소의 생성을 억제하여 기미와 주름을 예방하는 효과도 있고, 모세 혈관을 튼튼하게 하며 콜라겐의 생성에도 관여하므로 피부의 탄력을 유지시킨다. 담배나 술을 즐기는 사람에게도 권할 수 있는 티인데 호흡기를 정화하여 호흡을 편하게 한다. 염증이나 발열 등 비타민c의 소모가 많은 감기나 바이러스성 인프루엔자의 예방도 되고, 감염되었을 때도 빨리 치유된다. 빈혈 예방도 되며 눈의 피로를 완화하는데도 기여한다. 변비에도 완하작용이 있어 효과가 있다.

티 로 마 시 는 법 ㅡ 로즈힙은 열매 속에 털이 있어 염증을 일으키는 경우가 있으므로, 가을에 열매가 붉게 익으면 따서 열매를 쪼개 씨와 털을 제거한 후 건조시켜 이용한다. 만일 그냥 건조시켰을때는 티를 만들 때 부수어서 씨와 털을 제거한 후 이용한다. 로즈힙 티는 비타민 c가 풍부하여 달콤한 향기와 약간 신맛이 있는 상쾌한 풍미의 티가 된다.

열매를 잘게 썰어서 티스푼 수북이 1(3g)에 열탕을 150cc부어 뚜껑을 덮고 10~15분간 우려낸 것을 1일 3회 마신다.

주 의 ㅡ 장기간, 과잉 음용은 설사의 우려가 있으므로 주의한다.

해 설 ㅡ 로즈가니나를 도크로즈라 하는 것은 옛날에 광견병에 걸린 개에게 물려 고생하는 병사의 어머니가 꿈에 계시를 받아 이 장미의 뿌리로 아들의 병을 고친 데서 유래되어 '개장미(dog rose)'가 되었다고 한다.

비타민의 공급원으로 쓰이는 로즈힙은 해당화의 열매도 도크로즈의 대용으로 이용한다. 로즈는 무농약으로 재배해야 꽃잎이나 열매를 티로 이용할 수 있는데, 진딧물이 많이 발생해서 고민하는 재배자를 가끔 만나게 된다. 진딧물 퇴치법을 소개하자면, 장미 나무 곁에 피버퓨를 심어두면 진딧물을 막을 수 있다.

로즈힙은 과일주, 잼, 과자재료로도 쓰인다.

로켓

작 용 __ 건위작용, 소화촉진, 강장작용, 비뇨기계에도 효과가 있다. 잎은 이뇨 작용을 한다. 위가 매슥거리고 토할 것 같을 때도 효과가 있다.

티 로 마 시 는 법 __ 로켓트의 잎은 샐러드 재료로 비타민 c의 공급원으로 즐겨 쓴다. 그래서 샐러드 로켓(Salad Rocket)라는 별명도 있다. 씨는 가을에 갈색으로 익을 때 따서 갈무리했다가 쓴다. 빨은 씨 5g에 열탕 150cc를 부어 뚜껑을 덮고 10분간 우려낸 것을 1일 3회 식후에 복용한다. 이것은 소화 및 강장티가 된다. 또 매 식후 잘 씻은 로켓트의 어린 잎을 생으로 5장 정도 그대로 씹어 먹으면 소화불량이 해소되며 건위작용도 있다.

로켓트는 샐러드 재료로, 가을에 씨를 뿌리면 발아 후 60일 정도에 수확할 수 있어 가정 채소로도 좋다.

해 설 __ 어린 잎은 쓴맛이 적으나 잎이 성숙하면 쓴맛이 생기므로 여문 잎은 쪄서 요리에 쓴다. 십자화는 크림색 바탕에 꽃잎 중심에 보라색 맥이 있는 것이 특색이다. 인도에서는 씨에서 '잔바'라는 기름을 짜서 피클저림에 쓴다. 갈색의 잘다란 씨는 겨자처럼 요리에 쓰기도 한다.

학명: Eruca vesicaria subsp, sativa
영명: Rocket
성상: 1년 초
이용부위: 씨
함유성분: 정유, 헤데로사이드, 비타민 c

루이보스

학명: Aspalathus linearis
영명: Rooibos
성상: 낙엽관목
이용부위: 잎, 줄기
함유성분: 푸라보노이드, 루데오린, 아스파라틴, 타닌, 페놀산, 칼슘, 비타민

작 용 __ 강장작용, 진정작용, 항산화작용, 항알레르기, 대사촉진작용 등이 있다.

체세포를 노화로부터 지키는 활성산소 제거작용이 있어 건강티로 매일 습관처럼 마시면 탁월한 효과가 있다. 화분증이나 소아 천식 같은 알레르기의 여러 증상을 억제 개선하는데도 기여한다. 특히 아토피성 피부염에 효과가 있다. 또, 대사(代謝)를 높이는 작용이 있어 소화기 계통의 기능을 개선하며, 변비에 좋고 냉증, 빈혈, 활력부족에도 유효하다.

녹차와 맛이 비슷하나 카페인은 없고 타닌도 함유량이 적어 수렴성은 낮다. 불소화합물이 차나무 잎보다 많아 충치예방에 효과가 있다.

티 로 마 시 는 법 __ 루이보스는 남아프리카 공화국의 특산식물인데, 그곳 원주민들이 옛날부터 불로장수의 티로 여겨 일상적으로 마시고 있는 역사가 오랜 티다. 그러나 우리나라에는 아직 알려져 있지 않은 유용한 티이므로 소개한다.

루이보스는 낙엽관목인데 바늘 같은 잎이 선녹색이다가 낙엽 질 무렵에 적갈색으로 변하는 것이 특징이다. 이 바늘 같은 붉은 잎을 발효시켜 햇볕에서 건조시킨 것을 티재료로 쓴다. 루이보스티는 독특한 풍미와 적갈색의 아름다운 빛깔로 은은한 단맛이 있는 마시기 편한 티다. 티는 발효 건조시킨 붉은 잎을 티스푼 수북이 1(약 2~3g)에 열탕 150cc를 부어 뚜껑을 덮고 5~10분간 우려내면 고운 빛의 티가 되므로 이것을 1일 3회 복용한다. 루이보스티는 뜨겁게도 마시고 아이스티로도 쓸 수 있으며, 싱글티도 좋고 브랜드티로도 좋은데 우유나 레몬을 더해도 좋다. 노화를 방지하여 젊음을 지켜줄 뿐 아니라 항산화작용이 대사작용을 촉진하여 알코올을 빨리 분해하여 체외로 배출하므로 애주가의 숙취해소에 권할 수 있는 허브티다. 또, 여러가지 알레르기증상을 완화 예방하므로 약용티로도 훌륭하지만, 우선 마시기 쉬워서 18세기 이후로 미국, 독일 등 세계에 급속히 보급된 불로장수의 건강티다.

해 설 __ 1772년에 처음으로 스웨덴의 식물학자에 의해 루이보스티로 기록되었으며, 콩과 식물로 20세기에 곡물로 개발된 드문 야생종의 하나다. 콩꽃은 여름에 노란빛으로 뭉쳐서 피며, 녹색잎과 함께 가을에 적갈색으로 변한 것의 조화도 아름답지만, 콩은 잘다. 19세기에는 아름다운 꽃 때문에 온실용 관상식물로 재배되었다. 루이보스는 이외에 청량음료, 스프, 소스, 빵에도 쓴다. 남아프리카공화국 게이프주 서부지방의 루이보스티 산업은 동양의 홍차가 부족한 탓으로 세계 제2차 대전 중에 크게 발전하여 그 후에도 약효에 대한 연구가 계속되고 있다.

남아프리카 공화국에서는 대대적인 루이보스 재배가 산업화 하고 있다.

리코리스
(스페인 감초)

학명: Glycyrrhiza glabra
영명: Liquorice
한국명: 스페인감초
이용부위: 주근과 횡주근(橫走根)
함유성분: 글리시리진 (glycyrrhi-zin), 글리시진산, 푸라보노이드, 고미질, 정유, 구마린, 아스파라긴, 에스트로겐 물질.

작 용 __ 거담작용, 항염증작용, 진해작용, 소염작용, 해열작용, 이뇨작용, 해독작용, 항알레르기작용, 항바이러스작용, 면역부활작용 등이 있다.

리코리스의 글리시리진은 항알레르기작용이 있어 위산의 분비를 억제하며, 위 점막을 보호하여 위궤양, 12지장궤양 등 소화성 궤양, 소화불량 등을 완화한다. 대장경련을 완하 하는 작용도 있다. 염증을 억제하여 호흡기를 진정시키는데 거담작용이 뛰어나고 천식, 기침, 기관지염, 인후염 등을 완화한다. 류마티스, 관절염에도 효과가 있어 치료제로 쓴다.

디프테리아균, 파상풍균 등 많은 독소를 중화시키며, 담즙의 분비를 증가시키고 혈액 중의 콜레스테롤치를 억제한다.

부신피질홀몬 같은 작용이 있어 스트레스에서 오는 우울증, 조급증, 소화불량 등을 완화하는데도 효과가 있다.

리코리스의 글리시리진은 설탕의 50배 단맛을 가지고 있으나 저칼로리이므로 다이어트 감미료로도 쓰인다. 면역 기능을 강화하여 부신 기능을 활성화시켜 이뇨, 완하(설사)작용도 한다. 최근에는 간염과 에이즈의 치료약으로 주목 받고 있다.

티 로 마 시 는 법 — 강한 단맛과 은은한 향이 있다.

심은 지 2~3년째 가을에 잎이 누렇게 되면 파내어 흙을 털고 재빨리 씻은 뒤 햇볕에서 건조시킨다.

뿌리를 얇고 잘게 썰던지 거친 가루로 만들어 티스푼 1/2(약 1.5g)에 열탕 150cc를 부어 뚜껑을 덮고 10~15분간 우려낸 것을 1일 3회 식전~식간에 복용한다. 구취에는 리코리스 5g에 열탕 500cc를 부어 뚜껑을 덮고 15분 우려낸 것을 식혀두고 찻잔으로 1일 1잔씩 식전에 마시면 어느 사이엔가 구취가 없어진다.

주 의 — 장기간 사용과 다량복용은 피한다. 1일 사용량은 1~5g, 6주간을 넘지 말아야 한다. 혈압을 상승시키므로 고혈압 환자는 사용을 금한다. 간장질환, 신부전증에도 금한다. 임신 중, 수유 중의 부인도 사용을 피한다.

단맛이 강하므로 싱글티보다 브랜드로 이용하며, 쓴 티와 브랜드한다.

해 설 — B.C 3000년경의 고대 이집트 때부터 이용했던 약초다. 한약은 대개가 쓰므로 교미(감미)제로 함께 섞어 다리면 쓴맛이 감해진다. 그래서 우리는 약방의 감초라 한다. 리코리스는 약용 외에 식품으로도 쓰며 담배에도 넣고, 사탕과자, 음료수 등의 부향제로도 쓴다. 리코리스 1에 35°짜리 소주를 5~6배의 비율로 부어 3개월 숙성시키면 약술이 되는데 강정약이 된다.

리코리스는 licorice(영명)라고도 하는데 개상사화나 상사화 등 수선화과의 무릇류를 lycoris라 하는데 이것은 유독식물이므로 혼동하지 말아야 한다.

린덴 (서양보리수)

학명: Tilla europaea
영명: Linden, Lime tree
한국명: 서양 보리수, 유럽 피나무
이용부위: 꽃, 잎, 포엽, 백목질(白木質)
함유성분: 정유, 푸라노보이드, 사포닌, 타닌, 페놀산, 구마린(수피), 점액질

작 용 __ 잎에는 진정작용, 발한작용, 이뇨작용이 있어 고혈압을 내리고 감기나 인프루엔자의 기침을 완화하며, 불면증에 좋다.

꽃과 포엽은 린덴플라워라고 하며, 진정작용, 진경작용, 발한작용, 이완작용이 있어 정신적인 스트레스를 완화하는데 뛰어난 효과가 있고, 마음이 조급하여 안정되지 않는 긴장과 불안, 흥분 등을 진정시키며 완화 해소하는 작용도 있고 이런 증상으로 인해 잠 못 이룰 때 편히 잠들게 하는 불면증 치료제도 된다. 뛰어난 발한작용도 있다.

린덴우드(linden wood)라 하여 린덴의 심재와 형성층 사이에 있는 내피를 백목질(白木質)이라 하는데, 이뇨작용이 뛰어나 몸 속의 수분이나 노폐물을 배출하므로 부종의 개선에 쓰이며, 정화작용도 있어 신장결석, 통풍 등에 유효하다.

티 로 마 시 는 법 __ 린덴플라워는 달고 고상한 향기가 있다. 린덴 우드는 나무향이 나며 모우 맛은 없다.

꽃이나 잎은 건조시킨 것을 티스푼 수북이 1~2(약 2~4g)에 열탕 150cc를 부어 뚜껑을 덮고 3~5분간 우려낸 것을 하루에 여러 번 마신다. 특히 오후에 마시면 좋고, 될 수 있는대로 뜨거울 때 마신다. 린덴우드는 우려내는 시간을 다소 길게 5~10분간 우려내어 1일 3~4회 복용한다. 꽃이나 잎을 오렌지꽃과 브랜드한 허브티는 목욕제로 쓰면 진정효과가 있다. 독일에서는 소아과에서 감기 초기에 린덴 4에 페파민트 1의 비율로 브랜드한 허브티를 처방한다. 유럽에서는 식사 끝에 제공되는 고전적 소화제로 통하는 티다.

마더워드
(유럽 익모초)

학명: Leonurus cardiaca
영명: Motherwort
한국명: 유럽 익모초
생약명: 益母草
성상: 다년초
이용부위: 지상부
함유성분: 알카로이드(레오누리닌 스다기도린), 고미배당체(레오누린, 레오누리딘), 타닌, 정유, 비타민 A

작 용 _ 강심작용, 진정작용, 월경정상화, 항경련작용, 산후지혈작용, 자궁수축작용 등.

신경을 진정시키고 마음을 안정시키며 여성의 생식 기능에 유효하게 작용한다. 생리통이나 생리불순을 개선하며 출산시에 자궁수축을 촉진하며, 산후의 지혈작용도 있다. 신경전체에 진정작용이 있어서 신경성으로 부들부들 떠는 것도 진정시키며 신경의 강장작용도 한다.

어머니를 이롭게 하는 허브라 하여 익모초 즉 마더워드라 한다.

티 로 마 시 는 법 _ 몹시 맛이 쓴 허브다. 티로 마실 때 꿀을 쳐서 마셔야 한다.

건조시킨 지상부를 잘게 부수어서 티스푼 1에 열탕 180cc를 부어 뚜껑을 덮고 3~5분간 우려낸 것을 1일 1~2회 마신다.

우리나라에서는 주로 달여서 약용하나 간단하게 티로 우려서 마셔도 된다.

주 의 _ 임신 중에는 자궁자극작용이 있어 자궁수축을 일으켜 유산할 수도 있으므로 임신 중의 사용은 금한다.

해 설 _ 동양에도 익모초가 있어 여성의 약초로 귀히 여기나 유럽에서도 심장과 갱년기, 여성의 제질환에 긴히 쓰인 오랜 역사가 있는 허브다.

마쉬말로우

작 용 _ 항염증작용, 점막보호, 진통작용, 건위작용, 완하작용, 변통촉진, 이뇨작용, 진해작용, 거담작용, 마른기침, 구강염, 인후두염, 기관지염, 위궤양, 위염, 설사로 상한 장의 점막 등을 치료 및 보호하는 점액이 있다. 또 혈당치를 내리는 작용이 있어 비인슐린 의존형 당뇨병의 치료에도 효과가 있다. 면역력을 높이며, 신장을 강화하고 통증을 수반한 방광염을 배뇨로 개선해준다. 변비해소에도 기여한다.

티 로 마 시 는 법 _ 꽃, 잎, 뿌리를 티로 이용하나 뿌리에 약효성분이 가장 많다. 말로우류 중에서도 마쉬말로우가 가장 강한 약효를 가졌다.

학명: Althaea officinalis
영명: Marshmallow
성상: 다년초
이용부위: 뿌리, 잎, 꽃
함유성분: 아스파라긴, 점액질, 타닌, 푸라보노이드, 비타민 A, B1, B3, B5, C, 칼슘, 철, 마그네슘, 망간, 인, 칼륨, 규소, 전분, 나트륨, 다당류

건조시킨 뿌리는 잘게 썰어서 티스푼 수북이 1에 냉수 180cc를 부어서 가끔 휘저어가며 30분쯤 방치한 것을 걸러서 1일 몇 차례 마신다. 먹기 전에 미지근하게 데워서 마신다.

잎을 습포제로 쓸 때는 티스푼 수북이 1에 열탕 150cc를 부어 3~5분 우리면 잎이 끈적이는데, 이것을 염증 부위에 대고 붕대를 감아주면 염증이 가라앉는다.

신장염에는 마쉬말로우티를 2일 2컵(아침, 저녁 1컵)씩 5일간 복용하고 2~3일 쉬고 다시 같은 요령으로 복용하면 효과가 있다.

꽃은 감기치료에 유효하며 티스푼 수북이 1에 열탕 180cc를 부어 뚜껑을 덮고 3~5분 우려내어 마시면 감기와 근육통, 근통(筋痛)에 진정효과가 있다.

주 의 _ 다른 의약품과 같이 이용하면 약제의 흡수를 지연시키는 경우가 있으므로 약 복용 전, 후 2시간은 피한다.

티를 화장수로 이용하면 거칠어진 살결을 보호하고 건조를 방지하며, 티로 냉습포하면 부스럼을 억제할 수 있다(습진, 피부염 등).

잎은 개화 직전에 점액질이 가장 많고 뿌리는 한 여름보다 늦가을~겨울에 함유량이 많다.

해 설 ― 강한 피부연화작용이 있어 점막 보호작용과 함께 신체의 안과 밖에서 항염증작용을 한다. 조직의 노쇠를 막아준다.

독일 약국방에서는 뿌리를 복용하되 냉침출을 규정하고 있다. 이것은 열탕으로 추출하면 점액질뿐만 아니라 전분도 녹아 나오기 때문이다.

마조람

학명: Origanum majorana
영명: Marjoram, sweet Marjoram
별명: knotted Marjoram
성상: 다년초
이용부위: 잎
함유성분: 정유, 타닌, 고미질, 수지(樹脂), 보루네올.

작 용 ― 소화촉진, 강장작용, 이뇨작용, 신경진정, 진경작용, 간기능항진, 구풍(장내가스 배출), 감기, 두통 완화, 월경촉진, 불면증해소(안면), 체내의 독소배출, 장수를 주는 티라 한다.

티 로 마 시 는 법 ― 드라이나 프레쉬 어느 것으로도 이용할 수 있고, 싱글이나 브랜드도 가능하다. 달콤하고 약간 쌉싸름하며 자극적인 향기로운 티가 된다.

건조시킨 잎을 티스푼 수북이 1에 열탕 180cc를 부어 뚜껑을 덮고 3~5분 우려낸 티를 1일 3회 식전에 마시면 식욕증진 효과가 있고, 식후에 마시면 소화를 도우며 저녁에 마시면 상쾌한 자연 수면약이 된다. 심신의 긴장을 풀어주는 작용이 있다. 몸을 따뜻하게 해주며 지쳤을 때나 고통이 있는 부분에 순하게 작용한다. 프레쉬티는 잎과 줄기도 쓸 수 있다. 갓 따온 신선한 잎을 드라이의 3배 정도에 해당하는 양을 준비하여 잎을 찢어서 여기에 <u>열탕을 180cc</u> 부어 뚜껑을 덮고 <u>3분간</u> 우려서 <u>드라이티</u>와 같은 요령으로 마신다. 마조람티는 몸 속의 독소를 배출시켜 간장을 강화하는 작용이 있고, 기침이나 기관지염을 진정시키는 역할도 한다.

주 의 _ 심장에 장애가 있는 사람은 복용량에 주의한다.

해 설 _ 고대 이집트에서는 방부제로 썼고 그리스에서는 강장제와 해독제로 이용했다. 마죠람은 스위트마조람이라 하고 오래가노는 와일드마조람이라하여 구별한다. 꽃이 핀 뒤 매듭 같은 종실(種實)을 많이 맺으므로 knottet marjoram이라 한다. 잎은 베갯속으로 넣어서 베고 자면 불면증을 개선할 수 있다.

꽃과 잎에서 뽑은 정유는 산화방지작용, 노화지연효과, 항바이러스작용, 경련완화, 국소혈행 자극이 있고 요리에도 쓰며 화장품, 향수에도 쓰인다.

작 용 _ 흥분, 자극, 이뇨작용, 수렴작용, 해열작용, 항울작용, 심신강장제로 영양원이 된다. 기억력이나 집중력을 높이는 중요한 영양분을 뇌에 공급한다. 대사를 활성화시켜 탄수화물, 지방 등의 분해를 촉진하는 작용이 있어 체내에 축적된 정신적인 피로나 육체적인 피로를 경감 내지 회복시킨다. 스트레스에 대한 저항력도 높인다. 심인성(心因性) 두통이나 류마티스의 통증도 완화하며 소화촉진 및 완하작용이 있어 변비에도 좋다. 식욕을 억제하여 지적 활동을 증가시키며 감량(비만)에도 효과 있다. 부신피질(副腎皮質)을 자극하는 성적 강장제로 남녀 모두에게 정

마테

학명: Ilex paraguayensis
영명: Paraguay tea, mate
성상: 상록교목 이용부위: 잎
함유성분: 카페인, 데오프로민, 데오피린, 구로로겐산, 푸라보노이드, 타닌, 비타민 A, B1, B2, B3, B5, B6, C, E, 미네랄(철, 칼슘, 마구네슘, 망강, 칼륨, 인산, 구소, 나트륨, 유황) 수지, 정유, 고미성분, 마태인, 코린, 이노시톨, 피오틴

력(활력)을 주는 영양가가 풍부한 허브다(비타민 류, 미네랄 류 등).

티 로 마 시 는 법 __ 마태의 잎을 건조시킨 것을 '그린타입'이라 하고 이 차 잎을 가볍게 덖은 것을 '로스트(lost)타입'이라고 하며 마태티에는 이 두 가지 종류가 있다. 그린은 녹차 같은 향기와 맛이 있고, 로스트는 향기롭다.

차잎을 티스푼 수북이 1(약 2g)에 뜨거운 물 150cc를 부어 뚜껑을 덮고 5분간 우려낸 것을 복용한다.

마태티를 우려낼 때는 바글바글 끓는 열탕을 쓰지 않고 끓기 시작하려는 뜨거운 물을 쓴다. 마태에는 카페인이 0.3~1.7%, 타닌4~16% 함유되어 있어서 타닌류보다 빨리 용해되므로 홍차를 만들 때처럼 단시간에 만든 마태티의 흥분작용은 장시간 우려낸 마태티보다 강하며, 맛이 좋고 수렴성은 적다.

마태티는 싱글로도 마시지만 브랜드티로도 많이 쓰인다.

주 의 __ 과량(過量)과 장기간의 사용은 피하며 임신 중, 수유 중, 어린이 등은 사용을 피한다. 애페드린제제(천식약 등)와 함께 사용하는 것은 피한다.

해 설 __ 마태는 파라과이, 브라질, 알젠틴 등에 자생하며, 파라과이티라고도 하는데 우리에게는 그다지 알려져 있지 않으나, 서양의 커피, 동양의 차(그린티)와 함께 남미의 마태티는 세계 3대 티로 손꼽힌다. 마태티는 알젠틴의 국민적 음료다. 여러 가지 영양소가 풍부하므로 마시는 샐러드라고도 할 정도다. 남미 사람들이 긴 여행을 할 때 꼭 가져가는 품목으로, 티를 만들기 위한 마태잎을 빠트리지 않는다고 할 정도로 귀중시한다(에너지와 영양원으로서). 마태티는 남미의 사회적, 종교적 행사에도 쓰였다.

말로우 (당아욱)

작 용 _ 진정작용, 소염작용, 완하작용, 자극완화작용, 피부와 점막보호(구강, 인후, 위장, 비뇨기계의 염증), 연화작용, 기침, 기관지염에 효과가 있다.

티 로 마 시 는 법 _ 말로우 티는 색깔의 변화를 즐기면서 호흡기나 위장의 염증을 경감시키는 묘미가 있는 허브티다.

건조시킨 꽃을 큰숟갈 수북이 1에 열탕 180cc를 부어 뚜껑을 덮고 10분간 우려내면 청색의 티가 된다. 이 청색은 유효성분 안토시아니징에 의한 것인데 이 티에 레몬 1쪽을 띄우든가 레몬즙을 1~2방울 떨구면 곧 핑크색으로 변한다. 이것은

학명: Malva sylvestris
영명: Mallow, common mallow
별명: mallow blue, common mallow
성상: 다년초
이용부위: 꽃
함유성분: 점액질, 안토시아니징, 타닌.

산성이 되었기 때문이다. 반대로 중조(소다)를 넣으면 알카리성이 되어 밝은 하늘색(물색)으로 변한다. 블루티를 공기 중에 그대로 두면 시간이 흐르면서 공기 중의 산소와 반응하여 천천히 보라색으로 변한다. 효능에는 변화가 없고 티의 색깔 변화를 즐길 수 있다.
푸레쉬티도 만들 수 있고 싱글이나 브랜드티도 만들 수 있다.
목이 아플 때 말로우티를 함수제(가글)로 쓰면 염증을 경감시킬 수 있다.

해 설 _ 신경을 진정시키는 작용이 있어서 기침이나 기관지염 등의 호흡기 계통 증상에 효과적인 작용을 하며, 감기로 목이 붓고 아플 때나 위염, 방광염, 요도염 시에 점막을 보호하며, 담배를 지나치게 피워서 기침이 멎지 않을 때 마시면 좋다.
변비, 여드름, 화분증에도 효과를 발휘한다. 위염, 장염 등 소화기 계통의 증상을 완화하는데도 기여한다.

멀레인

학명: Verbascum thapsus
영명: Mullein
성상: 2년 초
이용부위: 꽃, 잎
함유성분: 아우구빈, 점액질, 사포닌, 정유, 푸라보노이드, 피트스테롤, 비타민 류.

작 용 __ 진해작용, 거담작용, 진통작용, 진경작용, 항균작용, 항염증작용 등이 있어 폐나 호흡기의 점막을 진정시켜 기침을 멎게 하고 가래를 배출시켜 진해 거담제로 높이 평가 이용된다.

감기, 인프루엔자, 천식, 기관지염, 백일해, 만성기침, 호흡곤란, 폐렴, 목이 쉬었을 때 등 호흡기 계통의 여러 증상을 완화시킨다. 근래에는 항결핵작용이 있다는 것도 알려졌다.

꽃을 이용한 허브티는 진정효과가 있어서 불면증 치료에 쓰며, 항균작용과 이뇨작용이 있어 비뇨기 계통과 생식기 계통의 염증을 진정 경감시킨다.

티 로 마 시 는 법 __ 멀레인의 잎은 빌로드 같은 부드러운 털이 덮여 있고, 꽃은 잘고 꽃대가 긴 노란색이다. 많이 핀다. 수상화서가 반쯤 핀 개화기에 꽃과 잎을 따서 바람이 잘 통하는 그늘에서 건조시켜 보관한다.

건조된 꽃이나 잎을 티스푼 수북이 1~3(2~4g)에 열탕 150~180cc를 붓고 뚜껑을 덮은 후 10분간 우려낸 것을 1일 3회 복용한다. 독일에서는 소아의 호흡기계 질환에 멀레인티를 쓰고 있다.

멀레인 티는 달콤하면서도 향기로와서 싱글티도 좋고, 어느 것과 브랜드해도 좋다. 멀레인 티를 머리의 린스제로 쓰면 머릿결에 윤기가 난다.

해 설 __ 북미의 원주민들은 멀레인 잎을 말려 담배처럼 파이프로 흡입하여 천식과 경련성의 기침치료에 이용했다 한다. 조급증의 진정에도 썼다.

잎의 침출액은 종기나 짓무른 데 도포제로 쓰이며, 이때는 침출액에 섞인 털을 걸러 내어서 따끔거리지 않게 해야 한다. 또, 꽃을 딴 즉시 올리브유나 식물성 기름에 담구어 해가 잘 드는 곳에 2주일쯤 두었다가 우러난 기름을 중이염이나 류마티스, 관절염, 타박상에 바르면 통증을 완화하는 외용약이 된다.

메도우스위트

학명: Filipendula ulmaria
영명: Meadowsweet
성상: 다년초
이용부위: 잎, 꽃
함유성분: 살칠산염, 정유, 구연산, 푸라보노이드, 타닌, 점액, 비타민 C, 당류

작 용 __ 소화촉진, 진통작용, 살균작용, 소독작용, 수렴작용, 항염증작용, 이뇨작용, 해열작용, 발한작용, 제산작용, 항류마티스작용, 요산배출촉진, 진정작용 등이 있다.

꽃봉오리에는 항염증작용이 있는 살칠산염이 함유되어있어 진통, 해열제인 아스피린의 원료로 쓰인다. 발한 해열작용은 열을 수반한 감기, 두통, 류마티스, 관절염 등에 잘 듣고, 제산작용이 있어 위산과다, 위궤양을 완화하며, 위의 내벽을 보호하며, 위염, 설사, 명치가 쓰리고 아픈 가슴앓이 등 소화기 계통의 치료에도 효과가 있다. 살균작용이 있는 이뇨제로 방광염, 요도염, 부종, 류마티스의 완화에도 유효하다.

아스피린은 상용(常用)하면 위의 출혈이나 부담을 일으킬 가능성이 있지만, 메도우스위트에 함유된 천연 살칠산은 다른 성분(타닌, 점액)이 살칠산의 작용을 부드럽게 조화시키므로 아스피린 같은 부작용의 염려는 없다. 메도우스위트의 잎은 아스피린의 부작용에 의한 궤양을 고치는 작용을 하는 것으로 판명되었다. 눈이 가려울 때 티로 씻으면 진정된다.

티 로 마 시 는 법 __ 메도우스위트의 꽃은 연노랑색(크림색)으로 수술이 많고 길어서 흡사 깃털 같은데, 티로 이용하는 것은 좁쌀 같은 작은 꽃봉오리(연녹색)로서 아몬드 같은 달콤한 향기가 나며, 꽃봉오리를 손으로 눌러 터뜨리면 향이 더 좋다.

꽃향기는 기분을 명랑하고 상쾌하게 해준다. 맛은 쑥 같은 순한 맛이다.
꽃봉오리를 따서 건조시켜 두고 쓴다.
말린 꽃봉오리를 <u>티스푼 수북이 1</u>에 <u>열탕 150cc</u>를 부어 뚜껑을 덮고 <u>5~20분간</u> 우려낸 것을 <u>1일 3회</u> 복용한다.
메도우스위트 티는 꿀을 쳐서 병후의 회복제로 쓰면 원기회복에 크게 도움이 된다. 집시들은 더운 여름에 꿀을 탄 메도우스위트 티를 차게 해서 냉음료로 즐겨 마신다.
메도우스위트 티는 싱글티로도 좋고 감기나 위산과다 등에 브랜드 티로도 좋다.

주 의 ― 살칠산과 아스피린을 복용하고 있을 때는 사용을 금하며, 아스피린에 알레르기가 있는 사람은 사용을 피한다.

해 설 ― 트루이드교의 사제가 가장 신성시한 식물 중의 하나이며, 음료수를 만드는 사브(save)의 50개 재료 중의 하나로서 지금도 영국의 시골에서는 맥주나 백포도주의 향미료로 쓰고 있다. 꽃향기에 리프렉스 효과가 있어 방향제로 실내에 뿌려도 좋다. 엘리자베스 1세 때는 이것이 하나의 풍습처럼 되었는데 궁정에 향초를 까는 직분이 있었을 정도로 즐긴 꽃이다.
향기가 좋아 쨈, 디저트의 부향제로 쓰며 말린 꽃으로 향낭을 만들어 옷장서랍에 넣어 향이 옷가지에 스미게도 하고, 건조시킨 꽃으로 리넨류 옷감에 향이 베이게 하는데 쓰며, 수렴 화장수를 만들기도 한다.
또 염료로도 쓰이는데, 꽃은 황색, 줄기와 잎은 청색, 뿌리는 검은색이 된다.

메리롯트

학명: Melilotus officinalis
영명: Melilot
별명: yellow sweet clover
성상: 2년 초
이용부위: 지상부
함유성분: 구마린, 푸라보노이드, 사포닌, 메리로드시드

작 용 _ 정맥환류(靜脈還流)촉진, 임파액 순환촉진, 항혈액응고작용이 있다. 건조시킨 잎에는 살균, 진통, 소염작용이 있어 외용(外用)한다. 염증성이나 울혈성 부종에 대해 정맥환류를 촉진함과 동시에 임파액의 순환을 조정하여 부종을 개선한다. 소화불량, 두통, 불면증에도 효과가 있다. 나른한 밤에 일어나는 다리의 통증이나 종아리의 경직을 완화한다.

만성적인 정맥계의 기능부전이나 임파계의 울체 등을 진정 및 개선 완화한다. 혈전의 예방에도 효과가 있다.

티 로 마 시 는 법 _ 달콤한 향기가 있는 티다. 꽃에 꿀이 있는 뛰어난 양봉 밀원 식물이다.

건조시킨 지상부를 잘게 썰어서 티스푼 수북이 1~2개(약 1.5~3g)에 열탕 150cc를 부어 뚜껑을 덮고 5~10분간 우려낸 것을 1일 3회 마신다. 건조시킨 잎은 타박상이나 피부 표면의 출혈에 쓰이며, 티를 좀 진하게 만들어 파프제로 쓰면 살균 및 진통, 소염작용이 있어 외용에 쓴다.

주 의 _ 고혈압 환자는 사용을 피한다

해 설 _ 개화기에 수확하여 건조시킨 것은 달콤한 향기가 있어 담배의 부향제로도 쓰며, 방충제로 향낭을 만들어 이용하기도 하고 포푸리로도 쓴다.

주의할 것은 메리롯트는 건조시키는 도중에 비나 이슬을 맞아 발효되면 강한 독소를 발생시키므로 발효 시키지 말고 빨리 완전 건조시키도록 주의한다.

메리롯트를 심어두면 토양 개선효과도 있다.

물베리(뽕 잎)

학명: Morus alba
영명: Mulberry
한국명: 뽕나무
성상: 낙엽관목
이용부위: 잎(뽕 잎)
함유성분: DNJ(데오키시노지리마이신), 간마아미노낙산(酪酸: GABA), 구로로필, 시토스테롤, 미네랄(철, 칼슘, 아연)

작 용 __ 당분흡수 억제작용, 혈압강하작용, 이뇨작용, 해열작용, 소염작용, 진해작용, 혈당치 강하작용(식후의 혈당상승을 억제하므로 당뇨병 및 생활습관 병(비만)의 예방에 효과 있다), 강간(强肝)작용, 소장에서 흡수가 억제된 당질은 대장으로 운반되어 장내의 좋은 세균에 의해 분해되어 정장(整腸)작용을 높여 변비도 개선한다. 식전에 물베리티를 마시면 다이어트에도 효과가 있다. 어린이의 열을 수반한 감기에도 좋다. 미용분야에서는 미백(美白)효과도 있다.

티 로 마 시 는 법 __ 약간 쌉싸름한 맛이 있다. 뽕잎은 누에만 치는 잎으로 알기 쉬우나 당뇨병의 양용차로 쓰이는 중요 식물이다. 1년에 3∼4회, 많게는 6회까지 수확 할 수 있어 잎을 따서 말려두고 이용한다. 건조시킨 잎을 적당히 부수어 티스푼 수북이 1(약 3g)에 열탕 150cc를 부어 뚜껑을 덮고 3∼5분간 우려낸 것을 식전에 복용한다. 싱글로도 좋고 브랜드 티로도 쓰인다.

해 설 __ 뽕잎은 누에의 유일한 식량으로 고치를 만들어 명주(실크)를 생산하는 것으로 유명하나, 한방에서는 뿌리의 껍질을 상백피(桑白皮)라 하여 혈압강하와 거담제로 쓰인다. 열매는 오디라 하며, 맛이 달고 약간 신맛도 있어 쨈, 과실주 등의 원료로도 쓰이며 즐겨 생식하는 과일이다. 잎을 곱게 부수어 분말로 만들어 화장품의 팩제로 쓰면 미백효과도 있다. 현대인의 비만이 다이어트의 필요를 증폭시키고 있는데, 구하기 쉽고 먹기도 쉬운 뽕잎티는 식전에 마시는 것으로 큰 효과를 얻을 수 있고, 아울러 당뇨병의 예방에도 기여하므로 권하고 싶다.

밀크시슬
(마리아 엉겅퀴)

작 용 _ 간기능항진, 항알레르기, 항독소 작용, 항산화작용, 간세포의 단백질합성촉진 등 간장을 강화하여 병에 대한 저항력을 높인다. 간세포의 세포막을 보호하여 독물이 세포막을 침범하는 것을 막아주어 무독화시키며, 간세포의 손상을 방지한다. 이미 손상된 간세포의 단백질합성을 촉진하여 세포의 재생을 촉진한다.

만성간염, 알코올성간염, 지방간, 간경변, 마약, 카드뮴 같은 환경독소도 분해하여 간세포 침입을 방지하며 손상을 경감시키는데 유효하다.

간기능의 저하로 생기는 만성두통, 우울증, 혈행불량, 만성피로, 소화불량, 마음의 조급증, 집중력의 결여, 피부의 트러블(종기, 농양, 발진 등) 등에도 유효하며, 멀미(배, 자동차, 비행기 등)와 심장병의 예방에도 밀크시슬 티는 유효하며 히스타민의 분비를 억제하는 작용이 있으므로 알레르기증상을 완화하는데도 효과가 있다. 담즙분비의 기능장애에도 쓰이고 있다. 밀크시슬티는 간장병의 예방과 치료 어느 쪽에도 쓰일 수 있는 유용한 허브티다.

티 로 마 시 는 법 _ 밀크시슬 티는 약간 단맛이 있어 마시기 쉬운 티다. 싱글 또는 브랜드티도 좋다. 씨를 티스푼 수북이 1(약 3.5g)에 열탕 150cc를 부어 뚜껑을 덮고 3~5분간 우려낸 것을 1일 3회 식전 30분에 복용한다. 시리마린은 물에 잘 용해되지 않으므로 티 용량을 냉수에 담구어서 성분(시리마린)이 우러나기 쉽게 만든 다음 서서히 가열하여 단시간에 끓이는 방법도 있다.

독일의 코멋숀 E 모노그라프에서는 복용량을 1일 12~15g로 규정하고 있다.

밀크시슬티를 맛있게 하고 싶을 때는 페파민트와 브랜드하면 효능과 풍미가 향상된다.

학명: Silybum marianum
영명: Milk thistle
한국명: 마리아 엉겅퀴
성상: 2년 초
이용부위: 씨
함유성분: 시리마린(silymarin), 푸라보노이드, 리놀산, 오레인산, 비타민 E, 스테롤

주 의 __ 국화과의 알레르기가 있는 사람은 주의가 필요하다.

해 설 __ 고대 그리스 시대부터 씨를 간장병에 썼으며, 지금도 간장의 강화와 재생에 뛰어난 효과를 발휘하는 허브티로 유명하다. 성모마리아가 아기 예수께 젖을 물릴 때 젖이 이 식물의 잎에 떨어져서 얼룩무늬가 생겼다 하여 마리아 엉겅퀴라 한다.

밀크 시슬티는 다음과 같은 회복 프로그램에서 중요한 한 몫을 한다.

1. 알코올이나 마약을 중지하고 싶을 때.
2. 약의 부작용에 의한 간장의 데미지에서 회복하고 싶을 때.
3. 화학요법이나 방사선요법 후에 데미지를 최소화 하고 싶을 때.
4. 간장질환의 회복을 촉진하고 싶을 때 등.

술을 좋아하는 사람이 평소에 이 티를 마셔두면 간장 보호에 도움이 된다.

바레리안
(서양 쥐오줌풀)

학명: Valeliana officinalis
영명: Valerian, all-heal
한국명: 서양 쥐오줌풀, 길초(吉草)
성상: 다년초
이용부위: 뿌리(근경 포함)
함유성분: 파레포토리에이드, 정유(발레렌산), 이리토이토, 알카로이드, 코린, 타닌, 칼슘, 비타민, 미네랄

작 용 __ 진정작용, 진통작용, 항경련, 거담작용, 이뇨작용, 구풍작용, 정신안정, 최면작용 등이 있다.

바레리안 티는 뛰어난 진정작용이 있어 정신안정뿐 아니라 신경성 수면장애, 신경흥분, 소화기 계통의 신경성 소화불량, 위경련, 경련성 과민성 장염, 스트레스에서 오는 편두통, 갱년기장애, 월경전 증후군 등의 증상을 해소하며 통증을 진정시킨다. 견비통 근육의 긴장을 풀어주고 동통도 해소시킨다.

히스테리, 노이로제, 신경과민 등으로 안정을 잃고 불안초조, 가슴이 두근거릴 때 마음을 진정시켜주며 혈압을 내리는 작용도 한다. 피로로 지쳐있을 때 바레리안 티를 마시면 자극 작용이 있어 피로 회복에 효과가 있다고 한다.

신경이 곤두서고 흥분해서 잠 못 이루는 신경성 수면장애에 이 티를 마시면 편히 잠들수 있으며 아침에 깨어나도 아무런 영향을 남기지 않고 깨끗이 개선된다.

티 로 마 시 는 법 __ 심은 지 2년 째 되는 늦여름(8월 하순)부터 가을이 수확기다. 지상부가 누렇게 변하면 뿌리를 캐내어 물에 씻어 햇볕에서 건조시킨다. 건조시킬 때 40℃ 이하에서 건조 시켜야 하며, 이때 이소길초산이 생겨 고양이의 노린내 같은 악취가 난다.

티로 만들 때는 건조시킨 뿌리를 잘게 잘라서 티스푼 수북이 1~2개(2.5~5g)에 열탕 180cc를 부어 뚜껑을 덮고 3~5분간 우려낸 것을 1일 3회 복용한다. 취침 전에도 마신다.

불면증의 진정에는 건조시켜 잘게 썬 뿌리 30g을 소주나 워카 250cc에 넣어 침출시킨 팅기 2ml(티수푼 1/2)을 찬물이나 따뜻한 물로 희석하여 1일 3회 마시면 편히 잠들 수 잇으며, 진통효과도 있다.

몹시 피곤한데 잠이 안 올 때 바레리안티를 마셔보면 숙면하게 되어 피로가 풀린다. 피부염이나 상처가 있을 때 티를 환부에 바르면 효과가 있다.

치료목적일 때는 2~3주마다 쉬었다가 다시 복용한다. 브랜드할 때는 소량을 쓴다.

주 의 __ 향이 강하기 때문에 사용량에 주의하며, 임산부나 어린이의 사용은 피한다. 다량 또는 장기간의 사용은 두통, 근육의 경련, 가슴두근거림과 환각증상을 일으킬 수 있으므로 주의한다. 자동차운전이나 기계를 조작하는 경우에도 주의력이 감소될 수 있으므로 주의한다.

해 설 __ 고대 그리스 시대부터 진정작용과 방향욕(芳香浴)으로 이용했으며, 지금은 전세계적으로 신경성 수면장해에 쓰이는 허브다. 취침 전뿐 아니라 불안과 긴장을 완화할 목적이면 낮에도 복용할 수 있다.

티로는 서양 쥐오줌풀인 바레리안이 좋고 치료약일 때는 약효가 강한 우리나라 쥐오줌풀(생약명은 길초근)이 효과적이다.

바질

학명: ocimum basilicum
영명: basil, sweet basil
성상: 1년 초
이용부위: 잎
함유성분: 정유(에스트라골, 유게놀, 리네올; 리나롤), 티몰, 타닌, 바질캄파, 고머질, 비타민 류

작 용 __ 건위작용, 소화촉진, 항균작용, 진경작용, 항울작용, 항알레르기작용, 진정작용, 구풍작용, 방부작용, 살균작용, 최유작용 등이 있어 위염이나 위산과다, 위경련 등 위장의 여러 증상을 개선하는데 쓰이며 소화를 돕는다. 또 신경이 곤두설 때, 마음이 조급하고 안달이 날 때, 불안 초조 할 때, 바질티를 마시면 이런 기분이 사라진다. 기분을 전환시켜 밝게 해주며 두뇌를 명석하게 하며, 마음의 피로를 날려버려 명랑하게 만들어 준다. 또 불면증도 해소해준다.

티 로 마 시 는 법 __ 바질의 잎은 개화직전이 가장 효력이 좋다. 생 잎도 쓰며, 잎은 따서 빨리 그늘에서 건조시켜 밀폐용기에 보관해야 향이 날아가지 않는다.

바질은 크로우브(丁香)를 닮은 달콤하면서도 상큼한 강한 향기가 있으며 약간 매운 맛이 난다. 싱글로도 좋고 브랜드 티로도 이용한다.

건조시킨 잎을 티스푼 수북이 2(5g)에 열탕 180cc를 부어 뚜껑을 덮고 5분간 우려낸 것을 1일 3회 복용한다. 프레쉬티는 물에 씻어 찢은 생 잎 15g에 열탕 180cc를 붓고 뚜껑을 덮어 3~5분간 우려낸 것을 1일 3회 복용하며, 효력은 같다. 이 티는 두통, 건위, 강장 작용에 좋고, 구내염에는 건조시킨 잎 15g을 물 600cc에 다려서 그 액(티)을 식혀서 함수제로 가글하면 효과가 있다(살균작용). 두통이나 진경작용에는 건조잎에 열탕을 부어 발생하는 수증기를 흡입하면 효과가 있다.

해충이나 벌레 물린 데는 잘 씻은 생 잎을 비벼서 환부에 붙이면 통증이나 가려움증이 없어진다. 파리를 쫓는 허브로도 알려져 있어 창가에 걸어놓기도 한다.

주 의 　 임신 중이거나 수유 중인 부인의 다량사용은 피하는 것이 안전하고 어린이의 사용이나 지속적인 사용은 피한다.

해 설 　 몇 천년 전부터 재배 이용한 허브로 조리용으로 토마토와 잘 어울리는 허브이며 토마토밭에 혼식하면 해충이 꼬이지 않는다. 바질에는 많은 품종이 있으나 티로 쓰는 것은 스윗바질이 가장 좋다.

버독크 (우엉)

작 용 　 항진균작용, 항균작용, 고미강장제, 소화촉진, 이뇨작용, 발한작용, 완하작용, 혈당치 강하작용, 정혈작용, 해독작용이 있다. 요산이나 노폐물을 제거하는 효과가 높고 관절염과 류마티스, 요통, 좌골신경통 등으로 고통 받는 사람에게 권할 수 있는 티다. 최고의 정혈작용을 하는 것으로 알려져 있고 혈당치를 내리는 효과도 있다.

항균, 발한, 이뇨작용 등이 있어 감기나 인프루엔자의 예방에도 좋으며, 고미성분은 소화를 자극하므로 과식했을 때도 효과가 있는 티다. 과도한 요산은 관절을 석회화시켜 근육이나 관절에 통증을 일으키는데 버독크 티는 요산이나 노폐물을 제거하는데 뛰어난 효과가 있다.

학명: Arctium lappa
영명: Burdock
성상: 2년 초
한국명: 우엉
이용부위: 뿌리
함유성분: 이누린, 정유, 포리페놀산, 고미질(알쿠데민), 포화지방산, 타닌, 단백질, 인, 칼슘, 철, 망강, 마그네슘, 칼륨, 나트륨, 규소, 세렌, 크롬, 코발트, 아연, 비타민 A, B 복합체, C, E 바이오푸라보노이드.

티 로 마 시 는 법 　 뿌리를 잘게 썰어서 말린 것을 큰 숟갈로 수북이 1~2(약 3~6g)에 물 200cc를 부어 가볍게 달여서 그 액체(티)를 1일 몇 차례 마신다. 류마티스증상 완화에는 버독크 티에 벌꿀과 우유를 넣어 1일 3회 복용하면 진통된다.

유럽에서는 습진, 종기, 여드름, 두드러기 등 피부질환에 내복약으로도 쓰며, 외용약으로는 티를 환부에 습포제로 바르면 잘 나으므로 즐겨 이용한다.

주 의 __ 임신 중이거나 어린이의 사용은 피한다.

해 설 __ 우리는 우엉(뿌리)을 조림하여 섬유질 있는 채소로 즐겨 먹지만, 유럽에서는 예로부터 약용식물로 쓰였다. 근래에는 변이원성 세포증식 억제작용을 하는 것으로 보고되고 있다. 독일에서는 뿌리의 추출액으로 로션을 만들어 두피를 맛사지하는 육모의 목적으로도 쓰이는 것으로 알려져 있다

버베인 (마편초)

학명: Verbena officinalis
영명: Vervain
한국명: 마편초
성상: 다년초
이용부위: 개화 전까지의 전초(全草)
함유성분: 정유, 버베나린배당체, 타닌, 알카로이드, 고미질, 비타민 C, E, 칼슘, 망간, 사포닌.

작 용 __ 진정작용, 항경련작용, 간기능항진, 완하작용, 담즙, 강장작용, 자궁강장작용, 발한작용, 거담작용, 통경작용, 소염작용, 최유작용과 신경계에 뛰어난 강장작용이 있어 버베인티를 마시면 정신적인 긴장이나 우울증, 불안초조 등을 해소시켜주며, 스트레스에 대한 저항력도 강화해주어 마음이 평안해진다. 간장기능을 강화하는데도 기여한다.

티 로 마 시 는 법 __ 떫고 쓴맛이 강한 티다. 싱글이나 브랜드 티로도 쓴다.
여름에서 가을에 걸쳐 개화기에 지상부를 베어 볕에서 빨리 건조시킨다. 티스푼 2(5g)에 열탕 180cc를 부어 뚜껑을 덮고 10분간 우려낸 것을 1일 3회 복용한다. 맛이 떫고 쓰므로 꿀을 치면 먹기 수월하다. 불면증, 담낭염, 기침, 감기 등에 진정작용이 있다.
목이 아프거나 잇몸염증, 구취 등에는 말린 지상부를 15g, 물 600cc에 다려서 식혀 함수

제로 가글하면 효과가 있고, 이 다린 액체는 타액의 분비를 촉진한다.

피부질환이나 농양, 타박상 등에는 신선한 잎을 물에 씻어 짓찧어서 즙액을 환부에 바르면 진통 및 소독제가 된다. 잎에는 발한 촉진작용도 있다.

버베인 티는 생리불순에도 좋고, 간장병 치료제이며, 방광결석을 제거하는 묘약이라고 한다.

주 의 __ 고혈압인 사람, 임신중인 부인, 어린이 등의 사용은 피한다. 다량의 장기사용은 피한다. 기관지의 트러블이나 천식이 있을 때는 버베인이 기관지를 수축시킬 가능성이 있으므로 사용을 금한다.

해 설 __ 고대 그리스나 로마시대에는 신통력이 있어서 만병통치약으로 썼다고 하며, 미약이나 최음제로도 썼다고 한다. 지금은 신경을 안정시키는 목욕제로 이용된다. 티는 함수제로 가글하면 더 효과가 있고, 브랜드 티로 많이 쓴다.

베토니

작 용 __ 뇌기능 조정작용, 진정작용, 혈행촉진, 소화촉진, 신경강장작용, 창상치유, 수렴작용, 간장기능 증진작용과 간장정화, 혈당치 강하작용 등이 있다.

뇌의 기능을 조정하는 작용이 있어 신경을 안정시켜서 긴장과 머리 속의 복잡한 생각들을 진정시킨다. 머리를 시원하게 만들어 두통을 완화한다. 감기나 코 막히는 증상으로 인한 후두부의 통증도 완화한다. 소화불량, 가슴앓이, 위염, 산통(疝痛), 가스 찬 것 등을 완화, 개선한다. 알카로이드에 함유된 토리고네린 성분은 혈당치를 내린

학명: Stachys officinalis
영명: Betony, wood Betony
성상: 다년초
이용부위: 개화기의 지상부
함유성분: 타닌, 사포닌, 알카로이드(베토니산, 스타기도린, 토리고네린), 칼슘, 마그네슘, 망간, 인, 칼륨.

다고 보고되어 있다. 신경통, 류마티스, 관절염 등에도 진정효과가 있다.

티 로 마 시 는 법 _ 개화기에 베어서 바람이 잘 통하는 그늘에서 빨리 건조시킨 것을 이용한다. 잎을 티스푼 수북이 1에 열탕 150cc를 부어 뚜껑을 덮고 5분간 우려낸 것을 1일 3회 복용한다.

머리 아픈 모든 병을 고친다고 했을 정도로 뇌에 좋은 강장약이다.

베토니 티는 베인 상처의 지혈작용과 상처의 치유를 빠르게 하는 뛰어난 효과가 있는데, 이때는 부드러운 거즈에 적셔서 따뜻한 습포제로 쓴다. 타박상에도 유효하며, 목 아플 때, 잇몸이 아플 때는 티를 함수제로 써서 가글하면 진통이 된다.

주 의 _ 임신 중 사용은 피한다. 과잉섭취는 설사와 구토를 일으키므로 주의한다.

해 설 _ 유럽에서는 오랜 역사가 있는 두통약의 허브. 생 잎에는 수렴작용이 있어서 벌레 물린 데나 상처의 습포제로도 쓰인다.

단, 생 잎으로 허브티를 만들면 흥분작용이 있으므로 반드시 건조시켜서 이용한다. 뿌리는 유독성분이 있으므로 쓰지 않는다.

벨가못트 (모닐다)

학명: Monarda didyma
영명: Bergamot, bee balm, Oswego tea
성상: 다년초
이용부위: 잎, 꽃
함유성분: 타닌산, 정유(티몰)

작 용 _ 건위작용, 살균작용, 발한작용, 구풍작용, 거담작용, 항균작용, 진정작용, 방부작용, 생리통 완화작용, 피로회복에 효과가 탁월하다. 소화를 촉진하여 소화관 기능부진을 개선한다. 두통, 고열에는 해열도 하며, 기분을 안정시켜 흥분이 진정되고 최면효과도 있어 불면증에도 유효하다. 배 속의 가스도 배출시킨다.

티 로 마 시 는 법 _ 잎에는 벨가못트 오렌지와 닮은 향이 있고 톡 쏘는 상쾌한 맛이 있다. 여름 개화기에 지상부를 베어서 그늘에서 건조시켜 티로 이용하며, 프레쉬티로 만들 수 있다. 건조시킨 잎은 <u>티스푼 수북이 2(5g)</u>에 <u>열탕을 150cc</u> 부어서 뚜껑을 덮고 <u>10분간</u> 우려낸 것을 <u>1일 3회</u> 복용한다. 프레쉬 티는 꽃대가 나올 즈음에 연한 생 잎을 따다 살짝 씻은 후 물기를 거두어 폿트에 <u>15g(드라이의 3배)</u>을 넣고 <u>열탕 150cc</u>를 부어 <u>3~5분간</u> 우려낸 것을 <u>1일 3회</u> 복용한다.

주 의 ― 임신 중에는 사용을 금한다.

해 설 ― 벨가못트는 미국의 오스웨고강 유역에 살고 있던 아메리카 인디언들이 건강티로 오래전부터 이용하고 있었는데, 티몰의 약효성분을 이용하여 감기나 목이 아플 때 티로 즐겨 썼다. 1773년 영국에서 보스톤으로 건너간 이주민들이 영국 홍차의 과중한 세금 때문에 홍차를 보이콧하고 인디언들이 즐기던 오스웨고티(벨가못트티)를 마신 것이 계기가 되었으며, 지금도 오스웨고티라고 부르고 있다. 꽃에 달콤한 꿀이 있어 꿀벌이 많이 꼬이므로 비밤(bee balm)이라는 애칭도 얻고 있다.

꽃잎은 샐러드나 쿠키, 과일 등의 디저트용 음식에 섞기도 하고, 홍차나 아이스티에 꽃과 잎을 쓰기도 하며, 와인이나 칵테일에 신선한 잎을 띄워서 풍미를 즐긴다. 목욕재로도 쓰인다.

벨가못트 잎은 신선한 생 잎이나 건조 시킨 것이나 향기에 차이는 없다.

기관지염이나 인두염에는 건조시킨 잎이나 생 잎 모두 쓸 수 있는데, 열탕을 부어 피어오르는 수증기를 흡입하면 개선된다. 알로마테라피에 쓰이는 벨가못트 오일은 벨가못트 오렌지를 증류한 오일이다.

꽃은 꽃잎을 따서 샐러드나 후르츠 디저트에 쓰며 홍차나 아이스티에 띄우기도 한다.

보리지

학명: Borago officinalis
영명: Borage
성상: 1년 초
이용부위: 잎, 꽃
함유성분: 칼륨, 칼슘, 정유, 점액질,
타닌, 사포닌, 비타민 C, 미네랄염

작 용 __ 항울작용, 항염증작용, 발한작용, 진통작용, 이뇨작용, 최유작용, 혈액강장, 울체제거, 신장강화작용, 신경진정작용, 거담작용 등이 있어 열을 수반한 감기나 기침, 인프루엔자 같은 감염증의 증상을 완화하며, 목이나 가슴의 통증을 진정시키고 가슴이 두근거릴때, 스트레스, 공포심, 비탄에 젖는 등 우울할 때 신장을 강화하여 용기를 주며 이런 감정을 경감시킨다. 또 심폐기능을 강화하여 울혈을 완화하며, 병후나 장기적인 피로가 쌓였을 때 회복시키는 역할도 한다.

티 로 마 시 는 법 __ 잎은 오이와 같은 향기와 맛이 있어 상큼하다. 보리지는 건조시켜서 이용할 수도 있고, 프레쉬로 이용하는 것이 더 좋을 때도 있다. 천연의 항염증제로서 아이스티가 더 효과가 좋으며, 기침, 감기, 거담제로 쓸 수 있다.
악편을 제거한 별 같은 신선한 꽃 15g에 찬물 150cc를 부어 10~15분간 우려낸 냉티에 꿀을 친 시럽을 15~30cc(큰스푼 1~2정도) 정도 넣어 먹는다. 건조시킨 잎을 잘게 부수어서 티스푼 수북이 1에 열탕 180cc를 부어 뚜껑을 덮고 3~5분간 우려낸 것을 1일 3회 식간에 복용한다. 보리지 티는 싱글로도 이용하고 브랜드티로도 쓰인다.

주 의 __ 장기간의 사용은 피한다. 체질에 따라 알레르기를 일으키는 경우도 있어 소량을 단기간에 이용하는 것이 안전하다. 또 수유(授乳)중의 사용은 금한다.

해 설 __ 유럽에서는 용기를 주는 보리지라 하여 예로부터 우울증에 활력을 주는 식물로 여겼다. 또 열을 수반한 감기나 기침에도 약용했다. 꽃은 샐러드나 케익의 장식으로 쓰이며, 아이스 큐브에 넣어 얼려서 여름의 냉음료에 띄우면 약효도 있고 파란색 꽃이 시원함을 주어 즐겁다. 잎의 티는 과용하지 않도록 주의한다.

블랙코호쉬
(미국 승마)

학명: Cimicifuga racemosa
영명: Black cohosh, black sneke root
한국명: 미국 승마(升麻)
성상: 다년초
이용부위: 뿌리, 근경.
함유성분: 정유, 토리텔펜 배당체, 이소푸라본, 살칠산, 타닌, 수지, 비타민 A, B1, B2, B3, K, 인, 칼슘, 칼륨, 세렌, 마그네슘, 철, 나트륨, 규소, 망간, 아연, 유황

작 용 __ 수렴작용, 진경작용, 항염증작용, 항류마티스작용, 혈압강하작용, 진통작용, 진정작용, 혈관확장, 자궁강장작용, 통경작용, 이뇨작용, 발한작용, 거담작용, 홀몬 같은 작용(에스트로겐) 등이 있다.

블랙코호쉬 티는 갱년기장애(얼굴이 화끈거리고 신경이 곤두섬, 발한 이상), 가슴이 두근거리고 어지러움 등 자율신경의 실조와 불안, 우울, 불면 등 정신신경증상의 개선과 완화에 쓸모가 있다. 또 월경전 증후군에 의한 가슴의 불쾌감이나 생리통을 진정시키는데도 크게 역할한다.

진경, 진통작용은 근육이나 신경의 통증을 완화하고, 두통, 이명(耳鳴), 천식, 기침, 류마티스 등에 효과적인 작용을 하며, 말초순환을 개선하여 혈류를 촉진하고 통증을 제거한다.

티 로 마 시 는 법 __ 흙 같은 향기와 약간 쌉싸름한 맛의 티가 된다. 싱글 티나 브랜드 티로도 이용한다. 뿌리와 근경을 캐내어 물에 씻어 말려 잘게 썰어서 이용한다. 뿌리는 대개 검은색이고 마디가 많다.

티스푼 수북이 1에 열탕 180cc를 부어 뚜껑을 덮고 10분간 우려내어 1/2컵(반 컵)을 1회 분량으로 하여 1일 1회 복용하며, 처음에는 하루 건너 1회씩 복용한다. 류마티스의 발작이 일어날 때는 아침 저녁으로 1일 2회 1/2컵(반 컵)씩 마신다. 블랙코호쉬 티는 류마티스를 진통, 진정시켜 편하게 하는 티로 정평이 나있다.

건조시킨 뿌리가 단단할 때는 물에 다려서 마셔도 좋다. 단 소량을 사용하는 것이 룰이며, 진통에는 단기치료제로 쓴다. 폐경후 증상은 대개 1~2주 이상 계속될 때도 있으므로 이때는 의사와 상의한다.

주 의 __ 임신 중, 수유 중, 부인과계 질환이 있는 사람은 사용을 피한다. 홀몬제와의 병용은 피하며, 간장장해가 있을 때도 좋지 않으므로 피한다.

6개월 이상의 연속사용은 피하며, 사용량이 지나치면(과량) 두통, 매스꺼움, 떨림 등의 부작용이 일어나므로 주의한다.

해 설 __ 블랙코호쉬는 북미 원산의 전통적 허브로서, 원주민들은 출산을 쉽게 하기 위해 이용했으며, 방울뱀에 물렸을 때 해독제로 사용했으므로 "블랙스넥루드"라고도 했다.

블랙코호쉬는 홀몬의 밸런스를 조절하는 작용이 체스트트리와 비슷하여 유럽이나 미국에서는 갱년기 홀몬 보충요법의 대체법으로 블랙코호쉬를 내복약으로 쓴다.

붓챠스부룸

학명: Ruscus aculeatus
영명: Butchers Broom
성상: 목본성 다년초
이용부위: 전체, 뿌리, 새싹
함유성분: 비타민 B1, B2, C, 칼슘, 철, 망간, 칼륨, 세렌, 나트륨, 아연

작 용 __ 혈액순환촉진, 이뇨작용, 발한작용, 항염증작용, 산소공급, 에너지보충, 소염작용, 완하작용, 정맥수축작용 등이 있다.

붓챠스부룸 티는 몸 속에서 독소를 배출 제거하여 새로운 에너지를 보충하는데 긴히 쓰이는 허브티의 하나로서, 신장과 간장을 깨끗하게 청소해주며 전립선에도 좋은 티다. 이 티는 피의 순환을 촉진하여 온 몸과 뇌에 산소를 공급하여 에너지를 보충해주며 젊음을 되찾아주는 티다. 근육과 혈관의 강장작용이 있어 울체를 완화한다. 혈행을 좋게 하므로 발이나 발목 등의 부종(부기)을 막아준다. 프랑스에서는 수술 후 혈액 응고의 발생을 크게 감소시키는 것으로 알려져 있다.

옛날에는 황달, 통풍, 신장, 방광결석에 주로 쓰였으며, 잎 모양의 가지는 자궁질환의 치료에 썼고 뿌리는 관절염에 썼다. 그러나 지금은 연구결과, 전체에 염증과 혈관 협착을 완화하는 작용이 밝혀져 혈류(血流)장해, 정맥류, 치질, 손, 발, 귀 등이 추워서 생기는 동상 등에 효과가 있는 것으로 보고되고 있다.

티 로 마 시 는 법 _ 붓쵸스부름은 녹색의 잎 모양으로 생긴 끝이 바늘처럼 날카롭고 굳은 것이 가지이며 잎은 없다. 봄의 끝 무렵에 전체를 베어서 건조시킨다. 근경에서 줄기가 나오는데, 아스파라거스처럼 직접 나와 총생하므로 줄기는 아스파라거스처럼 새싹일 때 수확하여 식용하고, 뿌리는 캐내어 깨끗이 씻어 흙을 제거한 후 건조시킨다.

어느 것이나 건조시킨 것을 사용한다.

티로 쓸 때 뿌리나 줄기, 가지 등 모두 잘게 썰어서 쓴다. 티스푼 수북이 1에 열탕 150cc를 부어 뚜껑을 덮고 10~15분간 우려낸 것을 1일 3회, 식전 또는 식간에 마신다. 맛은 쓴 편이다. 이 티는 외용약으로도 쓴다(좌약, 고약 등).

주 의 _ 고혈압 환자에게는 사용을 금한다.

해 설 _ 유럽에서는 잎같이 생긴 줄기를 몇 대씩 묶어서 육고기 자르는 도마를 문질러 청소하는데 긴히 쓰였다고 한다. 소독제가 된다. 이 가지는 길이가 1.8~3.5cm로 매우 굳다.

블랙카란트

학명: Ribes nigrum
영명: Black currant
성상: 낙엽관목
이용부위: 잎
함유성분: 푸라보노이드(구엘세틴, 켐페롤), 정유, 프로안도시아니진, 올리고당, 비타민 C, 철, 타닌

작 용 __ 발한작용, 이뇨작용, 수렴작용, 소염작용, 소독작용, 정화작용 등이 있다.
감기, 인프루엔자, 후두염, 설사, 기침, 목 쉰데에 쓰면 효과가 있다. 후두염이나 목 쉰데는 티를 다소 진하게 하여 함수제로 가글하면 목이 깨끗해지고 염증도 해소된다.

티 로 마 시 는 법 __ 잎을 따서 말려두고 이용한다. 카란트에는 붉은 열매가 결실하는 것, 검은 열매가 결실하는 것이 있는데 검은 열매가 달리는 블랙카란트의 잎을 티로 쓴다.
잎이 다소 크고 세 갈래로 갈라져 있으므로 그대로 건조시켰다가 티로 쓸 때 부수어서 티스푼 수북이 1~2개(약 2~4g)에 열탕을 180cc 부어 뚜껑을 덮고 5~10분간 우려낸 것을 1일 여러 차례 식간에 마신다. 그때마다 티를 만든다.

주 의 __ 심장 및 신장의 기능저하에 따른 수종(水腫)이 있는 사람은 사용을 금한다.

해 설 __ 블랙카란트의 열매는 사향 같은 향기가 나는 맛있는 과일로서, 쨈, 디저트, 와인, 과실주 등을 만들어 이용할 수 있다. 이 과즙은 맛있을 뿐 아니라 영양소도 풍부한데, 비타민 C, 칼륨, 타닌, 안토시안색소도 함유하여 빛깔 고운 음료수도 된다. 과즙은 목의 염증을 완화하고, 고혈압도 내리며 모세혈관의 치료에도 쓰인다. 설사나 소화불량, 인프루엔자의 치료효과를 높여준다.

빌베리 (들쭉나무)

학명: Vaccinium myrtillus
영명: Bilberry
성상: 낙엽소 관목
한국명: 들쭉나무
이용부위: 열매, 잎.
함유성분: 타닌, 철, 인, 칼륨, 망간, 아연, 페구틴, 배낭체, 당류, 푸라보노이드.

작 용 __ 수렴작용, 지사작용, 시각기능향상, 모세혈관보호, 방부작용, 이뇨작용, 항균작용, 혈당치 저하, 비뇨기소독, 토기(吐氣)예방, 구강점막의 염증억제, 안정피로(眼精疲勞)해소, 당뇨병성 망막증, 노인성 백내장, 대장염 등의 치료제로 효과가 있다.

티 로 마 시 는 법 __ 빌베리의 열매는 여름에 흑자색으로 익는데, 열매의 머리가 납작한 둥근 모양으로 열매의 속살까지 자적색이며, 이 색소는 이질이나 설사를 일으키는 장내 박테리아의 성장을 억제하는 작용이 있다. 열매의 맛은 새콤달콤하다.

열매는 생으로 써도 좋고 건조시켰다가 티로 만들어도 좋다. 큰 숟갈로 수북이 1~2개 (3~6g)에 물을 180cc 붓고 10분간 끓인 티를 1일 3~4회 복용한다. 만성적인 설사나 대장염, 이질에 회복될 때까지 매일 마시면 뛰어난 효과가 있다. 완전히 회복되었다고 생각될 때까지 1일 1잔씩 마시면 재발을 막을 수 있다. 해외여행 시에 휴대하고 가기를 권할 수 있는 티다.

빌베리티는 안정피로와 명암의 변화에 민감한 눈을 가진 사람이 정기적으로 마시면 좋다. 컴퓨터로 장시간 눈을 혹사했을 때도 빌베리티는 효과가 있으며 장시간 운전하여 밤에 눈이 뿌옇게 될 때도 정기적으로 마시면 좋다.

잎을 건조시킨 것을 티스푼 수북이 1에 열탕 150cc를 부어 5분간 우려내어 1일 3회 복용하면 당뇨병(비인슐린 의존형)의 혈당치를 내리는 효과가 있다.

인후염이나 구강내의 궤양에는 티로 양치질(가글)하면 효과가 있다.

주 의 __ 당뇨병으로 인슐린치료를 받고 있을 때는 빌베리의 사용을 금한다. 또 잎의 티는 다량의 복용과 장기복용은 만성중독의 위험성이 있다하여 주의를 촉구하고 있다.

해 설 __ 유럽에서는 중세 때부터 수렴과 항균작용 및 당뇨병에 좋은 티로 중요시 했으며, 설사나 이질에는 절대적인 치료제였다. 또 모세혈관의 형성을 자극하여 모세혈관을 강화하는 작용이 있어서 치질, 정맥류, 당뇨병성 망막증, 동맥경화 등의 예방 및 개선에도 쓰였다.

사프란 (번홍화)

- 학명: Crocus sativus
- 영명: Saffron
- 한국명: 번홍화(蕃紅花)
- 성상: 구근식물
- 이용부위: 꽃의 주두(柱頭)
- 함유성분: 수용성 황색 카로티노이드 색소, 구로신, 고미배당체 피크로구로신, 정유(사프라날, 델펜, 델펜알콜, 에스텔)

작 용 __ 혈행 촉진작용, 진정작용, 진경작용, 통경작용, 지혈작용 등을 하며, 특유의 향기가 있고 맛은 쓰며, 타액을 노랗게 물들이는 특징이 있다.

부인병의 냉증이나 월경불순의 통경제로 특효가 있다. 자율신경 실조증에도 쓰이는데, 우울증이나 가슴이 뛰고 현기증이 나는 것을 해소하며, 기분을 명랑 쾌활하게 만들어준다. 천식의 신경흥분도 진정시켜준다. 빈사상태의 환자라도 사프란 티를 먹으면 죽음에서 소생할 수 있다고 했을 정도로 약효를 높이 평가했었던 귀한 약용 식물이다.

티 로 마 시 는 법 __ 사프란의 주두는 꽃의 암술을 말하며 빨간색의 암술 끝이 3 갈래로 갈라져 있고, 꽃핀 당일이나 다음날 아침에 암술을 뽑아 밑쪽의 노랗고 흰 부분을 제거한 후 그늘에서 종이에 펴 빨리 말리면 수시간 내에 건조되는데 실처럼 가늘고 독특한 향기가 있다.

티를 만들 때는 건조시킨 주두 10개 정도에 열탕 150cc를 부어 뚜껑을 덮고 5~10분간 우려내면 짙은 노란 빛 티가 된다. 이것을 1일 3회 복용한다.

냉증이나 혈색이 나쁠 때는 성인 1회 양을 사프란 0.3g에 열탕 100~150cc를 부어 뚜껑을 덮고 5~10분 후에 그대로 복용한다. 1일 3회 식전 또는 식후에 복용한다.

주 의 ─ 임산부가 1일 10g 이상 복용하면 자궁수축에 의해 낙태될 위험성이 있으므로 임신 중의 사용은 삼가는 것이 안전하다.

해 설 ─ 사프란은 1개의 구근에서 2~3송이의 꽃이 피며, 그 1송이 꽃에 3갈래로 갈라진 1개의 빨간 암술(주두)이 있고 이것을 따서 말린 것이 사프란이다. 사프란은 마르면 실같이 가늘어 지는데, 1g의 사프란을 얻으려면 500개의 암술을 말려야 하며, 대개 160개의 구근에서 꽃이 핀 것을 따서 말린 무게라고 보면 된다. 사프란의 무게는 금값의 무게와 대등한 값으로 매겨졌다.

고가의 사프란은 황금색의 염료로서 로얄칼라라 하여 고대 그리스나 로마시대에는 왕실의 영예와 고귀함의 상징으로 삼아 왕실의 의상을 염색하는데 쓰였으며, 음식물의 착색제 및 향미료로 쓴다. 화장품의 향료로도 쓰인다. 이란에서 인도로 건너간 값비싼 교역품이었으며 카레의 착색제였다.

관상용 크로카스는 봄에 꽃이 피고 약용의 사프란은 10월에 잎이 나오면서 꽃이 피므로 쉽게 구별된다.

사프라워 (잇꽃)

학명: Carthamus tinctorus
영명: Safflower
한국명: 잇꽃(紅花)
성상: 1~2년 초
이용부위: 꽃
함유성분: 푸라보노이드, 스테롤, 지방산, 리놀산

작 용 __ 혈행촉진, 자궁수축, 통경작용, 발한작용, 완화작용 등이 있어서 혈액순환을 촉진하여 몸을 따뜻하게 해주므로 냉증을 개선하는 작용이 있다.
또 통경작용이 뛰어나므로 생리 불순, 생리통, 갱년기 장애 등 부인과 계통의 증상에 유효하므로 권할 수 있는 티다.

티 로 마 시 는 법 __ 꽃이 7~8부쯤 피고 붉은 빛이 돌 때 정오에 따서 그늘에서 건조시킨다. 볕에서 건조시키면 꽃빛이 바랜다. 티로는 꽃잎만을 쓴다.

건조시킨 꽃잎을 티스푼 수북이 1(2~3g)에 180cc 열탕을 부어 뚜껑을 덮고 5분간 우려내어 1일 3회 복용한다. 감기 기운을 완화하며 피로회복에도 좋다. 싱글이나 브랜드 티 어느것도 좋다. 갱년기 장애에는 건조시킨 꽃잎 5g(큰 숟갈 1)을 600cc 물로 다려서 반쯤되면 1일 3회 나누어서 복용한다.

주 의 __ 자궁을 수축시키는 작용이 있으므로 임신 중인 부인은 사용을 피하며 출혈성질환, 소화성 궤양이 있는 경우에도 사용을 피한다. 국화과에 알레르기가 있는 사람도 주의한다.

해 설 __ 사프로워는 씨에서 기름을 짜서 식용 및 약용하는데, 고대 이집트 때부터 식용과 약용에 쓰인 허브다. 사프로워 오일은 콜레스테롤을 녹이는 리놀산이 많이 함유되어 있어서 염료 및 유지작물로 대량 재배되고 있다. 사프로워에는 물에 녹지 않는 적색소(赤色素)가 있어서 염료로 이용할 때는 꽃을 물에 담가 황색소를 제거한 후 붉은 색소만을 이용하는데 이것을 연지(燕脂)라 한다.

썸머세이보리

학명: Satureja hortensis
영명: summer savory
성상: 1년 초
이용부위: 잎
함유성분: 정유(칼바크롤, 시멘), 페놀성 물질, 수지(樹脂), 타닌, 점액질.

작 용 _ 소화촉진, 건위작용, 정장작용, 강장작용, 자극작용, 이뇨작용, 발한작용.

티 로 마 시 는 법 _ 건조시킨 잎을 잘게 부숴 티스푼 수북이 1에 열탕 150cc을 부어 뚜껑을 덮고 5분간 우려내어 1일 3회 식후에 복용한다. 향기가 자극적이고 톡쏘는 매운 맛도 있어 소화를 촉진하며, 과식했을 때나 위장이 약해졌을 때 마시면 효과가 있고, 정장작용도 있어 배 속이 거북할 때 마시면 증상을 개선하며, 피곤하여 원기를 회복하고 싶을 때도 효과가 있다.

또 강장, 자극작용도 뛰어나므로 정신적인 피로로 지쳐있을 때 활력을 준다. 냉증개선에도 역할을 한다.

수렴작용과 살균작용이 있는 꽃은 티로 만들어 함수제로 가글에 쓰고, 지성피부에 얼굴 스팀으로 이용하면 좋다.

해 설 _ 로마시대부터 스파이스로 이용했으며 콩요리, 채소요리, 특히 기름기 많은 육류요리에 쓰이며 식욕증진에 이용했다.

옛날에는 미약(媚藥)으로도 쓰였다고 하며, 자극적인 향기 때문에 수도원에서는 재배가 금지되었었다.

세이보리에는 다년초인 윈터세이보리와 1년 초인 썸머세이보리가 있는데 향미가 썸머세이보리가 강하기 때문에 이것을 더 많이 이용한다.

세이지
(약용 살비아)

학명: Salvia officinalis
영명: Sage, common sage
한국명: 약용 살비아
성상: 관목
이용부위: 잎, 뿌리
함유성분: 정유, 튜존, 시네올, 캄파, 페놀산(로즈마린산), 고미질, 타닌, 푸라보노이드, 카루노솔, 사포닌, 비타민 A, B1, B2, B3, C, 칼슘, 철, 마그네슘, 망간, 인, 칼륨, 세렌, 규소, 나트륨, 유황, 아연, 에스트로겐양화합물, 뿌리에는 비타민 e.

작 용 _ 항균작용, 항진균작용, 항바이러스작용, 살균작용, 수렴작용, 발한억제작용, 소화촉진작용, 항산화작용, 신경강장작용, 진경작용, 방부작용, 구풍작용, 말초혈관 이완작용, 혈당치 저하작용, 담즙분비 촉진작용, 모유분비 억제작용, 거담작용, 해열작용, 부인의 갱년기 장애에도 홀몬밸런스를 조절하는 작용이 있다.

티 로 마 시 는 법 _ 캄파(장뇌)를 닮은 상쾌한 향기와 쓴맛이 있는 티다. 싱글도 좋고 브랜드티도 좋다.

잎을 이용할 때 생 잎을 쓸 수도 있고 건조 시켰다가 이용할 수도 있다.

건조시킨 잎을 티스푼 수북이(부셔서) 1에 열탕 180cc을 부어 뚜껑을 덮고 5분간 우려내어 1일 3회 복용한다. 소화불량일 때는 매 식전에 마신다. 대개 1 티스푼 수북이는 2g이다. 1일 양은 4~6g을 넘지 않도록 하며, 일정량보다 많게, 장기 3주 이상의 연속 복용은 피한다. 생 잎을 이용할때는 5~6장을 찢어서 티로 만든다.

살균작용과 소화촉진작용이 뛰어난 티로 수렴작용도 있어 감기나 편도선염, 기관지염, 후두염 같은 호흡기 계통의 감염증 초기 증세에 따뜻한 세이지티를 마시면 효과가 있고, 남은 티는 가글로 양치질해도 좋다. 함수제(가글)로 만들 때는 마른 잎 3g에 열탕 150cc를 부어 뚜껑을 덮고 10분간 우려낸 것을 사용하면 효과적이다.

여성 갱년기 장애의 하나인, 얼굴이 달아오르고 밤에 식은 땀이 나는 증세에 세이지티를 식혀서 마시면 50%까지 발한 억제 효과가 있다. 코가 막힐 때 세이지티를 증기 흡입하면 세이지의 살균력이 부비강을 정화하여 코가 뚫린다.

세이지 뿌리를 잘게 썰어서 건조시킨 것 2g(2~3쪽)에 열탕 180cc를 부어 뚜껑을 덮고 10분간 우려낸 것을 1일 2회 복용하면, 혈액순환을 자극하여 혈액이 고여있는 것을 해소하여 심장을 강화하는 효과가 있다. 세이지티는 고령자의 요실금 방지에도 효과가 있다.

주 의 __ 임신 중인 부인, 수유 중인 부인, 고혈압, 당뇨병 약을 복용 중인 사람은 사용에 주의하며 피하는 것이 안전하다. 장기간의 사용은 좋지 않다.

해 설 __ 살균작용과 소화촉진작용이 인정되어서 옛날에는 세이지가 심어진 집에서는 죽는 사람이 없다는 고대 그리스 시대의 격언이 있을 정도로 귀중시 한 허브다. 세이지는 로즈마리 다음으로 향산화작용이 있어 기억력과 감각을 향상시키는 목적으로 쓰였다. 해결해야 할 문제가 있거나 어려운 결단을 내려야 할 때, 머리가 복잡할 때 세이지 티를 마시면 머리가 맑아져서 문제 해결에 도움이 된다.

세인트 존스워드
(서양 고추나물)

작 용 __ 항울작용, 진정작용, 항균작용, 소염작용, 항종양작용, 수렴작용, 거담작용, 이뇨작용, 신경계의 강장작용, 항진균작용, 항바이러스작용 등이 있다.

장기간의 신경피로나 스트레스를 회복 시키는 뛰어난 진정제 중의 하나이며, 우울증, 불면증, 불안 초조 등을 완화하며, 계절성 감정장애도 완화한다. 생리전 증후군, 생리통, 폐경기의 우울증에도 진정작용이 있다. 외용약으로 창상, 화상에도 치료효과가 있다.

학명: Hypericum perforatum
영명: st. John's wort
한국명: 서양 고추나물
이용부위: 꽃, 잎, 줄기
함유성분: 푸라보노이드, 타닌, 정유, 수지, 배당체, 하이퍼리신, 루틴, 비타민 c.

티 로 마 시 는 법 __ 세인트 존스워드 티는 상큼하면서도 떫은 맛이 있는 달콤한 맛의 티다. 개화기의 지상부를 잘라 말려서 쓴다. 잘게 썰어서 티스푼 수북이 1~2개(2~4g)에 열탕을 180cc 부어 뚜껑을 덮고 10분간 우려낸 것을 매일 아침과 저녁에 1~2잔씩 복용한다. 효과가 나타날 때까지는 수 주일이 걸릴 수 있다. 요실금에는 밤 취침 전에 복용한다.

주 의 __ 대량으로 장기간에 걸쳐 마시는 것은 좋지 않다. 또 임신 중이거나 수유 중의 사용은 피한다. 티를 사용직후 광감(光感) 작용을 일으켜 피부에 물집이 생긴다던가 빨갛게 되었을 때나 방사선 치료 중의 사용은 피한다.

사람에 따라서는 혈압이 올라가고 구토기가 있고 두통이 있을 때도 있으므로 주의하며, 이런 경우에는 강한 자외선에 노출되는 것을 피한다. 약물 상호작용이 있으므로 혈액응고 방지약, 기관지 확장약, 강심약, 면역 억제약, 경구피임약, 항부정맥약 등을 복용 중에는 세인트 존스워드티의 사용을 피한다.

싱글이나 브랜드티로도 이용할 수 있다.

해 설 __ 고대 그리스 시대부터 상처의 치료제로서 이보다 좋은 약초는 없다고 했을 정도로 유명한 허브다. 근래에 와서 비탄이나 절망, 공포 등의 감정이나 우울증에 대한 효과가 확인되어, 어두운 마음을 밝게 회복시키는 리프렉스 작용과 계절성 감정장애의 치료에 쓰고 있다.

셀프 힐
(서양꿀풀)

학명: Prunella vulgaris
영명: Self heal
한국명: 서양꿀풀
성상: 다년초
생약명: 夏枯草
이용부위: 지상부
함유성분: 타닌, 토리델펜류, 정유, 알카로이드, 고미질, 칼슘염 등.

작 용 _ 수렴작용, 방부작용, 항균작용, 이뇨작용, 소화촉진, 강장작용, 지혈작용, 창상치유작용, 혈압강하작용, 살균작용 등이 있다.

영명 셀프 힐은 자연치유를 뜻하는 말로서, 예로부터 베인 상처의 응급처치에 긴히 쓰인 허브다. 지상부는 수렴작용, 살균작용, 지혈작용 등이 있어 상처를 아물게 하는 효과가 있다. 티는 속이 더부룩하고 소화가 안될 때와 설사 등에도 효과가 있고, 꽃송이에 살균작용, 소염작용, 이뇨작용 등이 있어 인후염, 구내염, 잇몸출혈, 월경과다, 치질 등에도 효과가 있으며, 중국에서는 소염, 이뇨 및 살균작용 있는 꽃송이를 간장과 담낭의 부활제로 생각하고 간장의 부조(不調)로 인해 생기는 고혈압을 내리는 치료제로 쓴다.

티 로 마 시 는 법 _ 늦봄에서 여름에 윗쪽 꽃이 마르면 지상부를 베어서 꽃송이는 따로 바람이 통하는 그늘에 매달아 건조시킨다.

건조시킨 지상부를 잘게 썰어서 <u>티스푼 1~2(3~5g)</u>에 열탕을 <u>150cc</u> 부어 뚜껑을 덮고 <u>10분간</u> 우려낸 것을 <u>1일 3회</u> 복용한다. 줄기에 염화카리를 주로 한 무기염류가 함유되어 있어서 이뇨작용을 하므로 버리지 않는다.

꽃의 티는 보라색 꽃이 마른 꽃송이(두화)를 건조시킨 것을 쓰며, 부수어서 <u>티스푼 수북이 1</u>에 <u>열탕 150cc</u>를 부어 뚜껑을 덮고 <u>5~10분간</u> 우려낸 것을 <u>1일 3회</u> 복용한다. 꽃의 티는 리락스 효과도 있다. 위의 티를 진하게 만들어 식혀서 함수제로 가글하면 인후염, 구내염, 잇몸출혈 등에 효과가 있다. 이 밖에 외상출혈, 농양, 화상, 타박상 등에 <u>건조시킨 지상부 15g</u>에 <u>물 600cc</u>를 부어 다린 액을 식혀서, 환부를 씻기도 하고 거즈에 적셔 습포제로 쓰면 효과가 있다. 지상부를 다린 액은 지혈효과가 티보다 높다.

해 설 __ 셀프 힐은 극동지역에 많이 분포하며, 하고초라는 생약명으로 쓰이나 유럽에서는 창상의 치유효과를 높이 평가하여 외용약으로도 쓰고 함수제로도 즐겨 쓴다.

스위트 바이올렛
(서양 오랑캐꽃)

학명: Viola odorata
영명: Sweet violet
한국명: 서양 오랑캐꽃
성상: 다년초
이용부위: 잎, 꽃.
함유성분: 사포닌, 살칠산메칠, 알카로이드(오도리틴), 정유, 푸라보노이드, 점액질 등.

작 용 __ 거담작용, 진정작용, 살균작용, 해독작용, 모세혈관 강화작용, 완하작용 등이 있다.
사포닌과 점액질은 뛰어난 거담작용과 진정작용이 있어, 기침이나 기관지염의 증상을 완화한다. 또 모세혈관을 강화하는 작용이 있어, 양성종양이나 악성종양(암)의 치료 및 억제에도 쓰인다 (잎의 티). 몸을 식혀주는 냉각효과가 있어 숙취에도 효과가 있고, 두통, 편두통 등 열감이 느껴지는 증상에도 진통 및 개선작용이 있으며, 열을 수반한 감기에도 유효하다.
꽃의 시럽에는 살균작용과 완하작용이 있다. 잎과 꽃을 함께 티로 쓰면 기침, 두통, 불면증에 효과가 있다. 염증을 일으킨 잇몸이나 목의 통증에 티 함수제로 가글하면 염증도 진정되고 구취도 예방된다. 스위트 바이올렛꽃은 진정작용도 있어 불안을 해소하고 신경을 안정시켜주며 불면증에도 효과가 있다.

티 로 마 시 는 법 __ 잎과 꽃을 건조시켜 티로 이용한다. 보라색의 단색 꽃이 우아하며 달콤한 향이 있다. 티스푼 수북이 1에 열탕 150cc를 부어 뚜껑을 덮고 꽃만 일 때는 3분, 꽃과 잎을 혼합했을 때는 5~7분간 우려낸 것을 1일 3회 복용한다.

해 설 __ 스위트 바이올렛은 약용보다 식용, 즉 조리용으로 더 환영 받는다. 꽃잎은 설탕과 물로 졸여서 시럽을 만들어 과자의 장식에 쓰며, 소스 재료로도 쓰고 릭큘의 부향제로도 쓰며, 잎과 함께 샐러드에 뿌리기도 한다. 잎에 정유가 있어 증류한 오일을 향수로 쓴다.

스칼캅
(버지니아 황금)

학명: Scutellaria lateriflora
영명: Skullcap, Virginia skullcap
한국명: 버지니아 황금(黃芩)
별명: quaker bounnet
(퀘이크교도의 모자)
성상: 다년초
이용부위: 잎, 줄기, 꽃
함유성분: 푸라보노이드, 정유, 고미질, 타닌, 칼슘, 칼륨, 마그네슘, 철, 시리카

작 용 __ 신경강장제, 신경진정작용, 진경작용, 이뇨작용, 수렴작용, 소화촉진작용 등이 있다. 신경강장제로서 이것을 활성화하는 미네랄이 풍부하게 함유되어 있어 스트레스에 대한 저항력을 높인다. 긴장, 불안초조, 신경과민, 히스테리, 신경쇠약, 소화곤란, 우울증, 월경전 증후군, 류마티스, 신경통, 공황증상(恐慌症狀)등을 완화한다. 신경이 곤두서서 잠 못 이룰 때도 마시면 마음의 긴장이 풀려 편히 잠들게 된다.

신경안정제(발비탈이나 바륨계 수면제)의 중단으로 생기는 금단현상이나 알코올(술), 니코틴(담배) 등의 중단으로 오는 금단현상의 정신적 고통을 완화하며, 신경기능의 저하를 회복시키는데도 도움이 된다. 다발성 경화증을 완화시키는 기능도 있다.

티 로 마 시 는 법 __ 쌉싸름 하면서도 상쾌한 풀 향기가 나는 티가 된다. 지상부를 건조시켜 티를 만들 때는 잘게 썰어 티수푼 수북이 1에 열탕을 150cc 부어 뚜껑을 덮고 5~7분간 우려내어 1일 3회 복용한다. 금단 증상에는 신경에 일정량의 영양을 주기 위해 위의 스칼캅티 1/2컵을 정기적으로 마시되, 간격을 띄워가며 마신다(1주일 단위). 증상이 없어질 때까지 매일 마신다. 그 뒤에도 필요하다고 생각될 때(증상이 반

복될 때) 복용하면 효과가 있다. 싱글이나 브랜드 티로도 이용하며 쓴맛이 싫을 때는 꿀이나 시나몬(계피)을 함께 넣어서 섞어도 된다.

해 설 — 스칼캅은 아메리카 인디언들이 독충이나 뱀에 물렸을 때, 광견병, 과도한 성적 흥분, 생리통의 치료제로 예로부터 긴히 쓰인 약초였으며, 유럽에서는 광견병의 치료약으로 널리 이용된 약초였다. 지금은 신경 진정 강장제의 티로 더 인기 있다.

한국, 동부시베리아, 중국 등이 원산지인 황금(속 썩은 풀, 黃芩)은 바이칼 스칼캅(s,baicalensis)이라 하여 뿌리를 약용하는데, 혈압을 내리는 대표적인 한방약이며, 소염제로 감기 후의 오한 발열에 잘 듣는 약이다. 해열작용 외에 이뇨작용, 항바이러스작용, 항균작용, 진정작용, 혈당 상승작용, 이담작용, 장관운동 억제작용, 항알레르기, 활성산소제거, 과산화지질 형성억제작용 등이 인증되어있고, 간암 세포증식억제제와 항종양 효과도 기대되고 있는 한방의 중요 약제다. 황금은 다른 약제와 섞어 달여서 이용한다.

스테비야

학명: Stevia rebaudiana
영명: Stevia
성상: 다년초
이용부위: 잎
함유성분: 스테비오사이드

작 용 — 잎에 설탕의 200~300배의 단맛이 있는데, 잎에서 추출한 스테비오사이드는 무색, 무취의 결정체로서 1g의 열량이 4칼로리로 낮다. 저칼로리 천연감미료로서 당뇨병, 심장병, 비만, 충치 등 저혈당의 감미료로서 유효하다. 독성이 없고 물이나 알코올에 잘 녹으며 내열성도 있어 아이스크림, 샤베트, 추잉껌, 청량음료, 약품 등의 감미료로 유용하고 현대병인 비만의 다이어트 식품으로 효과가 있다. 현재 분말, 타브랫, 티팩 등으로 상품화 되고 있다.

티 로 마 시 는 법 — 스테비야는 티로 마시기에는 단맛이 강하지만, 상쾌한 단맛이므로 극소량을 사용한다(제품).

허브티로 이용할 때는 열탕 150cc에 건조시킨 잎을 2~3장 넣고 뚜껑을 덮어 3~5분간 우려내면 된다. 생 잎일 때는 1~2장을 같은 요령으로 3분간 우려낸다. 스테비아는 싱글보다 쓴맛의 허브티 브랜드에 많이 이용된다. 원산지인 파라과이의 고대 원주민 인디언들은 쓴 마태차의 감미료로 브랜드 했다고 한다.

해 설 __ 스테비아는 1970년대에 도입된 식물이지만 현대병인 당뇨병, 비만 등의 저혈당이 요구되는 저칼로리 감미료로 빨리 보급된 식물이다.

60cm로 자라며 잎의 길이가 5~7cm의 피침형으로 꺾꽂이 번식 후 정식하면 2개월 반~3개월이면 수확할 수 있다. 1~2일이면 건조되며 일단 건조되면 함유 성분이 변하지 않는 이점이 있어 장기간 저장할 수 있다. 줄기 밑쪽은 목질화 되지만 내한성이 약하여 -5℃ 이하면 얼어죽는다.

스피아민트

학명: Mentha spicata
영명: Spearmint
성상: 다년초
이용부위: 잎
함유성분: 정유에는 멘톨이 전혀 함유되어 있지 않고, 50%의 불포화 가본과 리모넨이 함유되어 있다.

작 용 __ 진정작용, 건위작용, 구풍작용이 있는데, 페퍼민트 대용으로 소화불량과 복부 팽만감에 쓰며, 마음이 조급할 때나 불안할 때 스피아민트 티는 마음을 진정시켜 리프렉스(기분을 상쾌하게 한다) 시켜준다. 그러나 이담이나 스트레스, 히스테리 같은 정신 신경증에는 페퍼민트를 대신하여 사용할 수 없다.

스피아민트는 딸꾹질을 멎게 하고 뱃멀미와 매스꺼움을 완화시키는 약한 마취 효과도 있다.

스피아민트는 요리의 부향제로 가장 많이 쓰이는 박하다.

티 로 마 시 는 법 ___ 페퍼민트와는 전혀 다른 달콤하고 강하며 상쾌한 향기를 낸다.

건조시킨 잎을 큰 숟갈 수북이 1~3(약 2~3g)에 열탕을 150~160cc 부어 뚜껑을 덮고 5분간 우려낸 것을 1일 3회 복용한다. 건위, 구풍제로 쓸 때는 1일 10g을 기준하여 3회에 나누어 쓰며, 약효를 높이고 싶을 때는 다소 진하게 만든다. 생 잎으로 티를 만들 때는 10장이 기준이다. 음주가 금지된 아랍 사람들이 즐겨 마시는 티가 민트티다.

해 설 ___ 페퍼민트와 함께 경제성이 가장 높고 수요도 많은 민트다. 2000년 전부터 약용 및 식용으로 쓰였으며, 고대 그리스인은 생 잎이나 스피아민트 오일을 목욕물에 넣고 목욕하면 신경이나 근육이 이완되는 등 진정, 진통효과가 크므로 널리 이용했다. 스피아민트 잎의 즙은 상처, 벌에 쏘인데, 입안이 헐었을 때 약용했고, 담배냄새를 없애는 향유(mint otto)의 원료로 쓰이며, 육류 특히 양고기의 냄새를 없애는 소취(消臭)제로도 쓰인다. 쥐는 민트냄새를 싫어하므로 식품창고에 뿌려놓아 쥐를 퇴치하는데도 쓰인다.

시나몬(계피, 육계)

학명: Cinnamomum zeylanicum(civerum): c, cassia
영명: Cinnamon
한국명: 계피, 육계
이용부위: 수피
함유성분: 정유(신나믹알데히트, 유게놀), 타닌, 구마린, 점액질, 고무질, 당류, 수지, 수산칼슘, 사프롤.

작 용 ___ 혈행촉진, 소화기능촉진, 구풍작용, 신경강장, 항균작용, 이완작용, 진경작용, 혈당조절작용이 있어 몸을 따뜻하게 하며, 감기의 여러 증상을 완화하는 작용을 하여 발한, 해열, 진통 등 감기를 치료와 예방에 쓰인다. 중추신경계의 흥분을 진정시켜 수분대사를 조절하는 기능도 있어 신체에 동통이 있을 때도 유효하며 생리통도 완화하고 수렴작용이 있어 설사에도 유효하다.

신경강장과 이완작용이 있어 정신적으로 피로할 때나 불안할 때 마시면 기분이 진정된다. 소화기

계통을 따뜻하게 하므로 소화불량, 식욕부진, 복부팽만감, 매스꺼움 등에도 효과가 있다. 시나몬의 정유에는 항균작용, 항진균작용, 항바이러스작용, 항대장균작용 등이 있어 뛰어난 억제 효과를 발휘한다.

티 로 마 시 는 법 ─ 시나몬은 수액 유동이 심한 4~10월 사이에 손가락 굵기 만한 가지를 잘라 콜크질 껍질을 벗기고 수피의 외피를 제거하여 내피만 건조시킨 것을 말하며, 티로 사용할 때는 부수어 가루로 만들어 이용한다.

이 가루를 티스푼 1(1g)에 열탕 150~180cc를 부어 뚜껑을 덮고 10분간 우려낸 것을 1일 2~3회 식간에 복용한다. 싱글티도 만들고 브랜드로도 즐겨 쓰인다.

홍차나 커피에는 스틱 5~7cm를 뜨거울 때 넣어 휘저으면 시나몬의 향미를 즐길 수 있다. 또 스파이스 밀크티로는 홍차 잎 티스푼 4, 시나몬스틱 1, 크로우브 5~6알, 우유 400cc, 당류 적당량을 준비하여, 냄비에 물을 400cc 넣고 끓이다가 물이 끓으면 홍차 잎, 시나몬, 크로우브를 넣고 약한 불에서 2~3분 끓인 후, 우유, 당류를 넣어 다시 2~4분 끓인 다음 거름망으로 걸러서 컵에 부어 마시면 평안함을 얻을 수 있다. 우리의 수정과와는 또 다른 풍미가 있다.

주 의 ─ 소량의 스파이스로 쓸 때는 별 문제가 없으나, 치료 목적일 때는 대량 사용을 금하며, 임신 중에는 피하는 것이 좋다. 혈압강하제나 당뇨병 약을 먹을 때도 대량 사용은 피한다. 시나몬 알레르기가 있는 사람도 금한다.

해 설 ─ 시나몬은 시론시나몬이라 하여 cinnamomum verum 이라고도 하며, 한국명은 계피(桂皮)이다. 상쾌한 청량감과 감미롭고 고상한 향기와 달콤한 맛이 있는데, 매운맛은 없다시피 한 것이 특징이다. 중국이 원산지인 육계(肉桂)는 c.cassia라 하며 계피와 같으나 매운맛이 강하다. 후추, 정향, 계피는 세계 3대 스파이스다.

시나몬은 수 천년 전부터 향료로 쓰였는데, 고대 이집트에서는 뛰어난 살균, 방부작용으로 미이라의 향료와 보존 약제로 사용했으며, 성경에서도 향료로 다루고 있다. 중국에서는 시나몬(계피)과 카시아(육계) 모두를 계피라 하여 오향가루(五香紛)의 하나로 쓰며, 한방에서는 소화촉진, 정장, 해열, 진통 등의 처방에 쓴다. 풍미는 카시아가 강하고 섬세한 점은 시나몬이 위이다.

아그리모니
(서양짚신나물)

학명: Agrimonia eupotoria
영명: Agrimony
한국명: 큰등골 짚신나물 (서양짚신나물)
성상: 다년초
이용부위: 전초
함유성분: 타닌, 규소, 고미질, 정유, 철, 비타민 B, K.

작 용 _ 수렴작용, 소화촉진, 강장작용, 이뇨작용, 담즙분비촉진, 창상치료.

아그리모니티는 소화기 계통의 강장약인데, 소화액 분비와 식물흡수를 촉진하여 위와 12지장의 소화성 궤양이나 대장염을 억제하는데 유효한 치료약이다. 수렴작용이 있어 구내염이나 기침, 목 아플 때, 가벼운 설사 등을 완화시킨다. 이 작용은 위염, 방광염, 신장결석 등의 증상을 억제하는 효과도 있다.

티 로 마 시 는 법 _ 우롱차 같은 마시기 쉬운 티로 꽃에 약간 달콤한 향기가 있다. 싱글이나 브랜드 어느 것으로도 만들 수 있다.

건조시킨 아그리모니를 잘게 썰어서 티스푼 수북이 1에 열탕 150cc를 부어 뚜껑을 덮고 3~5분간 우려낸다. 아그리모니티의 쓴맛은 위장에 소염, 수렴작용을 하며, 과식했을 때 식후에 마시면 소화에 좋은 티다. 티를 함수제로서 가글하면 목 아플 때 구내염 등에 소염작용을 한다.

주 의 _ 임신 중에는 사용을 피한다.

해 설 _ 연구결과에 따르면 추출액은 특정 바이러스와 결핵균을 억제한다고 하며, 우리나라 자생종인 짚신나물은 강력한 지혈제로 백혈병 이외의 암(골육종, 간장암, 췌장암) 등을 억제한다고 알려져 있다.

아니스

학명: Pimpinella anisum
영명: Anise
성상: 1, 2년 초
이용부위: 씨
함유성분: 아네톨, 코린, 당류, 점액질, 구마린, 정유.

작 용 _ 소화촉진작용, 소취작용(消臭), 거담작용, 방부작용, 이뇨작용, 구풍작용, 항경련작용(산통이완), 진해작용.

아니스씨는 소취, 소화촉진작용이 있어 과식했을 때, 위가 불쾌하고 더부룩할 때, 배에 가스가 찰 때 마시면 가스도 배출되고 속이 편해진다.

거담작용도 있으므로 감기나 천식 등 가래가 심할때 진정 작용을 한다. 마른 기침에는 아니스의 점액질이 진정 역할을 한다. 아니스 티를 함수제로 가글하면 구취를 없애주며, 목이나 구내염 등에 효과가 있다.

티 로 마 시 는 법 _ 티를 만들기 직전에 씨를 부수어서 싱글 또는 브랜드로 만든다. 싱글티일 때는 부순 것 <u>티스푼 수북이 1</u>에 <u>열탕 150cc</u>을 부어 뚜껑을 덮고 <u>5분간</u> 우려내어 <u>1일 3회</u> 마신다.

또 아니스씨 부순 것 <u>1/2 티스푼</u>을 <u>우유</u> 1컵에 넣어 따뜻하게 데워서 마시면 상큼한 밀크 티가 된다.

주 의 _ 임신 중에는 사용을 피한다.

해 설 _ 고대 이집트에서는 미이라를 만들 때 방부제로 사용했다. 인도에서는 지금도 식후에 씨를 씹어 소화를 촉진하는 습관이 남아 있다.

아이브라이트

학명: Euphrasia officinalis
영명: Eyebright
성상: 반기생(半寄生) 1년 초
이용부위: 잎, 뿌리, 꽃, 줄기
함유성분: 비타민 A, C, D, E,
미네랄(칼슘, 마그네슘, 옥소(沃素),
망간, 규소, 나트륨, 동, 아연), 타닌,
포도당, 만니톨, 사포닌.

작 용 __ 수렴작용, 강장작용, 살균작용, 항염증작용, 항히스타민작용.

아이브라이트 티는 눈의 피로, 안구건조증, 빨갛게 염증이 있는 눈, 눈의 다래끼 등 눈의 감염이나 질환에 살균작용과 강장작용이 있어 잘 듣는다.

안정피로(眼精疲勞)를 예방할 뿐 아니라 머리를 맑게 하여 기억력이나 판단력을 높여주며, 순한 강장제 역할도 한다.

특히 눈, 코, 후두의 점막에 작용하여 기관지의 상층부까지 진정시킨다. 눈, 코, 후두(목)의 감염증이 자주 일어날 때는 아이브라이트 티를 수 주간 복용하면 강장효과가 있다. 화분증으로 인한 콧물과 눈의 가려움증에도 완화작용을 하며, 실내의 담배연기로 인한 기관지의 보호작용도 한다.

티 로 마 시 는 법 __ 싱글이나 브랜드 두 가지 다 이용할 수 있다. 싱글 티로는 아이브라이트 티스푼 수북이 1 분량에 열탕 150cc를 부어 뚜껑을 덮고 3~5분 우려서 1일 2~3회 식후 복용한다. 또 이 티로 눈의 트러블이나 피로한 눈에 세안제로도 쓴다.

아이브라이트 티는 온차나 냉차 어느 것으로도 쓸 수 있다. 줄기나 뿌리는 단단하므로 7~10분간 우려낸다. 맛은 약간 쓰다.

해 설 __ 눈이 빛나도록 아름다워진다 하여 아이브라이트라는 이름이 주어진 이 허브는 모든 눈의 트러블에 효과가 있다.

아쥬와칸다

작 용 ＿ 진정작용, 수렴작용, 고미강장(苦味强壯), 최음작용 등이 있다.

아쥬와칸다는 우리나라 인삼처럼 인도의 아유르베다(AYURVEDA, 인도, 스리랑카 등에 5000년의 전통을 가진 건강요법)에서 중요시하는 허브로서, 회춘을 시켜주는 허브로 잘 알려져 있다. 만성질환에 의한 신체적 쇠약이나 스트레스, 불면증 등 정신적인 피로에서 오는 괴로움에도 효과가 있다. 또 진정작용이 있어서 기분을 안정시켜주어 불안을 해소하는데도 쓰인다.

학명: Withania somnifera
영명: Ashwagandha
성상: 1년 초
이용부위: 뿌리
함유성분: 고미알카로이드, 솜니페린

남녀를 불문하고 생식기계에 작용하여 성적기능의 부전을 개선해준다.

아유르베다에서는 건강 증진과 노화방지 등 재생을 목적으로 할 때, 우유에 넣고 끓이든가 꿀을 쳐서 먹으면 효과가 배가 된다고 알려져 있다.

티 로 마 시 는 법 ＿ 뿌리를 캐서 씻어 껍질을 벗기고 말려둔 것을 쓴다. 티로 만들 때는 잘게 부수어서(썰어도 된다) 티스푼 수북이 1에 열탕 180cc을 부어 뚜껑을 덮고 10~15분간 우려낸 것을 1일 2~3회 마신다.

우유로 끓일 때는 약한 불에서 부글부글 끓여서 따뜻할 때 마신다. 흙 냄새가 나고 약간의 쌉싸름한 맛이 있으므로 티로 우릴 때나 우유로 끓일 때는 꿀을 치면 마시기 쉬워지고 꿀에 살균작용도 있어 약효로는 더 효과적이다.

주 의 ＿ 임신 중이거나 피임약의 복용 중에는 사용을 피하며, 어린이의 사용도 피한다.

해 설 ＿ 아유르베다는 5000년의 역사를 자랑하는 인도와 스리랑카 등에 뿌리 내린 전통요법인데, 사람이 태어날 때 가지고 나온 체질의 밸런스가 무너져서 병이 난다고 믿는 것이 아유르베다다. 따라서 인간은 자기 체질에 맞는 식사와 운동, 휴식을 취하여 건강을 지키며 몸 속에 쌓인 독소를 배출시켜 보다 차원 높은 건강을 유지하고 병이 나서 치료하는 것 보다 병이 나지 않게 몸을 만드는 것이 아유르베다의 목적이라 한다. 따라서 아유르베다에서도 많은 허브를 사용하는데, 그 지방에 자생하는 식물을 이용하는 것을 중요시한다. 더울 때는 몸을 시원하게 하고 추울 때는 몸을 차지 않게 하며 그 계절에 나는 것을 먹어 자연에 순응하는 것이 건강의 비결이라 말하고 있다.

아직 동남아의 허브들이 많이 소개되어있지 않으므로 아유르베다에서 즐겨 쓰는 것을 소개했다. 인도나 스리랑카에 진출하는 산업역군을 위해서!

아티쵸크

학명: Cynara scolymus
영명: Artichoke
성상: 1년 초
이용부위: 잎
함유성분: 시나린, 고미질, 푸라보노이드, 효소

작 용 — 간장의 해독작용, 소화촉진, 담즙분비촉진(利?作用), 이뇨작용, 변비해소, 빈혈, 동맥경화증, 당뇨병개선, 혈중 콜레스테롤치 저하. 약화된 간기능의 회복과 예방뿐 아니라, 숙취해소와 담배로 상한 간장에 항진작용을 함으로서 간장질환을 회복 및 예방한다. 또 고미질건위제로서 지방의 분해를 촉진하여 소화불량을 개선하며, 과식이나 느끼한 육식 후에 속이 부대낄 때 마시면 효과가 있다. 신경적강장효과도 있어 여름의 식욕부진이나 신경성 식욕부진증에도 효과가 있다. 그 밖에 혈중콜레스테롤 수치를 저하시키는 효과가 있어 동맥경화증에도 효과가 있고 이뇨작용도 있으며, 변비, 빈혈, 당뇨병을 예방하는데도 효과가 있다.

티 로 마 시 는 법 — 잎을 말려서 이용한다. 잎에는 시나린 성분이 함유되어 있어서 간장의 특효약이라 할 만큼 뛰어난 해독작용이 있다. 술 마신 다음 숙취를 해소하는 티로도 훌륭하다. 티스푼 수북이 1에 열탕 180cc을 부어 뚜껑을 덮고 5분간 우려내어 1일 3회 식후에 복용한다.

주 의 __ 아티쵸크나 국화과 식물에 알레르기가 있는 사람, 담도폐쇄, 담석증환자 등은 의사의 진단 후에만 사용할 수 있다.

해 설 __ 그리스 로마시대부터 간장약으로 쓰인, 간기능의 촉진과 이담(담즙분비촉진)의 목적으로 쓰여온 약초로 오늘날에는 과학적으로 그 효과가 실증되고 있다.

아티쵸크티는 풀의 상쾌한 향이 나면서 쌉싸름하면서도 깔끔함 맛이 있으며, 맛을 즐기는 티라기 보다 약효를 기대하여 복용하는 티라 할 수 있다.

다육질인 꽃봉오리는 채소로 식용한다.

알로에 베라

학명: Aloe barbadenis
영명: Aloe vera
성상: 상록 다년초
이용부위: 잎
함유성분: 배당체, 수지, 다당류, 스테롤 구로몬, 제라틴.

작 용 __ 설사, 강장, 창상치유, 조직의 연화(軟化), 항진균, 담즙분비촉진, 기생충구제, 소화촉진, 변비, 장이완, 방사능화상의 치유, 햇볕에 탄 피부의 진정 치유(목욕).

티 로 마 시 는 법 __ 알로에의 잎에서 제라틴과 즙을 추출할 수 있는데, 제라틴은 내복하지 않으며 즙을 내복한다.

일반적으로 체질이 약한 사람이나 생즙을 마시면 복통을 일으키는 경우에는 건조시킨 잎 5~10g을 300cc의 물로 반 분량이 되게 다려서 1일 3회로 나누어 식후에 마신다. 1회에 1 큰 숟갈 정도면 된다. 알로에베라의 생 잎을 2~4cm 길이로 잘라 으깨어서 같은 양의 물을 붓고 처음에는 센 불로, 나중에는 약한 불로 물이 반쯤 되게 1시간 이상 다린다. 다 다려지면 불에서 내려 식힌 다음 약수건이나 거즈로 짜서 1일 2~3회 큰 술 1정도 마신다. 생즙보다 순하여 먹기 쉽다. 알로에베라티는 변비에 탁월한 효과가 있다.

주 의 _ 알로에를 대량 사용하면 위경련을 일으키는 경우가 있다. 따라서 페퍼민트 등 진정작용이 있는 허브와 브랜드한다. 심한 소화불량이나 장내 박테리아의 공격등에만 단기간, 신중하게 사용한다. 어린이, 임산부, 고령자의 내복은 삼간다.

해 설 _ 알로에는 오랜 역사를 자랑하며, 변비, 간장장애, 소화불량 등 여러 증상을 개선하는데 쓰인 중요한 허브다. 미국에서는 방사능 화상이나 피부수술 후이 치유보조제로 국소적으로 쓰는데, 화상 입은 부위를 식힌 알로에티로 씻든가 알로에티를 목욕물에 2~4티팩 넣고 몸을 담그면 따끔거리고 얼얼한 통증이 진정되고 치유가 촉진되며 피부의 수분 손실을 막아준다.

안젤리카
(유럽 당귀)

학명: Angelica archangelica
영명: Angelica
한국명: 유럽 당귀
성상: 2년 초
이용부위: 뿌리
함유성분: 정유, 구마린, 안게리신, 피넨, 전분, 수지(樹脂), 고미질, 서당(庶糖)

작 용 _ 건위작용, 이담작용, 진통작용, 구풍작용, 혈행촉진, 강장작용, 해독작용, 발한작용, 진경작용, 거담작용, 식욕촉진, 기력 체력저하 회복작용, 자궁자극.

갱년기에 일어나는 냉증이나 흥분, 체력저하 등을 완화하며, 또 월경전 증후군의 여러 증상을 완화하는 작용을 한다. 혈액이나 체액의 순환을 촉진하므로 냉증이나 빈혈의 개선에도 효과가 있다. 위액과 담즙의 분비를 촉진하여 소화 불량과 식욕부진을 개선하고 진경작용과 구풍작용을 하며, 발한작용과 이뇨작용도 한다.

티 로 마 시 는 법 _ 안젤리카티는

향긋하면서도 쌉싸름한 맛이 있다. 티로 만들 때는 건조시킨 뿌리를 잘게 잘라서 티스푼 수북이 1에 열탕 180cc을 부어 뚜껑을 덮고 10분간 우려내어 1일 몇 차례(식전 30분) 복용한다. 싱글 외에 브랜드티로도 효력을 발휘한다.

주 의 __ 위나 장의 궤양이 있을 때는 사용을 금한다. 장시간 직사광선을 쪼이면 광독성의 원인이 되기 쉬우므로 피한다(차로 이용할 때는 위험성이 적다).
임산부나 어린이의 사용도 피한다.

해 설 __ 옛날부터 유럽에서는 천사의 허브라 하여 부인과계 질환의 진정, 강장의 약초로 쓰인 허브로 Angel이란 이름이 붙어있다.

알팔파
(자주개자리)

학명: Medicago sativa
영명: Alfalfa
성상: 다년초
한국명: 자주개자리
이용부위: 잎
함유성분: 사포닌, 게니스틴, 비타민, 단백질, 미네랄

작 용 __ 이뇨작용, 완하작용, 강장작용, 건위작용, 영양보급.
알팔파티는 순한 이뇨작용이 있어 부기를 가라앉히며, 완하작용이 있어 체내를 청소하여 장 안을 건강하게 유지시킨다. 콜레스테롤 수치를 감소시켜 당뇨병을 개선하는 효과도 있다.

티 로 마 시 는 법 __ 알팔파는 씨를 싹 틔워서 샐러드로 먹으면 비타민과 미네랄이 풍부한 영양식품 덩어리가 되며, 티로 만들 때는 건조시킨 잎을 이용한다.
건조시킨 잎 티스푼 수북이 1에 열탕 150cc을 부어 뚜껑을 덮고 5분간 우려내어 1일 2회 식후에 복용한다. 고운 녹색의 티가 되며 녹차와 같은 맛이 있다. 유럽에서는 알팔파를 허브티로 즐겨 이용한다. 브랜드티를 만들 때는 민트와 동량을 섞어서 1잔분 만큼만 이용하면 1잔의 브랜드티가 된다.

주 의 __ 자연면역장애가 있는 사람은 사용을 금한다. 생 잎은 식중독을 일으키는 경우가 있으므로 주의하며, 어린이의 사용도 피한다.

해 설 __ 알팔파는 혈액응고, 탄수화물의 저장, 간장의 지구력 등에 필요한 비타민 k의 보고인데, 비타민 k는 보통 소화흡수의 부산물로 체내의 장에서 생성된다. 특수한 경우가 아니면 비타민 k가 부족한 일은 드물어서 극소량으로도 되는데 아스피린이나 알코올 등의 상용(常用)은 비타민 k의 공급량을 파괴한다. 더욱이 대장염과 같은 장기 장내 질환은 장내의 비타민 k 생성을 방해할 가능성이 있다. 항생물질도 비타민 k를 파기하는 일이 있는데, 알팔파티는 필요한 활력원이 되어준다. 병후 회복기의 사람에게는 자양분 많은 식용증진제가 된다. 운동선수의 건강 음료에도 섞는다. 알팔파는 땅을 살 찌우는 녹비 식물이다.

야로우 (서양 톱풀)

학명: Achillea milleforium
영명: Yarrow 별명 : Milfoil
한국명: 서양 톱풀 성상: 다년초
이용부위: 잎, 꽃
함유성분: 정유(아스렌), 피넨, 보루네올, 캄파, 시네올, 알카로이드, 텔피네올, 푸라보노이드, 구마린, 타닌, 사포닌, 스테롤, 살칠산류, 아미노산, 당류, 비타민 A, B, C, E, 철, 이노시톨, 마그네슘, 인, 칼륨, 세렌, 규소, 나트륨, 고미질, 라크톤.

작 용 __ 소염작용, 진정작용, 진경작용, 수렴작용, 이담작용, 항균작용, 지혈작용, 해열작용, 발한작용, 살균작용, 방부소독작용, 창상치유.
말초혈관 확장으로 혈액순환을 원활하게 하여 고혈압을 내린다. 식욕부진, 소화불량, 위염, 경련성 생리통 등을 완화하며, 강장효과도 뛰어나다. 야로우 티는 열이 날 때 뜨거운 티로 마시면 발한작용으로 해열되면서 몸 안의 독소를 몸 밖으로 땀으로 배출시킨다. 열을 수반한 감기나 기침, 인후염 같은 감염증을 완화하며, 이뇨작용이 있어 방광염 등 비뇨기 계통의 감염증에도 살균, 소염작용으로 유효하게 작용한다. 홀몬 같은 작용이 있는 스테롤이 월경 사이클을 정상화시키고 진경작용으로 월경통을 진정시킨다. 류마티스나 관절염의 통증도 완화시킨다. 난치성 외상에도 쓴다.

티 로 마 시 는 법 _ 야로우는 사향 같은 상큼한 향기와 매운맛이 있는 상쾌한 풍미의 티다. 이 티에 꿀을 치면 더 맛있고 먹기도 쉽다.

야로우는 여름 개화기에 줄기 채 베어 거꾸로 매달아 건조시킨다. 생 잎은 봄에 따서 건조시킨다.

잘게 썬 지상부(꽃, 잎)를 티스푼 수북이 2(약 3g)에 열탕 150cc를 부어 뚜껑을 덮고 10분간 우려낸 것을 1일 3~4회 식간에 따뜻하게 하여 복용한다. 흰 꽃만 건조시킨 것은 화분증에 효과가 있다. 티스푼 수북이 2에 열탕 150cc를 부어 뚜껑을 덮고 5분간 우려낸 것을 1일 3회 식간에 복용한다.

티 외에 생 꽃이나 건조시킨 것에 열탕을 부어 발생하는 수증기를 흡입하는 스납(snuff)제로 쓰는데, 진해와 거담제 역할을 한다. 야로우 달인 물은 상처의 소독제로 쓰며, 달인 물에 적신 붕대를 감아주면 지혈과 살균, 소염작용을 한다. 머리를 감으면 대머리를 예방할 수 있다. 흰 생꽃을 좌욕과 목욕제로 쓰면 신경통을 경감시킨다.

주 의 _ 국화 알레르기가 있는 사람은 사용을 피하고 임신 중에는 사용을 금한다(자궁 수축 작용이 있다). 또 다량을 사용하면 두통과 현기증을 일으키므로 주의한다.

해 설 _ 고대 그리스의 영웅 아킬레스 장군이 트로이 전쟁 때 부상한 부하들의 상처를 야로우로 치료한 것으로 유명한 약초다.

흔히 관상용일 때는 학명인 아킬레야라고 하고 치료약으로 쓸 때는 야로우라 하며, 허브티로 쓸 때는 야로티라 하므로 혼동하기 쉬우나 예로부터 유명한 허브티다.

잎을 두들겨 그대로 상처에 붙이기도 하고, 비벼서 환부에 붙이기도 한다. 말려서 가루로 만들어 고약의 조제에도 쓰며, 담배대용으로도 최고라 한다.

생 잎을 씹으면 치통을 멎게 한다. 비타민, 미네랄 등 영양가가 풍부하므로 요리에도 이용된다. 티로 외상, 타박상, 피부염에 건조시킨 지상부의 침출유(오일)를 바른다.

자생종 톱풀은 봄에 어린 순을 나물로 먹는다.

약모밀 (어성초)

학명: Houttuynia cordata
영명: Houttuyniae herba
중국명: 魚腥草
성상: 다년초
이용부위: 줄기, 잎
함유성분: 푸라보노이드, 벤즈아미도배당체
생약: 데가노일아세트아루데히트, 라우린아루데이히트, 가프린아루데히트, 전분(뿌리)

작 용 __ 해독작용, 이뇨작용, 항균작용, 살균작용, 혈압강하작용, 혈관강화작용, 완하작용 등이 있다. 약모밀은 뛰어난 해독작용과 완하작용이 있어 변비 치료에 쓰인다. 이뇨 작용도 있으므로 부기를 해소 내지 개선하며, 방광염, 요도염의 증상을 완화한다. 몸속의 수분을 조절하는데도 효과가 있다. 또, 모세혈관을 튼튼하게 하며, 고혈압도 경감시키는 효과가 있다.

티 로 마 시 는 법 __ 약간 약과 같은 맛이 느껴지는 결점이 있다. 여름(6월~8월 개화기)에 잘라 건조시켜 이용한다. 약모밀은 건조시키거나 열을 가하면 비린내가 약해진다. 싱글이나 브랜트 티로 마신다.

티로 만들 때는 잘게 썰어서 티스푼 수북이 1에 열탕 180cc를 부어 뚜껑을 덮고 5~10분간 우려낸 것을 1일 2~3회 복용한다. 또는 1회 10~30g에 물 500~700cc를 붓고 약한 불에서 30분간 달여서 1컵씩 나누어 마셔도 된다. 남은 티는 냉장고에 보관했다가 데워서 마신다.

항균작용을 기대할 때(종기, 습진, 베인 상처, 피부병, 벌레 쏘인 데 등)는 프레시허브를 이용하는 것이 더 효과가 있다. 이 티는 마시는 외에 상처의 소독제 및 습포제로도 쓰인다. 살결이 거칠어질 때는 이 티를 화장수로도 쓸 수 있다.

해 설 __ 일본, 대만, 중국 남부, 우리나라 울릉도, 안면도에도 자생하며, 서구에서는 관상용으로 심는다. 일본에서는 10종의 약효가 있다해서 十藥이라 하여 약국방에도 올라있는 약초로, 해독과 완하작용을 높이 사고있다. 우리나라에서는 잎이 메밀잎같이 생긴 약초라하여 약모밀이라 하나, 중국에서는 식물에 상처를 내면 생선비린내 같은 향기롭지 못한 냄새가 나므로 어성초(魚腥草)라 한다.

약모밀의 뿌리에는 전분이 있어 식량부족시대에는 쪄서 먹기도 했다.

작 용 __ 진정작용, 살균작용, 항균작용, 수렴작용, 이뇨작용 등이 있다. 요도염이나 방광염 같은 비뇨기 계통 감염증을 완화하는데 효과가 있고, 결석(結石)예방에도 쓰인다. 지나치게 많은 요산을 배출시켜 류마티스, 통풍, 신장기능부전을 개선하는데도 기여한다. 양성전립선 비대에 의한 배뇨장애에, 이뇨작용이 있는 린덴이나 항균작용이 있는 타임과 브랜드티로 복용해도 효과가 있다. 또 알부틴 성분을 함유하고 있어서 멜라닌 색소의 침착(沈着)을 억제하는 효과가 있어 주근깨나 기미를 없애는데도 효과가 있다.

에리카 (히스)

학명: Erica vulgaris ; calluna vulgaris
영명: Heather, Heath
성상: 상록관목
이용부위: 꽃
함유성분: 알부틴, 타닌, 수지, 푸라보노이드, 구연산, 카로틴, 미네랄

티 로 마 시 는 법 __ 건조시킨 꽃을 티스푼 수북이 1(약 3g)에 물 200cc를 부어 5분간 끓여서 티를 만들어 1일 3회 복용한다. 위의 재료를 6~12시간 동안 냉수에 담구어서 우려낸 것을 1일 3회 복용해도 좋다. 에리카 티는 기미나 주근깨 외에 여드름에도 좋은 효과가 있으므로 화장수로 쓰면 여드름을 예방할 수 있다.

주 의 __ 산성뇨를 일으키는 약제와 함께 투여하면 항균력이 저하될 가능성이 있으므로 주의한다.

해 설 __ 알프스산이나 지중해 연안 등 자생지에서는 7~10월에 꽃이 피는데, 꽃은

티 외에 염료로도 쓰이고 동물의 사료나 연료(목절부) 또는 비료로도 쓰이는 용도가 많은 허브다. 특히 미백효과와 비뇨기 계통의 정화작용에 긴히 쓰인다.
류마티스, 통풍, 관절염에는 목욕재로서 부분욕에 쓰이기도 한다.

에키나세아

학명: Echinacea purpurea, E. angustifolia, E. pallida
영명: Echinasea
성상: 다년초
이용부위: 뿌리, 지상부
함유성분: 비타민 A, B 복합제, B3, C, E, 미네랄(철분, 칼슘, 마그네슘, 망간, 칼륨, 나트륨, 규소), 세렌, 포리아세티렌, 정유, 다당류, 배당체, 베타인, 이누린, 수지

작 용 _ 면역부활(免疫賦活)작용, 항균작용, 항바이러스작용, 항염증작용, 항알레르기작용, 항진균작용, 발한작용, 소염작용, 창상치유, 감기나 인프루엔자 등의 상기도감염증, 요도염 등 비뇨기계 감염증, 잘 낫지 않는 상처 등에 작용한다.

티 로 마 시 는 법 _ 싱글이나 브랜드 어느 쪽도 가능하다. 뿌리는 건조시켜 잘게 썰어서 티스푼 수북이를 반(1/2)으로 하여 열탕 150~180cc를 부어 뚜껑을 덮고 10분간 우려낸 것을 1일 3회 식간에 마신다. 지상부(잎, 줄기 등 건조시킨 것)를 티스푼 수북이 1에 180cc의 열탕을 부어 3~5분간 뚜껑을 덮고 우려내어 1일 3잔까지 마실 수 있다(정량-1일 1잔). 이때는 1주간마다 사용을 중지하는 것이 좋다. 1주일 후 다시 시작할 때는 1일 1잔으로 양(허브)을 줄이도록 한다.

에키나세아티의 표준적인 이용법은 최장 1개월 사용하고, 1개월간 쉰다. 면역력이 매우 약해졌을 때는 1주일 이상 에키나세아티를 마시고 그 후 1개월은 사용을 중지한다. 1개월간 사용중지로 인해 신체가 가진 면역력이 반응하여 새로운 힘을 끌어내게 된다.

독일의 '콤미숀 E 모노그라프(German comanission E monographs)'에는 사용

기간을 최대 8주간이라고 하고 있다.

주 의 ㅡ 다량을 마시면 어지럼증이나 구토를 일으키는 경우가 있다. 국화과의 알레르기가 있는 사람은 주의해야 하며 임신 중이나 수유 중인 부인은 사용을 피한다.
알코올로 우려낸 팅커제는 양치질에 가글로 쓰면 감염증 예방에 효과가 있다.

해 설 ㅡ 에키나세아는 약용하는 것이 3종류인데, 영국의 허브 약국방(B.H.P)에서는 E. Angustifolia 종의 뿌리를, 독일의 코밋숀 E. 모노그래프는 E. purpurea의 개화기의 지상부와 E. Pallide 종의 뿌리를 승인 허브로 수록하고 있다(사용 기간은 8주 이내). 에키나세아는 북미 원주민인 인디언들이 만능약으로 중요시한 허브였는데, 19세기 말부터 사용된 것이 지금은 독일을 비롯하여 영국, 미국 등에서 과학적인 연구가 진행되어 면역부활작용과 항바이러스작용 등 유효성과 안전성이 확인되고 있다.

에키나세아 티는 면역을 활성화시키는 작용이 있으므로 화분증 대책으로 시즌 전부터 마시게 되면 효과가 있고, 항바이러스작용으로 감기나 인프루엔자, 방광염 등의 감염증에 유효하며, 열이 날 때와 바이러스성 감기 초기에 마시면 뛰어난 효과가 있다. 면역력이 저하되어 감염증이 되풀이되는 사람에게도 권할 수 있는 티(치료약이 됨)다. 항균작용도 있어 설사증상을 완화하는 작용이 있다.

에키나세아는 혈액, 신장, 임파선계, 간장정화 등 건강한 세포를 부패에서 지켜준다. 박테리아, 바이러스, 진균, 병원균 등의 침입을 막아주며 병을 예방하기 위해 세포에 작용한다. T세포, 항체, 인터페론의 생성을 촉진하며, 항알레르기 작용과 항염증작용도 있다. 비타민 B 복합체, 적혈구에 빠질 수 없는 철분이나 뼈에 필요한 칼슘, 병의 저항력이 되는 세렌, 조직의 회복에 필요한 규소 등 건강증진에 필요한 영양소를 함유하고 있다. 또 이태리의 과학자는 에키나세아의 항산화작용이 세포의 파괴를 막아 피부를 태양광선에 의한 산화에서 지켜준다고 한다. 에키나세아 티로 얼굴 스팀팩에 이용할 수 있다.

엘더 (서양 접골목)

학명: Sambucus nigra
영명: Elder
한국명: 서양 접골목
성상: 낙엽교목
이용부위: 꽃
함유성분: 정유, 도리텔펜, 푸라보노이드, 점액질, 타닌, 페구틴, 당류, 미네랄(칼륨), 리놀산, 리노렌산.

작 용 __ 발한작용, 이뇨작용, 항알레르기작용, 진경작용, 해독작용, 소염작용, 항바이러스작용, 이완작용, 울혈제거작용, 감기초기증상이나 화분증에도 듣고 인프루엔자에는 특효약이다.

티 로 마 시 는 법 __ 달콤한 향이 나는 순한 맛의 티다.
건조시킨 엘더의 꽃을 <u>티스푼 수북이 2(3~4g)</u>에 <u>열탕을 180cc</u> 부어 뚜껑을 덮고 <u>5분간</u> 우려낸 것을 <u>1일 몇 회</u> 마신다. 특히 오후에 마시는 것이 좋으며, 될 수 있는 대로 뜨거울 때 마시면 혈액순환을 자극하고 발한을 촉진하여 몸 속의 독소를 배출시킨다. 재채기, 콧물, 오한 같은 감기초기 증상이나 화분증의 증상을 경감시킨다. 싱글이나 브랜드티 모두 가능하며 민트와 야로우와 엘티를 브랜드하면 감기, 인프루엔자의 특효약이 되며, 민트와 린덴을 브랜드하면 발한, 이뇨작용이 뛰어나다.

호흡기의 알레르기 반응에 대한 저항력을 기르려면 꽃가루가 일기 전에 1~2주간 엘더티를 마시면 된다. 특히 저항력을 높이고 싶을 때는 항히스타민작용이 있는 피버퓨와 브랜드해서 마신다. 기관지의 근육을 진정시켜 경련을 완화한다.

어린이의 감기약으로도 쓰이는데, 이때는 성인 용량의 반으로 연하게 티를 만든다. 어린이용 엘더티는 잠을 잘오게 하며 홍역이나 수포창 같은 발진성 감염증에도 독소와 발열, 염증 등을 경감시키므로 이용하면 좋다.

티를 화장수로 쓰면 기미, 주근깨를 개선해주며 함수제로 가글하면 구내감염증이나 목 아픈데 효과가 있다.

해 설 　　인프루엔자의 특효약일 뿐 아니라 신경을 진정시켜 불안감을 해소하며 우울한 감정을 부드럽게 하는 효과도 있다. 취침 전에 마시면 평안히 잠들게 된다.
폐에 고인 점액(가래)을 제거해주며, 호흡기의 기도(氣道)를 깨끗하게 해주고, 편도선염이나 인후염에도 티를 식혀서 가글로 감염증을 해소한다.
티를 화장수로 쓰면 주근깨, 기미 등을 감소시켜 아름다운 미백효과를 얻을 수 있다.

옐로우독크
(긴 잎 소루쟁이)

학명: Rumex crispus
영명: Yellow dock
한국명: 긴 잎 소루쟁이
성상: 다년초
이용부위: 뿌리
함유성분: 수산, 타닌, 철, 안트라기논, 배당체

작 용 　　정화작용, 완화작용, 수렴작용, 이뇨작용, 강장작용, 항균작용, 담즙분비촉진작용, 피부질환(옻 올라서 헌데나 가려움증)의 염증 완화.

티 로 마 시 는 법 　　옐로우독크 티는 싱글이나 브랜드 티로도 이용할 수 있다. 은은한 흙 냄새와 쌉싸름한 맛, 약간 신맛이 있는 티다.
옐로우 독크 뿌리 말린 것을 잘게 썰어서 티스푼 수북이 1에 열탕을 180cc~200cc쯤 부어서 10분간 우려내도 되고, 달여서 잘 우러나게 해도 된다. 이때는 끓기 시작하면 불을 약하게 하여 30분쯤 달이면 된다. 우러난 티를 1일 2회 식후 30분에 복용한다.

주 의 　　신장결석이 있었던 사람은 피한다. 어린이의 사용도 피한다. 피부에는 티로 습포하면 증상(덧난 것이나 가려움증)을 완화할 수 있다.

해 설 　　옐로우독크 뿌리의 티에는 뛰어난 항균작용이 있어 옻이 올라서 짓무르거나 헌데, 가려움증, 덧난데, 여드름 등 피부질환의 염증을 완화(緩和)시켜준다. 또 완하

(緩下)작용이 있어 변비를 개선하는 작용도 있고, 적혈구를 만들어 피로를 물리치는 철분도 함유하고 있으며, 간장의 강장효과도 있어 병후의 회복기나 무기력시 원기회복제가 된다. 옐로우독크는 루바브를 닮은 완하작용이 있어 불쾌감이나 통증은 없다.

여주

학명: Momordica charantia
영명: Bitter gourd, Balsam pear
한국명: 여주
인도명: karela, 말레이시아와 인도네시아 명 peria, 태국명 mara, 베트남명 muop dang, 라오스명 mak-ha, 캄보디아명 ro-nung, 중국명 苦瓜
성상: 덩굴성 1년 초
이용부위: 열매, 잎
함유성분: 알카로이드(모몰디신), 피토스테롤(차란친), 인슐린 같은 물질, 비타민과 미네랄이 풍부하게 함유되어 있다. 비타민 c는 레몬의 3배에 이른다.

작 용 ─ 주성분인 모몰디신은 해열, 구충, 이뇨작용이 있고 혈당치를 억제하여 당뇨병을 막는 작용이 있다. 인슐린 같은 물질이 있어 혈당강화작용을 하므로 당뇨병이나 합병증의 예방에도 활용이 기대되고 있다. 또 조직의 염증을 억제하고 해열시키며, 각 기관의 해독작용도 있다. 대장염, 이질, 황달 등의 완하제로도 효과가 있다.

티로 마시는 법 ─ 잎은 성장기에 따서 생으로 또는 건조시켰다가 티로 이용한다. 열매는 완숙되기 전(과피가 갈라지기 전)에 따서 주스로 만들어 대장염이나 이질에 쓴다. 또 건조시키던가 생으로 티를 만든다.

건조시킨 잎을 부수어 티스푼 수북이 1(3g)에 열탕 150cc를 부어서 뚜껑을 덮고 5분간 우려낸 것을 1일 3회 복용한다. 황달이나 열날 때 해열작용과 이뇨작용을 한다. 열매는 생으로 엷게 썰어서 건조시켰다가 티로 만들 때는 잘게 부수어 큰 숟갈 수북이 1에 열탕 180cc를 부어 10분간 우려낸 것을 1일 3회 복용한다.

해 설 ─ 여주는 동남아에서 식용식물로서 채소(果菜)의 하나로 즐겨 이용하나, 우리나라에는 관상용으로 보급되었다. 하지만 지금은 개량되어 30~50cm 길이의 열매가 있는가 하면, 쓴맛도 적은 것이 있으며, 일본의 오끼나와에서는 향토요리의 재료로 쓰이고, 이름을 '쓴 오이'라는 뜻으로 '고-야'라 한다. 비타민과 미네랄이 풍부해서 절임도 만들고 볶기도 하며 주스로도 만들어 더위 먹는 것을 예방하는 식품으로 인기가 있다.

현대 문명병의 하나라고 하는 당뇨병의 혈당치를 내리고 예방 및 치료에 효과가 있음이 밝혀졌으므로, 티나 주스로 널리 활용되기 바란다. 당뇨병의 혈당강하제를 복용하고 있는 경우, 여주가 약의 작용을 증강시킨다는 보고도 있다. 쌉싸름한 맛은 식욕을 자극한다. 열매를 반으로 갈라서 속의 씨와 솜 같은 부분을 제거하고 조리용으로도 쓴다.

오레가노

작 용 _ 강장작용, 소화촉진작용, 건위작용, 정장작용(整腸), 살균작용, 진해작용, 근육경련, 신경성두통, 견비통, 생리통 등을 진정시킨다. 신경과민 시 심적 긴장을 해소해준다. 소취, 방부작용도 있다.

학명: Origanum vulgare
영명: Oregano, wild marjoram
성상: 다년초
이용부위: 잎
함유성분: 정유, 타닌, 수지, 고미질, 티몰, 칼파크롤, 메틸쟈비콜

티 로 마 시 는 법 _ 후추 같은 자극적인 향기를 가진 잎을 티로 만들면 뒷맛이 깔끔하다. 드라이나 프레쉬 어느 것으로도 이용할 수 있고 싱글이나 브랜드티로도 쓸 수 있다. 건조시킨 잎을 <u>티스푼 수북이 1</u>에 <u>열탕 150cc</u>를 부어 뚜껑을 덮고 <u>3~5분간</u> 우려낸다. <u>1일 3회</u> 식후에 복용한다. 갓 딴 신선한 잎으로 프레쉬티를 만들 때는 꽃이 붙은 잎을 사용하면 더 효과가 있다. 프레쉬의 오레가노 티는 다른 허브와 달리 계절에 따라 풍미(맛)가 다르며 개화기의 풍미가 가장 좋다.

생 잎은 건조한 것의 3배 정도 준비하여 잘게 찢고 <u>열탕을 180cc</u> 부어 뚜껑을 덮고 <u>3분</u>

정도 우려낸 것을 1일 3회 식후에 복용한다.

오래가노 티는 목욕물에 넣어 쓸 수 있는데 심신의 피로를 풀어주는 효과가 있다.

해 설 __ 고대 그리스나 로마시대부터 소화기능을 높이고 두통, 류마티스 등을 완화하는 약초로 쓰였다. 또 피자나 토마토 요리에 쓰이는 스파이스로도 알려져 있다. 고기의 누린내도 없애준다.

위장의 소화를 촉진하는 효과가 있으므로 과식했을 때 복용하면 소화를 돕는다.

또 강장작용도 있고 기침을 멎게 하여 근육의 경련과 신경성두통, 생리통 등을 진정시키는 효과도 있다. 티를 기침이 심할 때 함수제(가글)로 쓴다.

오렌지 블로섬

학명: Citrus vulgaris
영명: Orange blossom,
Orange, flower
성상: 상록교목
이용부위: 꽃
함유성분: 정유(리나롤, 리나릴, 리모넨, 게라니올), 푸라보노이드, 고미질, 비타민 C.

작 용 __ 진정작용, 건위작용, 강장작용, 항울작용, 항불안작용, 완화작용, 신경쇠약, 소화기계통의 기능이 고르지 못할 때, 심인성불면증(心因性不眠症), 감귤류의 향기에는 긴장이나 불안을 해소시켜 기분을 안정시키는 작용이 있다.

티 로 마 시 는 법 __ 오렌지의 꽃잎을 건조시킨 것을 오렌지 블로섬이라 한다. 오렌지 꽃에서 고급정유 "네로리"를 추출한다.

티로 만들 때는 건조시킨 꽃잎을 <u>티스푼 수북이 1~2(1~2g)</u>에 열탕 150cc를 부어 뚜껑을 덮고 <u>5분간</u> 우려내어 취침전에 마시고 자면 진정되어 편히 잠들게 된다. 싱글도 좋고 린덴과 브랜드 티를 만들어도 좋다.

오렌지 블로섬티는 열매보다도 달고 진한 감귤계의 향기가 나는 순한 티다.

주 의 __ 속이 울렁거리거나 매스꺼움을 수반한 편두통이나 관절염의 염증 등이 있을 때는 사용을 피한다. 꽃은 향이 날아가 버리기 쉬우므로 소량씩 구입하고 될 수 있는 대로 빨리 소비한다.

해 설 __ 심신의 긴장을 풀어주고 스트레스성 불면증이나 편두통을 경감시켜주는 티다. 진정작용뿐 아니라 혈액을 정화하여 혈액순환을 좋게 하므로 전신의 강장효과도 기대할 수 있다. 꽃과 잎에도 고미성 푸라보노이드 배당체가 함유되어 있지만 잎보다 꽃에 월등히 함유량이 많으므로 꽃을 주로 이용한다.

오렌지 필(果皮)

학명: Citrus aurantium :
Citrus, sinensis
영명: bittle orange peel
한국명: 진피(陳皮)
성상: 상록교목
이용부위: 과피
함유성분: 정유(리모넨, 리나놀), 비타민 A, B, C, 페구틴, 알카로이드, 푸라보노이드

작 용 __ 진통작용, 진경작용, 건위작용, 정장작용, 위산분비, 소화기능촉진, 식욕부진, 소화불량, 변비, 가벼운 설사, 항울작용(기분이 가라앉았을 때 기분을 명랑하게 해준다), 구풍작용, 거담작용, 신장결석의 용해작용, 신경계의 진정작용.

티 로 마 시 는 법 __ 오렌지에는 맛이 쓴 것과 단 것 2종류가 있다. 이것들의 껍질을 벗겨 흰 연조직을 제거하고 껍질의 바깥층 만을 건조 시킨 것을 오렌지 필이라 한다.

티로 만들 때는 이것을 잘게 썰어서 <u>티스푼 수북이 1에 열탕 180cc를 부어 뚜껑을 덮은 후 10~15분간 우려낸 것을 1일 몇 차례 식전 30분에 복용</u>한다. 식혀서 차게 한 것을 먹거나 적당히 데워서 마셔도 된다. 위 재료의 분량을 냉수에 담구어 가끔 휘저으면서 6~8시간 동안 우려내는 방법도 있다. 복용법과 약효는 같다.

오랜지 필 티는 향기와 함께 달콤새콤한 맛이 있다. 이 티는 다른 허브와 브랜드 티를 만들면 더 효과적이다.

주 의 __ 위나 장에 궤양이 있을 때는 사용을 금한다. 1일 최대 사용량은 5g이다. 1 티스푼은 2~3g이다. 속이 매스꺼우면서 울렁거리는 편두통이나 관절염의 증상이 있을 때는 사용을 피한다.

해 설 __ 심신이 지치던가 피로할 때 마시면 좋고, 신경을 진정시킬 뿐 아니라 불안해서 잠들지 못하는 밤에는 몸을 따뜻하게 하면서 평안한 잠으로 유도해준다. 공부가 잘 안될 때도 마시면 기분을 리프렉스 시켜준다. 긴장과 불안, 불면증에는 목욕물에 넣고 목욕하면 진정 해소된다.
장을 정상으로 유지시키는 정장작용도 있어 변비나 가벼운 설사가 있을 때도 마시면 좋다.

오미자

학명: Sehizandra chinensis
영명: Schizandra ; fructus shinensis
생약명: 五味子
성상: 낙엽덩굴식물
이용부위: 열매
함유성분: 열매에는 시산드린, 시산드렌, 사과산, 구연산, β-시토스테롤, 비타민 A, B복합체, C, D, 칼슘, 철, 칼륨, 마그네슘, 망간, 규소, 나트륨, 유황, 인, 아연, 점액질, 타닌과 정유에는 α-차미그렌, β-차미그렌이 있다.

작 용 __ 수렴작용, 진정작용, 항균작용, 진해작용, 순응작용, 강장작용, 강정작용, 지갈(止渴)작용, 강심작용, 혈압강하작용 등이 있어, 허약체질에 자양강장제로 쓰며, 지구력이나 에너지를 높이므로 신체의 기능을 조절하는데 효과가 있다. 또 단백질의 생성이나 혈액순환을 촉진하여 간장을 보호하고 비뇨기를 활성화 시키므로 술독을 풀어주는데도 효과가 있고, 남녀 모두의 성욕을 증진시킨다. 밤에 식은땀을 흘리는데도 효과가 있다.

티 로 마 시 는 법 __ 오미자는 신맛(酸味), 단맛(甘味), 쓴맛(苦味), 매운맛(辛味), 짠맛(염味)의 다섯 가지 맛이 있어 오미자라 하는데, 일반적으로 냉차나 화채로 즐겨 이용하고 있다. 이것은 함유된 타닌의 떫은 맛을 우려내지 않으려는 조상님들의 지혜라 할 수 있다. 대개 오미자(열매)를 건조시킨 것을 이용한다.

오미자 20g에 40℃의 따뜻한 물 400cc를 부어 12시간쯤 두면 발그레한 물이 우려난다. 채에 걸러 국물을 화채나 녹말편 등을 만들 때 쓰며 냉차로 마셔도 좋다 .이때 꿀을 쳐서 마셔도 좋다.

위의 오미자와 분량의 물을 법랑냄비에 넣고 약한 불에서 은근히 끓여 물이 1/3쯤 남았을 때 찌꺼기는 걸러내고 티로 1일 3회 1잔씩 마신다.

가을에 수확한 말리지 않은 생 열매일 때는 냉수에 5~6시간 담구었다가 빨간 물이 우러나면 열매는 걸러내고 약간 끓여서 티로 마신다.

오미자 티는 겨울에는 온차로, 여름에는 냉차로 마실 수 있고 생강, 계피와 브랜드 할 수 있으며, 인삼, 대추와 브랜드 하면 약효가 상승되는 브랜드 티가 된다. 남성의 정력에 좋은 티다.

해 설 — 우리나라에서는 냉수에 우려내서 티로 쓰는 흔치 않은 허브가 오미자다. 오미자에는 남오미자도 있어 오미자대용으로 쓰이며, 흑오미자는 검은 열매를 맺는데 목욕제로 쓴다. 오미자 술도 약효가 있어 즐겨 쓰인다.

오―트 (귀리)

학명: Avena sativa
영명: oats, oat strow
한국명: 귀리(燕麥)
성상: 1년 초
이용부위: 지상부
함유성분: 알카로이드, 사포닌, 다당류(B, 구루칸), 미네랄(규소, 철, 망간, 아연, 마그네슘), 전분, 단백질, 스테롤, 푸라보노이드, 카로틴

작 용 _ 자양강장, 정신안정, 진정작용, 이뇨작용, 항산화작용, 항경련작용, 발한작용, 항울작용, 살균작용, 허약체질개선, 담배중독, 면역기능부활, 콜레스테롤치 내림, 혈당치 조정, 감기, 대상포진, 다발성 경화증 등 피부쇠약, 지루성 피부염, 피부소양증 등에도 치료제로 쓰인다.

티 로 마 시 는 법 _ 줄기나 잔 이삭 등을 말려서 잘게 썰어서 티로 만든다. 풍향기가 나는 잡맛이 없는 티다.
건조시킨 오―트를 큰 숟갈로 수북이 1(약 3g)에 열탕 180cc를 부어 뚜껑을 덮고 10분간 우려낸 것을 1일 몇 차례 복용한다. 가려움증을 동반한 피부염에는 오―트 100g을 목욕재로 넣고 목욕하면 진정된다. 오―트티는 싱글이나 브랜드티로도 효력을 발휘한다.

해 설 _ 유럽에서는 이천년 전부터 약용, 식용식물로 재배했으며 비타민, 미네랄, 단백질, 식물섬유 등이 풍부하여 병후의 기력회복이나 체력회복, 허약체질개선에 쓰였다. 특히 오―트티는 신경계에 부족하기 쉬운 영양소를 함유하고 있어서 신경계에 뛰어난 강장효과를 발휘한다. 특히 마음이 지쳤을 때나 무기력하여 아무것도 하고 싶지 않을 때 마시면 활력을 준다. 갱년기의 에스트로겐 부족으로 오는 우울증에도 효과가 있다. 오―트에 함유된 성분 아베닌은 중추신경을 자극하여 스트레스에 대처하는 능력을 높여준다. 병을 예방하는 티로, 일이 바쁠 때나 고민이 있을 때 마시면 효과가 있다.
유럽에서는 대상포진이나 다발성 경화증에 쓰며, 아편중독자의 치료에도 쓰고, 담배 중독자에도 쓴다. 면역기능을 부활시키는 것으로 밝혀져 있다.

극도의 피로나 병후 회복, 스트레스나 불안감 해소, 불면증 등 전반적으로 병의 저항력을 기르고 싶을 때 습관적으로 오-트티를 마시면 큰 효과를 얻을 수 있다. 열매는 요리나 과자의 재료로 쓰이며, 오-트밀은 유명한 음식이다.

올리브

학명: Olea europaea
영명: Olive
성상: 상록소교목
이용부위: 잎
함유성분: 푸라보노이드, 고미성(苦味性)의 오래유로펜, 루틴, 비타민 E

작 용 __ 항산화작용, 항균작용, 항바이러스작용, 이뇨작용, 완하작용, 혈압 및 혈당치 강하작용, 고혈압이나 동맥경화, 당뇨병 등 생활습관에 따른 병의 예방 효과도 있다.

티 로 마 시 는 법 __ 잎을 건조시켜 잘게 썰어서 티스푼 수북이 1에 열탕을 150cc 부어 뚜껑을 덮고 10~15분간 우려낸 것을 1일 3회 복용한다. 이 티는 강력한 살균작용과 항바이러스작용이 있으므로 감기의 제 증상을 완화하는데 효과가 있다. 감기에 걸렸다고 생각되면 일찌감치 올리브티를 마셔두면 좋다. 이 티는 자연항생물질로서 인프루엔자나 헬페스 등에도 효과가 있다. 또 간염이나 귀의 감염증 등도 경감시키는 효과가 있다. 혈압이나 혈당치를 내리고 요산치(尿酸値)도 내리는 효과가 있다.

주 의 __ 혈압강하제를 복용중인 사람과 저혈압인 사람은 주의가 필요하다.

해 설 __ 올리브는 기원전 3000년에 이미 시리아에서 재배되고 있는 역사가 오랜 식물인데, 평화의 상징으로 알려져 있으며 기독교에서는 성유(聖油)로 쓰는 식물이다. 익은 열매로 기름을 짜는데, 1번 유를 버진오일이라 하여 최상품으로 치며, 여러 번 짜서 약용 및 식용하는데, 불포화 지방산으로 산화에 강해 심장병 환자에 긴히 쓰인다. 미숙과인 녹색 열매는 염장하여 식용한다. 티로 쓰는 것은 잎이다.

와일드 스트로베리
(유럽 야생딸기)

학명: Fragaria vesca
영명: Wild Strawberry ; Wild Alpine Strawberry
한국명: 유럽풀 딸기, 유럽 야생딸기
성상: 상록다년초
이용부위: 잎, 뿌리
함유성분: 구연산, 점액질, 정유, 펙틴, 당질, 비타민류, 살칠산염, 철분, 칼륨

작 용 __ 수렴작용, 간기능항진, 정화작용, 이뇨작용, 해열작용, 완하작용, 강장작용, 신장기능 활성화

와일드 스트로베리 티는 건강 전반에 좋다고 한다. 위장의 염증이나 감염증, 설사 등, 소화기관의 상태가 나빠서 소화관 기능이 정상이 아닐 때 이를 개선하며, 류마티스성의 통풍 등도 완화한다. 또, 신장의 활동을 활발하게 하여 체내의 정화를 촉진하므로 방광염이나 살이 무른 비만을 해소하는데도 효과가 있다. 지금은 다이어트에 많이 이용한다. 또, 간장기능을 정상화 시키는데도 유효하다.

몸을 식혀주는 냉각작용이 있어 열을 수반한 감기에 마시면 좋고 해열이 된다. 수렴작용이 있어 지성피부의 수렴제가 된다. 뿌리에 강장작용과 이뇨작용이 있어 잎과 뿌리를 섞은 티는 설사와 배설장해를 치료하는 효과도 있다.

티 로 마 시 는 법 __ 와일드 스트로베리 잎은 초여름에 따서 완전히 그늘에서 건조시킨 것을 티로 쓰며, 뿌리는 가을에 캐내어 흙을 씻어 없애고 건조시켜서 티로 쓴다. 초목 같은 향기와 녹차 같은 맛이다.

건조시킨 잎을 티스푼 수북이 1에 열탕을 150cc부어 뚜껑을 덮고 5분간 우려낸 것을 1일 3회 복용한다. 싱글티도 좋고 브랜드 티도 좋다.

해 설 __ 스트로베리는 열매가 잘다란 딸기지만 영양가도 풍부하고(미네랄, 비타민 B, C, E 등) 약효도 뛰어나 생과일을 짓이겨서 얼굴이나 팔 등, 햇볕에 타서 화끈거리고 벌겋게 된 곳에 팩을 하면 진정이 되며, 목욕재로 딸기를 주머니에 넣어 탕에 넣고 목욕하면 이런 증상을 해소시켜준다. 주근깨를 엷어지게하는 페이셜팩으로도 유명하다. 열매는 정신강장제이며 빈혈, 당뇨병, 류마티스성 통풍, 신장, 간장의 치료효과도 있고 특히 간염 회복에 유효하다.

우바울시
(베어베리)

학명: Arctostaphylos uva-ursi
영명: Bear berry
성상: 상록소저목
이용부위: 잎
함유성분: 알부틴, 타닌, 푸라보노이드, 비타민 A, B 복합체, B1, C, 칼슘, 철, 마그네슘, 망간, 인, 칼륨, 나트륨, 아연, 시리카, 세렌, "아란드인"이라는 세포성장촉진.

작 용 __ 방부작용, 수렴작용, 이뇨작용, 항균작용, 요로소독, 정신안정, 방광, 신장, 취장, 비장, 자궁질환 등의 감염증에 세정작용이 있다.

티 로 마 시 는 법 __ 잎을 말린 것 티스푼 수북이 1에 물 200cc를 부어 15분간 다려서 1일 3~4회 마신다.

우바울시의 잎에는 타닌이 15~20% 함유되어 있어서 위에 불쾌감을 주기 쉬우므로, 잎을 달이지 않고 냉수에 6~12시간 담구어서 우려내도 좋다. 이렇게 하면 주성분인 알부틴(albutin) 양은 같으나 타닌은 녹아나는 것이 억제되어 알부틴만 우려낼 수 있다.

금 기 __ 임산부, 수유부, 12세 이하의 어린이는 사용을 금한다.

주 의 __ 산성뇨를 일으키는 약제와 함께 섭취하면 항균력이 저하되므로 주의한다. 뇨를 약알카리성으로 유지하기 위해서는 식물성 식품을 충분히 섭취하며 탄산수로나트륨을 추가로 복용해도 좋다.

해 설 __ 우바울시는 유럽, 아시아, 미국 등 한냉지의 높은 산에 자생하는 상록소저목으로 예로부터 요로소독 목적에 쓰인 허브다. 알부틴의 항균작용은 우바울시티를 마신 후 3~4시간이 최대가 된다고 하며 알부틴을 우러나게 하는 데는 잎을 15~30분간 달이는 것이 필요하므로, 다른 허브티처럼 침출티가 아니라 한약처럼 달인다는 것에 유의해야 한다. 먹기 역겨우면 민트와 브랜드하면 된다. 알부틴은 체내에서 대사 분해되어 배설될 때 비뇨기를 정화하는 소독제가 되며, 과잉 요산을 정화하는데도 유효하다.

윗치헤젤
(미국풍년화)

학명: Hamamelis virginiana
영명: Witch hazel
한국명: 미국풍년화
성상: 낙엽저목
이용부위: 잎
함유성분: 타닌(가데긴, 프로안도시아니진), 사포닌, 푸라보노이드, 정유

작용 __ 수렴작용, 방부작용, 지혈작용, 정맥보호작용이 있어 어린이나 어른의 설사를 멎게 하고 잇몸 염증, 구내염(구강점막의 염증), 치질, 정맥류, 월경과다 등에 쓰인다. 프랑스에서는 면도 뒤의 스킨케어와 지혈에 쓰며, 구강 위생의 목적으로 가글제로도 쓰인다.

티 로 마 시 는 법 __ 건조시킨 잎을 부수어서 티스푼 수북이 2~4(2g)에 열탕을 150cc 부어 뚜껑을 덮고 10분간 우려낸 것을 1일 2~3회 복용한다.

구강점막에 염증이 있을 때는 따뜻한 티로 1일 3~4회 함수제로 가글하면 염증이 가라앉는다.

타닌은 고온에서 녹아나므로 반드시 열탕에서 우려내야 한다. 타닌을 방치하면 효력이 없어진다. 타닌은 피부 보호제 역할을 하므로 가벼운 외상이나 습진, 안질 등에 티를 습포제로 이용하기도 한다.

해 설 __ 윗치헤젤은 북아메리카 인디언들의 약물이었다고 하며, 그들이 베인 상처나 습진, 눈의 염증, 치질, 벌레 쏘인 데 등에 외용약으로 쓰던 것을 19세기에 절충주

의 의사들에 의해 계승되어 오늘날에는 외용, 피부보호 수렴제로 인정 받고 있다. 이것은 모두 타닌성분 때문이다. 독일이나, 프랑스 등에서도 티 외에 외용약으로 널리 쓰이고 있다.

유칼리

작 용 __ 공기정화작용(말라리아 대책으로 식수한다), 거담작용(가래를 녹여 분비를 촉진한다), 항바이러스작용, 항균작용, 약한 진경작용, 살균작용, 항염증작용 등이 있고 혈압이나 혈당치를 내리는데도 유효하다. 항바이러스작용은 감기, 기관지염, 천식, 화분증, 두통, 심한 코막힘 등을 완화하는데 쓰이며, 감기예방에 좋다.

학명: Eucalyptus globulus
영명: Eucalyptus, blue gum tree
성상: 상록교목
이용부위: 잎
함유성분: 정유에 주성분인 시네올이 70%나 된다. 타닌, 푸라보노이드, 루틴

티 로 마 시 는 법 __ 독일이나 프랑스에서는 상기도 카타르나 인후염에 허브티로 마신다. 상쾌한 맛이다. 건조시킨 잎을 잘게 썰어서 티스푼 수북이 1(약 2g)에 열탕 150~180cc를 부어 뚜껑을 덮고 3~5분간 우려낸 것을 마신다. 수증기 흡입요법으로 잘게 썬 유칼리 잎에 열탕을 부어 피어 오르는 수증기를 한숨 두었다가 흡입하면 효과가 있다. 또 유칼리 잎을 티스푼 수북이 2에 열탕 180cc를 부어 10분간 우려낸 티를 만들어 식혀서 함수제로 가글하면 감기 예방에 좋고, 후두염이나 기침을 완화 시킨다.

주 의 __ 유칼리 티는 소화기에 자극을 주므로 염증을 수반한 담도나 위장, 중증 간장질환에는 사용을 금하며, 다량을 섭취하면 자극이 심해지므로 매일 계속해서 장기간 복용은 피한다. 과잉 투여로 속이 울렁거리고 매스꺼운 증상이 나타나는 부작용이 생길

가능성이 있으므로 주의한다.

해 설 __ 유칼리는 오스트라리아 산림을 대표하는 세계에서 가장 키가 큰 나무로 300여종이나 있어 코알라의 먹이가 되는 나무다. 오스트라리아의 선주민 마오리족은 유칼리를 만능약이라고 여겨 상처나 염증에 외용약과 해열제로 이용한 역사가 오랜 식물이지만, 유럽에는 1860년경에 도입된 역사가 짧은 약용식물이다. 우리나라에도 내한성이 강한 품종이 1970년대에 도입되어 제주도와 남부 해안지방에 정착하여 약용이 아닌 절화용으로 보급되고 있다.

율무(의이인)

학명: Coix lacryma-job;
영명: Coicis semen
생약명: 薏苡仁
중국명: 回回米
성상: 1년 초
이용부위: 열매, 잎
함유성분: 열매에는 전분, 단백질, 조지방, 회분, 아미노산, 비타민 B1, 코익세놀라이드, 루신, 티로신

작 용 __ 이뇨작용, 진통작용, 소염작용, 자양강장작용, 배농작용, 대사촉진작용, 종양억제작용, 미백(얼굴)작용.

율무차는 몸의 생리기능을 활성화시켜 노폐물을 체외로 배출시키는 작용이 있다.

건강을 위해 매일 율무차를 마시면 부종이나 부기를 해소해 준다.

피부에 좋은 비타민 B1, B2, 아미노산 등이 풍부하므로 미백효과도 있다. 이 티를 계속 마시면 살결이 거칠어지는 것을 방지해주고 매끄럽고 고운 살결이 된다.

율무잎 차는 건위와 피로회복에 좋고 향기롭다.

티로 마시는 법 __ 향기롭고 마시기 쉬운 티다. 껍질을 벗긴 것은 율무쌀이라 하여 잡곡밥이나 죽에 이용하지만, 티로 쓸 때는 거피하지 않고 그대로 이용한다.

한번에 10~20g의 열매를 물 200cc로 달여서 싱글이나 브랜드 티로 마신다.

율무잎은 늦여름에 따서 몇 토막으로 잘라 건조시켰다가 티로 이용할 때 잘게 썰어서 티 스푼 수북이 1에 열탕 150cc를 부어 뚜껑을 덮고 5~10분간 우려서 1일 3회 마신다.

해 설 __ 율무 이용이 날로 폭을 넓혀가고 있다. 율무쌀과 율무차도 대중화 되어가고 있다. 주목할 것은 율무에 코익세놀라이드라는 성분이 있어 항암효과가 있다는 것이 밝혀져 또 다른 관심의 대상이 되고 있다는 것이다.

은행나무

학명: Ginkgo biloba
영명: Ginkgo
성상: 낙엽교목
이용부위: 잎
함유성분: 푸라보노이드, 텔펜락톤, 게루센, 시도스테롤

작 용 __ 신경보호제, 자극, 수렴, 발한, 항산화작용 등이 있다. 은행은 신체의 구석구석까지 혈액과 산소를 전달하는 순환기에 유효하며, 뇌나 하반신에 혈액공급을 촉진한다. 혈관확장작용으로 뇌의 혈행 공급이 원활하게 되므로 집중력을 높이고 기억력의 감퇴를 막는 효과도 있다. 항산화작용으로 노화를 방지하는 효과도 있다. 혈액응고를 막는 작용이 있어 혈행불량으로 생긴 정맥염, 당뇨병치료에도 쓰이며, 현기증, 이명(耳鳴)환자에게 쓰면 혈액이 내이(內耳)에 원활하게 공급되어 증상이 완화된다. 최근에는 암세포의 생성도 억제한다는 연구 결과도 있고, 기억이나 방향감각을 상실하는 알츠하이머의 증상을 경감시킨다는 연구도 진행 중이다. 1988년 미국 하버드 대학에서 발표한 연구 결과에 의하면, ginkogolide B라는 물질을 합성하는데 성공했다고 하는데, 이 물질의 장기이식 후 거부 반응을 막는 가능성에 주목하고 있다.

현재 은행잎으로 만든 티는 혈액순환 촉진뿐 아니라 견비통, 냉증, 정맥류 등을 개선하는 효과도 인증되고 있다. 아울러 혈류의 양도 증가시키는 작용이 있다.

뇌에서 구르코스의 소비를 촉진하여 뇌대사를 개선하는 작용도 있고, 항울작용에도 효과가 있으며, 알레르기 반응의 원인이 되는 PAF(혈소판 활성화인자) 저해작용이 있어 천식이나 알레르기 환자에게 귀중한 티다. 고혈압도 예방한다.

티 로 마 시 는 법 — 은행잎(녹색잎)을 건조시켜서 티로 쓴다. 맛은 거의 없고 위장약과 같은 향기가 있다.

은행잎 말린 것을 찢어서 티스푼 수북이 1에 열탕 180cc를 부어 뚜껑을 덮고 5분간 우려낸 것을 1일 2~3회 복용한다. 싱글이나 브랜드 티로도 쓰인다.

중국에서는 은행티로 목에 스프레이를 하는데, 스프레이 폿트를 끓는 물로 소독하여 180cc의 열탕에 2 티스푼 수북이 또는 티팩 2을 준비하여 티를 만들어 스프레이 폿트를 냉장고에 보관했다가 알레르기 반응이 나타날 때 목에 스프레이하면 효과가 있다고 한다. 은행티는 부작용없이 부정맥을 고칠 수 있다고 알려져 있어 심장의 건강에 중요한 티이므로 건강 유지를 위해 습관화된 생활의 티로도 쓸 수 있다.

주 의 — 어린이의 사용은 피해야 하며, MAO 저해약(모노아먼옥시타제)와 병용하면 두통, 고혈압을 일으킬 가능성이 있다.

해 설 — 은행은 2억년 전부터 지구상에 존재한 화석과 같은 식물인데, 공룡시대에서부터 살아남은 전세기의 유물적인 식물이다. 현존한 것은 중국에 5000년 된 것이 있다고 하며, 우리나라에도 2000년이 넘는 노목이 천연기념물로 지정되어 살아있다. 은행나무는 일본 히로시마에 원자폭탄이 떨어졌을 때도 살아남은 단 하나의 식물이다. 오늘날 도시의 오염이나 세균, 바이러스 곤충 등의 침해를 받고도 끄떡없이 생육하는 그 반영구적인 신비한 능력을 가진 은행티는 사람의 건강에도 내구력을 길러주는 등의 뛰어난 특성이 있다고 할 수 있다. 우리는 은행나무 열매를 은행(銀杏)이라 하여 식용하는데, 씨의 외피에는 긴고산(ginkgolie acid)이 함유되어 있어서 알레르기성 피부염을 일으키므로 맨손으로 만지지 말고 고무장갑을 끼고 외피를 씻어 제거한다(구린 냄새가 난다). 잎에도 긴고산이 0.1~1% 함유되어있다.

작 용 __ 정장작용, 이뇨작용, 완하작용, 항염증작용, 항균작용, 건위작용, 강장작용, 수렴작용, 지사작용 등이 있다.

이름이 말해주듯이 설사를 멎게 하는 묘약으로 예로부터 쓰여왔다. 급성 장염이나 설사 때에 식후에 이 티를 따뜻하게 마시면 뛰어난 정장작용이 있어 설사뿐 아니라 통증도 진정된다. 변비 개선에도 효과가 있다. 이때는 연하게 티를 만들어서 식혀서 마신다.

학명: Geranium thunbergi
영명: Oriental geranium
성상: 다년초
이용부위: 지상부
함유성분: 타닌, 게루세틴, 호박산, 미네랄, 게라니올, 히요린

항염증작용이 있어 목의 통증, 잇몸이 붓고 아플 때, 편도선염, 구내염 등을 경감시킨다. 티를 마시는 외에 함수제로 가글해도 효과가 있다. 생리불순이나 생리통 같은 부인과계의 질환을 개선하는데도 효과가 있다고 한다.
목욕재로 쓰면 땀띠를 경감시킨다.

티 로 마 시 는 법 __ 건조시킨 지상부를 잘게 썰어서 쓴다. 싱그럽고 풀 같은 향기가 있지만 쌉싸름한 맛이 있다. 싱글이나 브랜드 티로도 좋다.

티스푼 수북이 1에 열탕 150cc를 부어 뚜껑을 덮고 10분간 우려낸 것을 1일 2~3회 따뜻할 때 마신다. 지사제로 효과가 좋으며 건조시킨 잎, 줄기 등을 잘게 썰어서 5~10g에 물을 300cc부어 약한 불에서 30분간 달여서 나누어 1잔씩 1일 3회 마신다(따뜻하게 데워서).

주 의 __ 위장이 약한 사람은 상용(常用)을 피한다.

해 설 __ 이질풀은 의사가 필요 없다, 이질풀이 의사를 울린다, 이질풀이 의사를 죽인다는 등 많은 말들이 있지만, 이는 모두 이질풀을 다린 약의 직효성을 빗대어 지어진 말들로, 그만큼 효과가 큰 민간약임을 입증하는 것이다.

인삼

학명: Panax ginseng
영명: Ginseng, Korean Ginseng
생약명: 人蔘 별명: 고려인삼
성상: 다년초 이용부위: 뿌리
함유성분: 사포닌(홀몬 같은 진세노사이드), 파나키시놀, 정유(리모넨, 텔피네올), 스테롤, 펙틴, 전분, 수지, 비타민 B1, B2, B12, D, 지방, 철, 칼슘, 망간, 마그네슘, 동, 아연, 항산화물질 등이 함유되어 있다.

작 용 _ 강장작용, 신진대사촉진, 항울작용, 순응작용, 최음, 면역시스템자극, 혈당치와 콜레스테롤치 조정, 항산화작용.

예로부터 동양을 대표하는 강장제로서 만능약이라는 그리스어의 panax를 학명으로 쓸 만큼 세계가 인증하는 우리의 보물이다. 신체가 스트레스에 순응하는 것을 돕는 허브다. 장기를 강장하고, 신경을 안정시키며, 가슴이 두근거리는 것을 멎게 하고, 시야를 맑게 하여 정신력을 증진시켜 발랄한 기분을 갖게 해준다. 에너지를 증진시켜 정력을 높이며 면역력을 강화하므로 심신의 피로나 기력, 체력 소모시에 좋다. 병약자나 노령자에게 크게 유익하며, 항산화작용이 있어 노화를 방지하고, 혈당치의 조정이나 조직을 정화하여 적혈구와 백혈구의 세포생성을 자극하여 병을 예방한다. 내분비계의 홀몬분비를 증가시키며, 인포텐스나 불감증 등에 의한 성욕강장제도 된다. 신경성장애에서 일어나는 피로나 우울증에도 특효가 있다. 즉, 인삼은 신진대사기능의 저하나 노인병에 대한 폭넓은 효능이 있어 생체방어기능을 향상시켜 스트레스에 대한 적응력을 증강시키는 허브라 할 수 있다.

티 로 마 시 는 법 _ 인삼은 3~6년 된 뿌리를 캐내어 물에 씻어 볕에 말린 것을 백삼이라 하고, 쪄서 말린 것을 홍삼이라 한다. 갓 캔 것을 수삼이라 하는데, 차로 만들 때는 어느 것이나 가능하다.

건조시킨 것이면 얇고 잘게 저며서 <u>티스푼 수북이 1</u>에 <u>열탕 180cc</u>를 붓고 뚜껑을 덮고 <u>5~10분간</u> 우려낸 것을 <u>1일 3회</u> 복용한다. 인삼은 단기적인 목적보다 장기적으로 1개월에서 6개월정도 티로 마시면 효과가 있다. 건삼이나 홍삼을 만들 때 떨어진 가는 뿌리인 미삼(尾蔘)도 티로 하면 효과가 같으며 가격도 저렴해 즐겨 쓰인다.

주 의 _ 급성병이나 고혈압 환자의 사용은 금한다.

해 설 _ 옛날에 인삼을 중국과 교역하려다 썩게 되므로 이를 방지할 요령으로 쪄서 만든 것이 홍삼인데, 홍삼이 백삼보다 효능이 더 있다 하여 높이 평가되었다.

인삼은 티팩도 만들어 시판하고 있어 이용이 간편하며, 요리와 캔디, 약술 등 다양하게 개발되어있다.

자스민

학명: Jasminum officinale
영명: Jasmine, common white Jasmine
성상: 상록관목
이용부위: 꽃
함유성분: 벤질, 에세테트, 인톨

작 용 _ 진정작용, 최음작용, 기분을 명랑하게 하는 리프렉스 작용도 있다. 여성생리정상화작용, 산후고통완화, 모유촉진작용, 냉증 등에 효과가 있다.

티 로 마 시 는 법 _ 우아하고 감미로운 꽃향기를 즐기는 티로서 상큼한 맛이 있다. 해가 떨어지면서 짙은 향기가 퍼지는 매력 있는 허브다. 티로 마실 때는 홍차나 중국의 우롱차에 브랜드하여 마신다.

비율은 홍차나 우롱차 7에 자스민을 3의 비율로 브랜드하여 1잔 분을 열탕 180cc를 부어 뚜껑을 덮고 5~10분간 우려서 1일 2회 복용한다. 향이 날아가기 쉬우므로 소량씩 구입하여 빨리 소비하는 것이 지혜다. 자스민티는 미약(媚藥)으로도 이용되었다.

자스민티는 기분을 고양시키는 작용이 있어 가라앉은 기분을 회복시켜준다. 반면에 진정효과도 있어서 마음의 긴장을 풀어주기도 하여 양면성이 있는 허브티다. 행복한 기분으로 만들어 차차 마음의 균형을 유지시켜준다. 여성의 생리, 생식기능에도 효과 있게 작용한다. 자신감도 회복시켜준다.

해 설 __ 꽃은 개화직후 따서 그늘에서 빨리 건조시킨다. 대개는 기름을 추출하여 자스민 오일을 만들어 건조한 살결에 맛사지 오일로 쓰면 피부에 탄력을 준다. 자스민 오일은 항울작용, 최음작용, 여성생리정상화, 산후고통완화, 모유촉진 등에 효과가 있다.

진저 (생강)

학명: Zingiber officinale
영명: Ginger
한국명: 생강
성상: 다년초
이용부위: 근경
함유성분: 정유, 진게롤, 진게론, 게라놀, 리나놀, 보루네올, 단백질, 전분, 비타민 A, B, 미네랄, 아미노산

작 용 __ 소화기능촉진, 이담작용, 소염작용, 진통작용, 진경작용, 구풍작용, 발한작용, 거담작용, 제토작용(制吐), 살균작용, 혈행촉진, 멀미, 입덧, 냉증, 구취제거, 식욕증진, 위액분비촉진, 관절염 등 염증 질환에도 효과가 있다.

티 로 마 시 는 법 __ 진저의 날것은 생강(生姜)이라 하고 근경을 건조시킨 것을 건강(乾姜)이라 하여 구별하는데, 건강을 잘게 부셔서(가루) 티스푼 1/3 (약 1g)에 열탕 150cc를 부어 뚜껑을 덮고 5분간 우려낸 것을 1일 3회 복용한다. 이 티를 마시면 머리끝에서 발끝까지 따끈따끈하게 데워지는 효과가 뛰어나므로 냉증이 있는 사람, 감기기운이 있을 때, 오한이 날 때 잘 듣는다. 또 위를 덥게 하므로 위를 자극하여 위액분비를 촉진하고 음식물의 흡수를 돕는다. 소화불량, 산통, 복부팽만 등의 완화에도 뛰어난 효과가 있다.

속이 울렁거리고 매스꺼울 때, 즉, 차나 배의 멀미나 입덧에는 약보다도 효력이 뛰어난데 아침에 진저티를 마시면 멀미나 입덧을 예방할 수 있다. 심할 때는 설탕에 저린 편강을 씹으면 같은 효과를 얻을 수 있다. 가루 진저가 있으면 2g을 소량의 물과 함께 마셔도 좋다. 진저는 타액, 단백질, 지방의 소화효소를 자극하여 신진대사를 활성화시켜 칼로리를 태워서 소화를 촉진한다.

진저티는 싱글로도 좋고 브랜드로도 좋은데 진저는 따뜻하게 하는 작용이 있고 페퍼민트는 차게 하는 효과가 있어 상쾌한 조화를 이루는 티가 된다.

주 의 _ 임신 중에는 사용을 피하고, 담석증이 있는 사람은 의사와 상의한 후에 사용해야 하며, 위나 12지장의 소화성궤양이 있을 때는 사용을 금한다.

해 설 _ 동서양을 막론하고 진저는 감기, 인프루엔자, 오한, 냉증 등의 개선에 뛰어난 약초였으며 스파이스로도 우리에게 익숙한 식품이다. 고기, 생선 등의 맛을 내는데도 쓰이고 고기를 연하게 해주며 생선의 비린내도 없애주며 빵, 케익, 비스켓 등에도 쓰인다.

쥬니퍼
(서양 노간주나무)

작 용 _ 발한작용, 이뇨작용, 해독작용, 건위작용, 식욕증진, 살균작용, 방부작용, 구풍작용, 항류마티스, 항종양, 소독작용, 부기예방 및 비뇨기 계통의 감염증을 개선한다. 몸 속에 쌓인 산성 노폐물이나 독소를 배출시키는 작용도 있다. 관절염이나 류마티스, 통풍 등 산성과다상태에 매우 유익하다.

티 로 마 시 는 법 _ 달콤하면서도 상쾌한 톡 쏘는 풍미의 티가 된다. 쥬니퍼베리(열매)는 3년에 걸쳐 흑자색으로 익는 장과로 익은 열매는 정유성분이 날아가지 않게 30℃의 저온에서 건조시켜 이용한다.

학명: Juniperus communis
영명: Juniper
한국명: 서양 노간주나무
중국명: 杜松
성상: 상록침엽소교목
이용부위: 열매 (berry)
함유성분: 정유, 푸라보노이드, 타닌, 비타민 A, B3, B 복합체, C, E, K, 마그네슘, 철, 유황, 인, 세렌, 나트륨, 아연, 칼슘, 칼륨, 망간.

티를 만들기 직전에 스푼의 등으로 눌러서 부순 후 티스푼 수북이 1에 열탕 180cc를 부어 뚜껑을 덮고 5~10분간 우려서 1일 2회 식후에 복용한다. 이 티는 비뇨기계의 감염증이나 방광염, 배뇨시의 통증에 예로부터 쓰인 치료법이다.

무좀에는 쥬니퍼베리 건조시킨 것 티스푼 2로 쥬니퍼워터를 만들어 증상이 나을 때까지 매일 발끝에서 발목까지 담구어 족욕 하면 살균력이 있어 효과가 있다. 단순 포진의 발진에는 앞의 티 기준으로 쥬니퍼티를 만들어 따끈한 물에 좌욕하면 효과가 있고, 두피의 건조증이나 가려움증에는 앞의 티로 린스하면 효과 있다. 관절염의 통증에는 쥬니퍼베리 티스푼 수북이 2에 열탕을 부어 티를 만들어 욕조에 목욕물과 섞어 몸을 담구어 20분쯤 있으면 통증이 감해진다. 이 방법은 고대 이집트의 파피루스 문서에 기록된 관절염 치료법이다.

주 의 ─ 4~6주간의 계속적인 사용은 좋지 않으며, 염증이 있는 신장질환에는 금기사항이다.

해 설 ─ 쥬니퍼베리는 진의 부향제로 널리 알려져 있으며 노루, 사슴, 토끼, 메추라기 등 야생의 조류나 짐승의 고기요리에 부향제로 쓰면 냄새를 없앨 수 있어 즐겨 쓰인다. 쥬니퍼티는 여드름이나 습진 소독의 화장수로 쓰이며 쥬니퍼정유는 향수와 살충제로도 이용한다.

작 용 _ 흥분작용, 이뇨작용, 수렴작용, 항균작용, 지사(止瀉)작용 등이 있다.

녹차는 최근 기능성 연구결과 항암작용과 항콜레스테롤작용, 체지방저감작용(低減作用) 등이 보고되어 있다. 항암작용은 암세포에 대하여 혈관신생을 억제하기 때문이라 한다. 녹차는 발효시키지 않고 건조시킨 것이므로 약효가 가장 강하다. 녹차에도 커피나 홍차와 같은 중추신경을 흥분시키는 카페인이 함유되어 있지만, 진정작용이 있는 아미노산의 데아닌을 함유하고 있어 자극이 적다고 한다. 우롱차(oolong tea)는 반 발효 시킨

차나무

학명: Camellia sinensis
영명: Tea ; green tea
성상: 상록관목
티명: 녹차, 우롱차, 홍차
이용부위: 잎
함유성분: 포리페놀(타닌), 카페인, 카데킨, 아미노산(데아닌), 정유

것인데, 발효과정에 따라 산화가 촉진되어 색이 진해지고 풍미와 향이 변하며 약효도 변한다. 잎을 발효시키면 시킬수록 약효는 약해진다. 홍차는 완전 발효시킨 티로서 가장 자극이 강한 풍미의 티다. 홍차는 인도가 유명하다. 홍차(인도산)는 항알레르기작용이 있다.

녹차의 포리페놀에는 비타민 E의 200배라는 강력한 항산화작용 성분이 있다. 녹차의 항암카데킨은 발암물질로부터 세포를 지킬 뿐 아니라, 방사선치료 시 뼈로의 침입을 막아준다. 항균작용 외에도 콜레스테롤 수치를 내려주며, 지방대사를 돕는 작용과 혈압 강하작용 및 혈당치를 조정하는 작용도 있고, 심장의 혈관질환을 예방하는 강심작용도 있다. 감기, 인프루엔자, 바이러스 등의 감염증에도 항바이러스작용을 한다.

녹차에는 불소화합물이 많이 함유되어 있어서 충치예방과 잇몸질환에도 효과가 있다. 또 기관지를 확장할 뿐 아니라 호흡기 장애나 천식, 호흡곤란 때 순한 거담제가 되어 호흡을 편케 해준다. 정신피로와 설사에도 효과가 있다.

티 로 마 시 는 법 _ 녹차는 어린잎을 따서 발효시키지 않고 널어서 건

조시킨 것인데, 티스푼 수북이 1(약 2.5g)에 열탕 150cc를 부어 뚜껑을 덮고 3~10분간 우려낸 것을 1일 2~3회 마신다. 단시간에 우려내면 카페인이 먼저 녹아나므로 장시간에 타닌(포리페놀)이 서서히 우러나게 한다. 카페인과 타닌은 결합하기 때문에 우려내는 시간을 두면 흥분작용이 떨어지고 반대로 지사작용은 항진된다.

녹차 1컵에는 커피 반잔 정도의 카페인이 함유되어 있다.

흔히 우롱차에는 자스민 꽃이 섞여 있는데 이것을 자스민티라고도 한다.

홍차는 장기간 또는 과량의 사용은 삼가는 것이 좋다.

해 설 __ 차의 기원은 중국의 신농황제가 B.C 1737년에 제자들과 약제수집을 나갔다가 물을 끓이던 중 차나무 잎이 끓는 물에 떨어져 향기가 피어나는데 너무 향기로워서 마셔봤더니 마음이 편안해져서 티로 마시기 시작했다고 하며, 그 후 유럽에도 전해져 음료수의 대명사가 되어 tea(茶)라 하게 되었다. 세계 3대 음료수는 커피와 차와 마태를 일컫는다.

체스트트리

학명: Vitex agnus castus
영명: Chaste tree ; chaste berry
성상: 관목
이용부위: 열매
함유성분: 정유(시네올),
이리도이도배당체, 알카로이드,
푸라보노이드, 고미질

작 용 __ 홀몬분비조정작용, 최유작용, 생식기 계통의 강장작용 등이 있어 여성을 위한 허브로 알려져 있다. 뇌하수체를 자극하여 홀몬의 밸런스를 조정(調整)하는 역할을 한다. 과거에는 통경약과 최유약으로 쓰였으나, 연구결과 지금은 홀몬중추인 뇌하수체에 직접 작용하여 황체홀몬의 기능부전에 의한 월경과다, 유방이 캥기는 것, 수분체류 등을 완화하는 것으로 밝혀져 있다. 생리할 때 여드름이나 입술포진(疱疹), 무릎의 부기 등을 개선하며, 모유의 분비도 촉진한다. 월경 전 증후군의 심한 감정의 파도와 갱년기의 우울증에도 효과가 있다고 알려져 있으며, 자궁근종과 자궁내막증에도 적응 시험이 진행 중이라고 하니 생리통, 생리불순까지 부인과계의 질병에 희소식을 주는 허브티다.

티 로 마 시 는 법 _ 쌉싸름한 맛이 있어 향기로운 허브나 꿀을 더해서 마시기 쉽게 한다. 체스트베리 티는 브랜드 할 때 소량을 쓰는 것이 지혜다.
건조시킨 열매를 수푼의 등으로 눌러 비벼서 부수어 티스푼 1에 열탕 180cc를 부어 5~10분간 우려내어 1일 1~2회 복용한다.

주 의 _ 임신중인 사람과 어린이의 사용은 금한다. 부인과 계통의 질병이 있는 사람도 사용을 금한다. 경구피임약을 먹고 있을 때는 효력이 떨어지므로 주의한다.

해 설 _ 옛날부터 생리통과 같은 부인과 질환에 쓴 역사가 오랜 허브이며, 지중해 연안이 원산지로서 남성의 성욕을 억제한다고 하니 여성용 허브인 것만은 틀림이 없다.

카라웨이

학명: Carum carvi
영명: Caraway
성상: 2년 초
이용부위: 열매
함유성분: 정유, 지방산, 타닌, 단백질, 수산칼슘, 수지, 색소

작 용 _ 건위작용, 소화촉진작용, 구풍작용, 최유작용, 진경작용, 거담작용, 구취제거

티 로 마 시 는 법 _ 카라웨이 티는 달콤하면서도 상쾌한 향이 난다. 열매는 향기와 함께 뛰어난 소화 작용이 있다.
티를 만들기 직전에 열매를 부수어 <u>티스푼 수북이 1</u>에 <u>열탕 180cc</u>를 부어 뚜껑을 덮고 <u>5~7분간</u> 우려서 <u>1일 3회 식후</u>에 복용한다. 카라웨이 티는 싱글도 좋고 브랜드 티로도 효과가 있다. 브랜드 티는 기침이 나고 오한과 열이 날 때 안젤리카 뿌리와 타임을 브랜드하면 거담작용을 한다. 티를 함수제로 가글하면 구취를 없애준다. 식후에 마시면 구취제거는 물론 입안이 상쾌해진다.

해 설 _ 유럽에서는 카라웨이 씨를 스파이스로 쓰며, 예로부터 소화에 잘 듣는 약초로 알려져 있다. 카라웨이 티는 과식 했을 때 마셔두면 위가 더부룩하여 불쾌한 것을 막아준다. 장 속의 가스도 배출시켜주며 복부팽만감에도 마시기를 권한다. 식후의 티로는 더할 나위 없이 긴요한 티다.

유럽에서는 식후에 카라웨이 씨를 씹어서 소화를 돕는 습관이 있다.
빵이나 케익의 재료로도 쓰인다.

카우스립
(서양앵초)

학명: Primula veris
영명: Cawslip, paigle
한국명: 서양앵초
성상: 다년초
이용부위: 꽃, 뿌리
함유성분: 사포닌, 배당체(프리무라페로사이드), 살칠산염, 푸라보노이드, 타닌, 정유

작 용 _ 진해작용, 거담작용, 진정작용, 진경작용, 완하작용 등이 있다.

꽃의 티로 복용하면 불면증이나 신경성 두통을 진정시키며, 신경성 스트레스나 긴장을 완화 시키는데 크게 효험이 있다. 향기를 맡는 것만으로도 효과가 있다고 알려져 있다. 취침 전에 카우스립 티를 마시면 흥분이 가라앉고 편히 잠든다. 홍역에도 효과가 있고, 감기를 진정시킨다.

뿌리는 도라지뿌리나 세네가뿌리와 같이 사포닌을 함유한 대표식물로 알려져 있는데, 기관지염이나 백일해, 기도 카타르에 진해, 거담작용을 하는데, 기관지 점막에 직접적으로 작용하여 점액(가래)을 용해하여 분비를 촉진하므로 기침으로 가래를 쉽게 배출하며 경련과 염증을 경감시킨다. 살칠산염이 있어 유럽에서는 관절염의 치료제로 쓰이며, 꽃과 함께 달여서 만성

기관지염의 거담제로 치료에 쓴다.

티 로　마 시 는　법 ＿ 꽃은 아니스 같은 은은한 향기가 있으며, 뿌리에도 꽃과 같은 향기가 있다. 꽃은 봄 개화기에 따서 건조시켜 쓰며, 뿌리는 가을에 캐내어 건조시켜 잘게 썰어서 티로 이용한다. 말린 꽃 티스푼 수북이 1에 열탕 150cc를 부어 뚜껑을 덮고 3~5분간 우려낸 것을 1일 3~4회 복용한다.

뿌리는 잘게 썬 것이나 거친 가루로 만든 것 0.2~0.5g에 물을 200cc 부어 5분간 바글바글 끓여 그 티를 2~3시간마다 복용한다. 꿀을 쳐서 단 맛을 내도 좋다. 싱글티도 좋고 펜넬, 아니스, 타임 등과 같이 브랜드 티로 만들어도 효과가 있다.

주　의 ＿ 꽃의 수술이 피부 알레르기를 일으키는 경우가 있으므로 주의한다

해　설 ＿ 카우스립은 유럽에 자생하는 프리무라의 일종인데, 티 외에 꽃으로 프리무라 와인도 만든다. 약용으로 정량만 마시면 신경계를 강화한다.

또 쨈이나 피클의 부향제로도 쓰며, 과자의 장식용, 설탕조림으로도 만든다. 연한 잎은 순대의 속에 섞어 넣어도 좋고 샐러드에 넣어도 좋다. 꽃의 악편을 제거한 꽃잎도 샐러드에 쓴다.

캐모마일

로만캐모마일
학명: Chamaemelum nobile
(anthemis nobilis)
영명: Roman chamomile
성상: 다년초

저맨캐모마일
학명: Matricaria chamomile
(Matricaria recutita)
영명: German chamomile
성상: 1년 초
이용부위: 꽃(두가지 모두)
함유성분: 정유, 프라보노이드, 코린, 구마린, 타닌, 길초산, 살칠산염, 지방산.

작 용 __ 로만캐모마일이나 저맨캐모마일 모두 약효는 비슷하다.

소염작용, 진정작용, 진경작용, 구풍작용, 살균작용, 진통작용, 이뇨작용, 이완작용, 건위작용, 항히스타민작용, 방부작용 등.

매스꺼움 예방, 위염, 위궤양, 방광염, 안면(安眠), 과민성장징후군, 소화불량, 천식, 화분증, 부비강염, 근육통, 관절염, 월경통 등에 유효하다.

티 로 마 시 는 법 __ 캐모마일티는 세계에서 가장 친숙한 티인데, 싱글로도 좋고 브랜드티로도 많이 이용된다. 또 프레쉬도 좋고 드라이도 좋다. 사과 같은 향이 매력 있다.

건조시킨 꽃 큰 숟갈 수북이 1(약 3g)에 열탕 180cc를 부어 뚜껑을 덮고 5~10분간 우려낸 것을 1일 3~4회 마신다. 1회에 5g까지 쓸 수 있으며 1일 양은 15g이 적당하다. 위염이나 위궤양에는 식간에 마시고, 상기도의 염증에는 수증기 흡입이 좋다. 구내염이나 인후염에는 함수제 가글로 쓴다. 캐모마일 티는 피부염에 습포제로 쓰면 진정되며, 목욕물에 넣고 몸을 잠그면 근육의 긴장을 이완시키고 피부를 매끄럽게 해준다.

캐모마일 티는 비교적 순하게 작용하므로 어린이에게도 권할 수 있는 허브티다.

주 의 __ 국화과의 식물에 알레르기가 있는 사람은 주의할 필요가 있다.

해 설 __ 스트레스나 불안, 잠 안 올 때 효과가 있고 기분을 안정시켜준다. 과식했을 때나 식욕이 없을 때, 매스꺼울 때도 효과가 있다.

감기 기운이 있을 때나 냉증개선에도 마시면 몸을 따뜻하게 만드는 효과가 있다. 남은 허브티를 머리 린스로 쓰면 윤기 있는 머릿결이 되며, 상처난 곳, 습진, 화상, 눈의 피로 등에 습포제로도 효과 있다. 두유(豆乳) 180cc와 저맨캐모마일 큰 숟갈 1을 넣고 불에 올려서 끓기 직전에 불을 끄고 거름망으로 꽃을 걸러낸 후, 잠 안 오는 밤(불면증)이나 감기 기운이 있을 때 마시면 효과가 있다.

캣츠그로우

함유성분: 알카로이드 (①이소데로포테인, ②데로포테인, ③이소미드라피틴, ④미드라피린, ⑤이소린고피린, ⑥린고피린) 등 6종의 특수 알카로이드가 함유되어 있으나 인체에는 유해작용이 없고 특수 생리작용과 약리작용이 있는 것이 판명되었다. 도리델핀 (울소릭산), 시드로스테롤, 단백질, 지질, 당질, 회분, 비타민 B6, 엽산, 나이아신, 이노시돌, 판토덴산, 미네랄의 칼슘, 마그네슘, 나트륨, 칼륨, 철, 동, 망간, 아연, 섬유 외에 알루미늄, 크롬, 니켈, 바륨 등도 극미량 함유되어 있다고 한다.

학명: Uncaria tomentosa
영명: Cat`s claw
현지명: Una de gato (우나 디 가도) 페루어
성상: 상록덩굴목본
이용부위: 뿌리, 수피

작 용 _ 소염작용, 진통작용, 항염증작용, 면역력증강작용, 항궤양작용, 항산화작용, 혈류촉진작용(항바이러스작용) 등이 있다. 특히 6종의 알카로이드 중 ①이소데로포테인 성분이 면역강화작용이 가장 강하다는 것이 연구 결과 밝혀졌다. ②데로포테인, ③이소미드라피틴, ⑤이소린고피린 등의 알카로이드도 면역조직을 촉진 강화하여 체내에 침입한 세균들의 증식을 억제하는 것도 밝혀져 항암내지 암세포 소멸에 큰 역할을 하므로 암 특효약으로 미국이나 유럽에서 큰 붐을 이루고 있다. 뇌종양, 백혈병, 고환암, 악성 임파선종양 등 완치사례가 많고 초기 단계의 모든 암에는 완치에 가까울 정도의 효과가 있으며, 말기암도 고쳤다는 보고가 있다. ⑥린고피린

은 혈소판응집과 혈전을 예방하는 작용이 있어 뇌경색, 뇌혈전 등 뇌졸중의 예방에 효과적인 물질이다.

캣즈그로우의 알카로이드와 구리고시드가 상승효과로서 항염증작용을 하여 모든 염증을 억제, 해소 시키는 것도 실증되고 있다. 도리델핀은 항궤양물질로서 궤양의 발생을 억제할 뿐 아니라 증상을 개선, 치료한다. 12지장궤양, 소장궤양, 출혈성궤양, 만성위궤양 등이 완치(7~15일 이내) 되었다는 보고도 있다. 따라서 켓즈그로우는 궤양의 특효약이라고 일컬어지고 있다.

잉카의 원주민들은 켓즈그로우가 류마티스와 관절염을 억제하는 약으로 알고 있었으며, 현대 의학이 연구 결과 이를 실증했는데, 만성 류마티스성 관절염의 염증 억제뿐 아니라 통증도 해소한다. 요통, 좌골 신경통, 만성슬관절염 등이 진정된다.

면역력 증강작용으로 고칠 수 있는 병은 아토피성 피부염, 화분증, 알레르기성 비염, 류마티스, 암, 에이즈, 모든 감염증, 모든 장기이식, 편두통, 만성통증(근육통) 등이며, 질병의 개선과 완화 및 억제, 해소에 크게 작용하므로 현대 의학이 발견한 기적이라고까지 극찬하고 있다. 혈류 촉진작용은 1985년 실험결과 면역력 활성화로 모세혈관을 강화하여 피부에 탄력을 주어 노화를 방지하는 항산화작용도 있다고 한다.

티 로 마 시 는 법 ㅡ 건조시킨 수피나 뿌리를 잘게 썰어 <u>티스푼 수북이 1(3g)</u>에 열탕 150cc를 부어 뚜껑을 덮고 <u>10~15분간</u> 우려낸 것을 <u>1일 3회 식전 30분</u>에 복용한다.

현재 뿌리는 페루 정부에서 모리대통령이 법령으로 뿌리의 굴취와 국외 반출(수출)을 금하고 있으며, 페루에서 수피로 제품화하여 캡슐이나 정제로 수출 및 판매하고 있다. 대개의 질병에 1일 1회에 3~5알씩 복용하는 것으로 1주일~1개월이면 완치 내지 개선된다고 보고되어 있다.

주 의 ㅡ 임신부나 수유부, 3세 이하의 유아, 피부이식, 장기이식환자는 사용을 금한다.

해 설 ㅡ 페루의 안데스 산맥 동쪽 밀림에서 나는 식물로, 고대 인디오들이 만병통치약으로 써왔던 것을 서양의학에서 1970년대부터 약효를 연구 확증하여 W.T.O 가 전통약물로 재평가하게 되자, 1990대에 미국 및 유럽의 수집가들이 몰려들어 남획하게 되어 보호법령으로 외국 반출을 막은 하나님이 주신 선물이다. 페루의 3대 기적이라고 까지 일컬어지는데, 첫째는 열병 특효약인 키니네요, 둘째는 코카인 원료인 코카이며, 스페인 사람이 유럽에 전해 유럽의 기근을 해결한 감자라고도 한다. 셋째가 캣즈그로우로 면역력증강으로 만병을 치료하게 되었다고 자랑할 정도다.

이 식물의 특징은 가지의 잎 붙은 자리에 꽃자루가 변화하여 고양이의 손톱 같은 날카로운 낚시 바늘 모양의 가시이며, 캣즈그로우란 이름 또한 여기에서 기인한 것이다. 줄기의 길이는 10m, 잎은 좌우 1쌍씩 나며 15cm 크기다. 줄기를 자른 후 4년이면 다시 큰 나무로 회복된다.

현지에서는 항궤양으로 수피 말린 분말 20g에 물 1ℓ를 85℃ 에서 45분간 달여서 1일 1/16ℓ 아침 식전 공복에 마신다. 암 환자가 많고 새로운 약물이므로 자세히 다루었다.

켓트니프
(개박하)

작 용 _ 해열작용, 발한작용, 이완작용, 진경작용, 진정작용, 수렴작용, 구풍작용, 월경촉진, 위산이 역류할 때, 천연제산제가 된다. 담배를 끊으려 할 때 내면적인 스트레스나 긴장을 경감시킨다. 감기 기운이 있을 때나 소화 불량에도 좋다.

티 로 마 시 는 법 _ 건조시킨 꽃과 잎을 이용한다. 풀향기 같은 향과 민트 같은 상쾌한 맛이 있다.

건조시킨 꽃과 잎을 <u>티스푼 수북이 1</u>에 열탕 <u>150cc</u>를 부어 뚜껑을 덮고 <u>3~5분간</u> 우려내어 또 거울 때 마신다. <u>1일 3회 식후</u>에 복용한다. 켓트니프 티는 싱글로도 좋고 브랜드티로도 좋다.

주 의 _ 임산부나 어린이의 사용은 피한다.

해 설 _ 켓트닛프는 켓트민트라고도 하며 고대 로마시대부터 재배하여 조미료와 의약품으로 사용했다. 동양의 차가 유럽에 들어가기 전까지는 켓트니프가 차로 쓰였던

학명: Nepeta cataria
영명: Catnip
한국명: 개박하
성상: 다년초
이용부위: 꽃, 잎
함유성분: 정유, 타닌, 고미질, 비타민 A, B, C, 미네랄(칼슘, 칼륨, 철, 마그네슘, 망간, 인, 나트륨), 규소, 세렌

역사가 오랜 허브티다. 특히 이 식물의 향을 고양이가 좋아하므로 캣트(cat)라는 이름이 붙어 있는데, 고양이의 장난감을 만드는데 속으로 잎과 꽃을 넣고 천을 꿰매서 만든다. 인기 상품이다.

모든 스트레스에 잘 듣는 허브티다. 잎에 비타민 C가 많이 함유되어 있어서 발한작용을 하며, 감기 초기에 켓트니프티를 적극적으로 마시면 열도 내리고 소화 불량에도 도움이 된다. 신경을 안정시켜 스트레스나 불안을 없애고 편히 잠들게도 해준다. 또 켓트니프티는 머리의 비듬을 예방하는 린스로도 쓸 수 있다.

코리안더
(고수풀)

학명: Coriandrum sativum
영명: Coriander
한국명: 고수풀
중국명: 香菜
성상: 1~2년 초
이용부위: 열매(씨)
함유성분: 정유(리나놀, 보루네올, 코리안돌, 피넨), 텔핀, 지방산, 게라니올, 타닌, 당류

작 용 _ 소화촉진, 건위작용, 진정작용, 항균작용, 구풍작용, 이담작용, 정장작용 등

티 로 마 시 는 법 _ 코리안더의 잎과 미숙과에서는 빈대와 같은 냄새가 나지만 완숙한 열매에서는 레몬과 세이지를 합친 것 같은 달콤하고 강한 향기가 있다. 이 열매(씨)는 반구형의 씨 두 개가 맞붙어있어 동그랗다.

티로 만들 때는 이 열매를 가볍게 부수어 티스푼 수북이 1에 열탕 150cc를 부어 뚜껑을 덮고 10분간 우려내어 1일 3회 식후 30분에 마신다. 소화에 뛰어난 효과가 있는 티다.

과식 했을 때나 체한 것처럼 위가 묵직하고 불쾌할 때 코리안더 티를 마시면 소화가 잘 된다. 또 복부에 가스가 차서 괴로울 때도 코리안더 티를 마시면 가스를 배출시키는 작용을 한다. 또, 항균작용이 있어 구취나 체취예방에도 효과가 있다.

진정작용이 있어 편두통을 완화시키며 기침도 멎게 한다.

티를 이용해서 얼굴스팀을 하면 감기 초기증상에 효과가 있다.

해 설 __ 고대 이집트의 의서에도 올라 있을 만큼 재배역사가 오랜 허브다. 소화촉진뿐 아니라 방부 해독작용도 있다.

생 잎은 채소로 중국, 태국, 인도 등 동남아에서 즐겨 이용하며, 열매는 유럽에서 스파이스로 즐겨 이용한다. 과자의 부향제로도 쓴다.

콜츠후트

작 용 __ 진해작용, 거담작용, 이뇨작용, 소염작용, 살균작용, 강장작용, 창상치유

티 로 마 시 는 법 __ 콜츠후트의 꽃봉오리는 땅에서 순이 올라오려고 삐죽이 머리를 내밀 때 땅속까지 파내어 볕에서 건조시킨다. 꽃봉오리는 만성기침에 특효약이다. 생 잎은 살균작용이 있다.

건조시킨 잎과 꽃봉오리를 섞어서 큰 숟갈 수북이 1(약 2g)에 열탕 180cc를 부어 뚜껑을 덮고 10분간 우려내어 1일 3회 복용한다. 이것이 1회 분량이다. 특히 아침 기상 직후와 밤 취침 전에 복용한다. 싱글이나 브랜드 티도 좋다. 먹기 거북하면 꿀을 치면 좋다.

학명: Tussitlago farfara
영명: Colts foot
생약명: 款冬花
성상: 다년초
이용부위: 잎, 꽃봉오리
함유성분: 꽃봉오리에는 파라지온, 루틴, 히페린, 다라기산틴, 점액질, 알카로이드, 타닌, 푸라보노이드, 잎에는 몰식자산, 주석산, 능금산, 이누린, 사포닌, 고미질, 점액질.

주 의 __ 임산부나 수유부는 사용을 피한다. 또 장기간의 사용과 규정량을 초과하는 일도 피한다. 국화과의 알레르기가 있는 사람은 주의해야 한다. 알카로이드에 약간의 간독성이 있어서 미국에서는 내복용을 금하고 있지만, 티로 규정량만 이용하면 열탕을 부울 때 유독성분이 희석되어 부작용의 염려는 없다고 한다(파괴된다).

해 설 __ 꽃은 피면 민들레 꽃 같고, 꽃보다 늦게 나오는 잎은 머위 같다(크다). 콜츠후트는 옛날부터 호흡기 계통의 질환에 쓰였던 허브다.

뛰어난 진해, 거담작용이 있어 기침을 멎게 할 뿐 아니라, 기침을 동반한 감기나 기관지염, 천식 등을 완화하며 건위작용도 있어 과식했을 때 속이 붂이는 것을 막아주고 소화불량에도 효과가 있다. 꽃에는 면역세포를 활성화하는 작용도 있다.

쿠미스쿠칭
(고양이 수염)

학명: Orthosiphon grandiflorus ; (o, stamineus)
영명: Cat's whiskers ; java tea
한국명: 고양이 수염
말레이시아명: Kumis Kuching
성상: 1년 초~다년초
이용부위: 잎
함유성분: 정유, 카리염, 지용성푸라본

작 용 __ 이뇨작용, 진경작용, 신장염, 방광염, 과민방광, 수종, 요로의 세균성 감염증 등에 효과가 있다.

쿠미스쿠칭은 수분의 배설을 촉진할 뿐 아니라 고혈압의 원인이 되는 나트륨이나 염소, 통풍의 원인이 되는 요산 등, 질소화합물의 배설을 증가시키는 것으로 알려져 있다. 체내 나트륨의 배설을 촉진하는 칼륨이 풍부하게 함유되어 있어서 주목을 받고 있다.

티 로 마 시 는 법 __ 잎을 건조시켜 티로 이용한다. 유럽에서는 자바티(java tea)라는 이름으로 알려진 약용티다.

건조시킨 잎을 잘게 썰어서 티스푼 수북이 2에 열탕 180cc를 부어 뚜껑을 덮고 5~20분 간 우려낸 것을 1일 몇 차례 복용한다. 부작용이 없는 티다.

해 설 __ 작용에서 설명한 특징 때문에 수요가 증가하자, 인도네시아에서 재배되어 유럽에 수출되는데, 독일, 프랑스, 스위스 등에서 요로의 세균성 감염증과 염증성 질환에 티로 이용하고 있다.

인도네시아나 말레이시아에서는 옛날부터 '신장의 티'로 알려져 있어 자바티라 하며, 쿠미스쿠칭이라는 이름은 말레이시아어로 고양이 수염을 뜻하며, 꽃의 길게 튀어나온 암술 모양에서 붙은 이름이다. 우리나라에도 고양이 수염이라는 이름으로 유통되기 시작했다.

크랜베리 (유럽덩굴월귤)

작 용 __ 뇨의 산성화작용, 요로의 세균부착 억제작용, 강장작용(비뇨기, 방광, 신장), 이뇨작용, 뇨의 암모니아냄새 희석작용, 요로결석, 방광염, 요도염 등 비뇨기 계통의 감염증, 비타민 c 결핍증, 이질 예방 등에 쓰인다.

티 로 마 시 는 법 __ 크랜베리는 빨간 열매에 새콤 달콤한 과즙이 있어 쨈도 만들고 생식도 하며, 주스로도 만든다. 건조시켜 가루로도 만들지만 비뇨기계의 감염증에는 크랜베리티가 가장 좋다.

열매의 과즙을 짜(100% 무가당 천연쥬스) <u>1일 최저 500cc</u>를 <u>1일 2~3회</u> 나누어 복용한다. 또는 분말농축 엑기스는 <u>300~400cc</u>을 <u>1일 2~3회</u> 나누어 복용한다.

학명: Vaccinium oxycoccus
영명: European cranberry ; cranberry
한국명: 유럽덩굴월귤
성상: 덩굴상록관목
이용부위: 열매
함유성분: 구연산, 사과산, 기나산, 안식향산, 과당, 비타민 c, 철분, 칼슘, 살균력 있는 물질 함유하여 방부제 역할을 한다.

싱글로 마셔도 좋고 브랜드도 좋은데, 대장균의 방광내벽에 침입하는 것을 막으려면 항바이러스작용과 항균작용이 있는 에키나세아 티와 브랜드한다. 비뇨기계의 염증은 열이 나기 때문에 티를 식혀서 마시는 것이 좋다. 증상이 개선되면 에키나세아는 빼고 크랜베리티를 예방을 위해 매일 마시는 것이 좋다. 취침 전에 크랜베리 쥬스와 케모마일(대장균

억제, 안면)티를 브랜드하여 따뜻하게 해서 마시면 예방도 되고 편히 잠들게 된다. 크란베리티와 황기티를 브랜드하면 면역력도 높이고 비뇨기계를 조정하는 힘을 촉진하므로 기분이 상쾌한 티가 된다.

해 설 __ 수렴성이 있는 콩알만한 빨간 열매인 크란베리는 예로부터 비뇨기계의 감염증 예방과 치료에 쓰였다.

비뇨기계 감염은 세균이 장에서 요도를 따라 침입하여 감염증을 일으키는데 이것이 방광, 신장으로 확대되어간다. 대장균은 방광벽에 달라붙어 떨어지지 않고 감염증을 일으키는데, 크란베리티는 기나산이라는 특수성분이 장에서 흡수되어 간장의 대사작용을 통해 뇨로 배설되며, 이때 뇨의 산성화가 대장균이 점막에 달라붙지 못하게 막는 역할을 한다고 보고되어있다. 크란베리는 신장질환의 환자나 고령자의 뇨에서 나는 지린내를 경감시키는 목적으로도 쓰인다. 비뇨기의 감염은 면역력이 저하된 증좌이므로 특히 요도가 남성보다 짧은 여성의 감염이 많으므로 여성에게 필요한 허브다.

크로우브 (정향)

학명: Syzygium aromaticum
영명: Cloves
중국명: 丁香
성상: 상록교목
이용부위: 채 벌어지지 않은 꽃봉오리
함유성분: 정유(유게놀), 푸라보노이드, 페놀산, 타닌

작 용 __ 항산화작용, 소화촉진, 진통작용, 방부작용, 살균작용, 최음작용, 국소마취작용, 구취제거작용.

티 로 마 시 는 법 __ 크로우브 티는 자극적이면서도 과일 같은 향과 맛이 있다. 꽃이 벌어지기 전의 꽃봉오리를 채집하여 볕에서 건조시킨 것을 티로 이용한다. 꽃봉오리가 녹색에서 황색으로 변하여 홍색을 띠기 시작할 때가 수확 적기다. 건조시킨 꽃봉오리를 반(잘다)으로 꺾어서 <u>티스푼 1/2 (약 1~2g)</u>에 <u>열탕 180cc</u>를 부어 뚜껑을 덮은 뒤 5~10분간 우려낸 티를 1일 몇 차례 복용한다. 크로우브티는 소화촉진 효과가 있고 구취도 방지하므로 입안을 상쾌하게 하는 작용이 있어 식후의 티로 적격이지만, 싱글일 때는 향이 강하고 약 냄새가 강하기 때문에 마시기 힘들다. 따라서 홍차나 오렌지 필(과피)을 브랜드하면 맛이 좋아지며, 이 티는 치통이나 두통에 진통작용을 한다.

주 의 __ 향이 강하기 때문에 사용량에 주의한다.

해 설 __ 티는 구취제거 및 구강점막의 염증에 가글로 쓰며, 치과영역에서는 동통(치통)의 진통 및 살균작용, 국소마취 등에 쓰인다. 꽃봉오리는 크로우브 오일을 수증기 정유로 채취하여 약용한다.

크리벌스
(갈퀴덩굴)

학명: Galium aparine
영명: Cleavers, goosegrase
한국명: 갈퀴덩굴
성상: 덩굴성 1년 초
이용부위: 지상부 (잎, 줄기, 꽃)
함유성분: 구마린, 타닌, 구연산, 사포닌, 배당체, 적색 색소

작 용 __ 이뇨작용, 소염작용, 수렴작용, 강장작용, 항종양작용, 체질개선, 정화작용, 특히 이 뇨작용은 몸 속 노폐물의 배출을 촉진하고 임파계에 작용하여 몸의 독소나 노폐물을 비뇨기계를 통해 배출시키는 효과가 높은 유명한 약초이다.

티 로 마 시 는 법 __ 건조시킨 지상부를 잘게 썰어서 티스푼 수북이 1에 열탕 150cc를 부어 뚜껑을 덮고 5분간 우려서 1일 3회 식후에 복용한다.

임파계의 여러 증상(비뇨기감염, 방광염, 전립선 감염 등)에 자연요법으로서 1년에 1~2회 정도 정화와 독소를 배출시키기 위해 1주일간 크리벌스티를 매일 마시면 임파선의 부종을 경감시키고 흉부의 울체도 제거되며 해독기관인 간장을 자극하여 영양의 소화흡수를 돕는다. 최고의 치료법은 크리벌스티에 밀크시슬 티를 브랜드하면 임파계와 간장의 독소가 곧바

로 제거된다. 신장결석이나 비뇨기의 트러블에 유효한 티다.

해 설 _ 크리벌스티는 습진, 지루증, 건선, 상처재발성 감염증, 기타 피부질환을 임파의 정화로 개선하여 체내에서 해결해 주지만, 티를 환부에 바름으로써 홍역, 수두 같은 발진성 감염증을 치료하는 효과도 있다.

어른이나 어린이 모두에게 권할 수 있는 순한 진정제다.

타임 (백리향)

학명: Thymus vulgaris
영명: Thyme, common thyme
중국명: 麝香草
한국명: 백리향
성상: 관목
이용부위: 잎
함유성분: 정유(티몰, 칼바크롤), 푸라보노이드, 타닌, 사포닌, 망간, 크롬, 비타민 B 복합체, C, D.

작 용 _ 살균작용, 항균작용, 방부작용, 항진균작용, 진경작용, 수렴작용, 거담작용, 소화촉진, 강장작용, 구풍작용, 발한작용, 소독작용, 진해작용, 기관지확장작용 등이 있어 호흡기 계통의 질환, 즉 기관지염, 감기, 인프루엔자, 백일해, 천식, 인후염 등에 강력한 살균작용으로 효력을 발휘하며, 위장염이나 과식했을 때, 구취 등에도 효과가 있다. 알레르기성 비염에도 효과가 있다.

티로 마시는 법 _ 청량감 있는 강한 향기와 톡 쏘는 자극적인 쌉싸름한 풍미가 특징인 허브로서 향이 오래간다. 예로부터 약효가 인증된 티의 하나다. 싱글이나 브랜드티 모두 이용할 수 있고 건조시킨 드라이 허브 외에 신선한 프레쉬 허브티도 가능하다.

잎의 수확기는 여름~초가을에 걸쳐 개화기에 지상부를 베어서 건조시켰다가 이용한다. 이때 잎에 상처를 내면 색과 풍미가 떨어지므로 주의한다. 프레쉬 때는 잎과 줄기를 함께 쓸 수 있다.

티로 만들 때(건조 시킨 것) 티스푼 수북이 1(1.5~2g)에 열탕 180cc를 부어 뚜껑을 덮고

5~10분간 우려낸 것을 1일 3~4회 복용한다. 타임티는 마실 때마다 만들어야 한다. 감기 증상과 호흡기 계통의 강화를 위해서는 위의 티를 1일 1회, 1주일간 마신 후 경과를 보고 심할 때는 1일 3회 복용한다.

감기나 인프루엔자, 바이러스 등이 분포된 병중인 실내에서는 강력한 살균 소독작용이 있으므로 병실의 공기정화를 위해 끓는 폿트 물에 타임을 넣고 뚜껑을 덮지 말고 수증기를 공기 중에 퍼져 나가게 끓이면 공기를 정화하는 효과가 있다. 비뇨기의 염증이나 신장의 세정(洗淨)에도 특효가 있다. 또 진균감염증에 타임티를 직접 사용할 수 있다. 무좀에는 타임 건조 잎을 티스푼 2에 열탕을 부어 타임티를 만들어 발목이 잠길 만큼 양동이에 물을 붓고 티를 넣어 20~30분간 족욕한다. 증상이 개선될 때까지 매일 계속하면 살균작용에 의해 무좀을 고칠 수 있다. 손톱이 손상되었을 때도 타임 잎 티스푼 1의 드라이허브를 넣은 티(타임티 워터)를 만들어 손을 담구어 주면 손톱의 감염증을 막을 수 있다. 이 예방법은 월 1회 하면 유효하다. 10~15g에 열탕 180cc를 부어 뚜껑 덮고 10분간 우려낸다.

타임티는 식혀서 아구창 같은 구내감염에 가글로 쓰면 효과가 있고, 알레르기성 비염에는 1 티스푼으로 만든 티로 수증기 흡입하면 효과가 있다.

주 의 ― 임신 중이거나 수유부(授乳婦), 고혈압인 사람은 장기간에 걸친 대량 사용은 피한다.

해 설 ― 우리나라에도 타임의 일종인 백리향과 섬백리향이 있으며, 약효나 향미는 떨어지나 옛날에는 약용했다. 지금은 천연기념물로 지정하여 남획을 막고 있다.

 타임에는 많은 품종이 있어 요리의 부향제로서 육류나 생선, 조개류의 냄새를 없애고 소화를 돕는 효과가 있어 즐겨 쓰이며, 불면증에는 취침 전에 타임티를 마시면 악몽에 시달리지 않고 편히 잠들 수 있다. 살균, 방부작용이 있어 식품 보존제로도 긴히 쓰인다.

터메릭 (울금)

학명: Curcuma longa
영명: Turmeric
한국명: 울금(鬱金)
성상: 다년초
이용부위: 근경
함유성분: 쿠루쿠민(황색 색소), 철분, 정유, 전분, 알부민, 칼륨, 비타민 c, 텔펜

작 용 ＿ 간장강화작용, 이담작용, 소화촉진, 소염작용, 건위작용, 진통작용, 지혈작용, 빈혈예방, 담즙분비촉진.

티로 마시는 법 ＿ 생강과 닮은 식물이지만, 후추 같은 칼칼한 맛과 향이 있는 향신료다. 뿌리(근경)를 건조시켜 가루로 만든 것을 이용한다. 티로 만들 때 티스푼 1(약 1.3g)에 열탕 150cc를 부어 뚜껑을 덮고 10~15분간 우려낸 것을 1일 2회 복용한다. 터메릭은 얇게 썬 것이나 가루를 1일 1.5~3g 기준한다. 향이 강해서 싱글로 마시기 어려우면 감초나 향기로운 허브와 브랜드하여 먹기 좋게 만든다.

주 의 ＿ 통경작용, 자궁수축작용이 있으므로 임신 중에는 사용을 금하며 위궤양이나 위산과다가 있는 사람도 사용을 피한다.

금 기 ＿ 담도폐쇄, 담석증환자는 사용을 금한다.

해 설 ＿ 터메릭의 근경은 껍질을 벗기면 오렌지색이다. 이 색소성분은 간장을 강화하는 작용이 있을 뿐 아니라 소염작용도 있어, 피부병이나 궤양, 류마티스, 관절염에도 효과가 있다. 간장과 담낭의 기능을 촉진하여 혈중의 콜레스테롤치를 조정하고 알코올성 간염의 예방과 항암작용도 연구 중이라 한다. 항산화작용과 간장 내 독소를 감소시키고 지방대사에도 효과가 있다고 한다. 그러므로 애주가나 간장의 상태가 걱정되는 사람은 터메릭티를 평소에 마셔두는 것이 좋다. 소화를 촉진하고 장 안의 세균을 개선하는 작용이 있으므로 위나 담낭의 건강을 지켜준다. 철분은 여성들의 빈혈개선에 기여하며 냉증, 흥분 등에도 도움이 된다. 지혈작용도 있다. 태국에서는 독사 코브라에 물렸을 때

치료약으로 쓴다고 한다. 과학실험의 p.h시험에도 쓰이는데, 알칼리에서는 황색소가 핑크색으로 변한다. 터메릭은 식품으로 단무지의 염색, 카레의 주원료가 되며, 사프란의 대용으로도 쓰인다.

파세리

학명: petroselinum crispum
영명: parsley
성상: 2년 초
이용부위: 잎
함유성분: 정유(아피올, 아피오린, 미리스티신, 피넨), 푸라보노이드, 배당채, 아스콜빈산, 비타민 C, B, A, 철, 망간, 칼슘, 칼륨, 아연, 엽록소풍부, 구로로필, 담백질, 규소

작 용 _ 이뇨작용, 살균작용, 항균작용, 강장작용, 항알레르기, 통경작용, 건위작용, 구풍작용, 식욕증진, 임파선, 간장, 담낭 등의 세정력이 뛰어나 몸 속의 더러운 것을 제거하는 효과가 있다. 또 피부나 동맥의 모세혈관을 튼튼하게 하여 감염증을 막는 순한 항생작용도 한다. 또 파세리 티에는 병 중, 병후의 회복을 촉진하는 비타민 A, C의 항산화력과 담백질, 비타민 B 복합체, 세포를 위한 구로로필, 저항력을 강화하는 세렌, 조직수복(組織修復)을 위한 규소, 아연 등 병과 싸울 자양분이 풍부하여 회복을 빠르게 한다.
천연의 항히스타민제로도 유명한데, 천식, 알레르기, 화분증, 두통 등을 완화한다. 출산후의 자궁근육을 정상으로 회복시키는 작용도 한다.

티 로 마 시 는 법 _ 상큼한 풀향기가 있다. 싱글로도 좋고 브랜드티로도 마실 수 있다. 생 잎이나 건조시켜서 이용하기도 하지만 건조시키면 향이 소실된다. 티로 만들 때는 물에 씻은 생 잎 15g을 잘게 뜯어서 열탕 180cc를 부어 뚜껑을 덮고 3~5분간 우려낸 것을 1일 3회 복용한다. 건조시킨 잎일 때는 티스푼 수북이 2(5g)에 열탕 180cc를 부어 뚜껑을 덮고 5~10분간 우려내어 1일 3회 복용한다.
월경 곤란증이나 이뇨에는 건조시킨 뿌리 5g에 열탕 150cc를 부어 뚜껑을 덮고 10분간 우려낸 것을 <u>1일 3회</u> 복용한다. 뿌리는 가을에 수확하여 물에 씻어 잘게 잘라서 건조시켜 두고 이용한다.

주 의 ＿ 임산부나 어린이의 티 사용은 주의가 필요하다(치료목적일 때). 염증을 수반한 신장병에는 사용을 금한다. 스파이스로 사용하는 것은 임신 중에도 무방하다.

해 설 ＿ 고대 그리스나 로마시대부터 약용, 요리용으로 사용했다. 우리는 흔히 요리의 장식용으로 쓰지만, 영양이 풍부하고 약효도 뛰어나므로, 장식 채소로 버리지 말고 씹어먹으면 마늘냄새를 없애준다. 또 잎의 즙액은 모기를 퇴치하며, 벌레 물린 데, 상처 난 데, 삔 데 등에 붙이던가 바르면 살균효과가 있어 좋다.

장미 곁에 심어두면 장미의 생육 상태가 좋아지며 향기가 더 좋아진다.

파세리 티는 일상적으로 이용하면 건강에 활력을 주는 좋은 티다.

팻숀플라워
(시계초)

학명: passiflora incannata
영명: passion flower ;
별명: Maypop
한국명: 시계초
성상: 상록덩굴다년초
이용부위: 지상부 전초(全草)
함유성분: 푸라보노이드(아비게닌), 알카로이드(하루만), 청산배당체, 스테롤, 수지, 당, 비타민 A, C, 칼슘, 망간

작 용 ＿ 진정작용, 진경작용, 이뇨작용, 항경련, 사상균, 진균에 대한 살균작용, 항균작용이 있다. 신경계의 혈액순환을 촉진하여 교감신경중추의 상태를 정상화시키는 작용을 하는 것으로 알려진 정신 안정제. 정신적인 긴장이나 불안, 초조, 조급함 등을 풀어주어 진정시키고 불면증도 개선하여 자연수면으로 유도하며, 아침에 상쾌하게 잠을 깰 수 있게 한다.

부작용이 없고 낮에 졸지 않게 한다. 신경을 진정시키고 통증을 완화하는 작용이 있어, 신경통, 근육통, 스트레스에서 오는 편두통, 복통, 과민성 장증후군, 생리통 등을 완화하며, 고혈압도 내린다.

또 알코올중독증의 치료에도 쓰인다. 팻숀플라워 티를 마시면 긴장이 풀어지므로 행복감을 주는 작용도 있다.

티 로 마 시 는 법 _ 초화의 향기와 결점이 없는 맛이 있다. 줄기와 잎을 잘게 잘라 건조시켜두고 티로 만들 때는 티스푼 수북이 1(2~3g)에 열탕 150cc를 부어 뚜껑을 덮고 5~10분간 우려낸 것을 1일 3회 복용한다. 편히 잠들고 싶을 때(불면증)는 취침 30분 전에 위의 티를 마시면 효과가 있다.

싱글티도 좋고 레몬밤이나 바레리안과 브랜드로 마시면 더 효과적이다.

화상이나 피부염증에도 싱글티로 습포하면 통증이 진정된다.

해 설 _ 미국의 선주민 인디언이나 멕시코의 아스데카족들이 이용한 역사가 오랜 향 정신성허브로서 작용이 순하므로 어린이나 노인, 갱년기 여성 등에 안심하고 권할 수 있는 식물성 정신안정제로 알려져 있다.

팻숀플라워는 품종이 많아서 열매를 식용하는 열매 팻숀플라워도 있으며, 열매에도 순한 진정작용이 있다.

Passion은 수난을 뜻하는 영명으로 예수 그리스도의 수난을 닮았다는데서 비롯된 이름이다. 시계초라는 이름은 꽃이 시계의 문자판을 닮아서 얻은 이름이다.

페누그리크
(호로파)

학명: Trigonella foenum-graecum
영명: Fenugreek
중국명(생약명): 葫蘆巴(호로파)
성상: 1년 초
이용부위: 씨
함유성분: 담백질, 스테로이드사포닌, 알카로이드(도리코네린), 비타민 A, B, C, 미네랄(칼슘, 칼륨, 철, 마그네슘, 인, 아연, 나트륨, 세렌), 점액질, 푸라보노이드, 정유

작 용 __ 항염증작용, 진통작용, 최유작용, 자궁자극작용, 최음작용, 소화촉진작용, 대사조절작용, 정화작용, 병후 회복기의 자양강장제, 혈당치와 콜레스테롤치를 내린다. 소화불량과 식욕부진, 통풍, 관절염, 류마티스에도 쓰인다.

티 로 마 시 는 법 __ 씨를 갈아 부수어서 티스푼 1/2 (약 2g)에 냉수를 150~180cc 부어 3시간 동안 우려 낸 것을 1회 양으로 하여 1일 3회 식전에 복용한다. 페누그리크티는 달콤한 향기와 함께 쌉싸름한 맛이 있으며, 쓴 것이 싫을 때는 꿀을 치면 마시기 쉽다. 날 것일 때는 써서 먹기 쉽지 않으나 살짝 볶아서 부수면 쓴맛도 덜하고 메불 같은 맛과 약간 세루리 같은 향이 있다. 위장의 트러블에는 페누그리크 분말 1/2 티스푼에 열탕 150cc를 부어 5분간 우려낸 것을 1일 3회 식전에 복용하면 위가 따뜻해져서 편해진다.

주 의 __ 자궁자극작용이 있으므로 임신 중의 사용은 금한다.

해 설 __ 인도나 유럽, 북미 등에서는 예로부터 위장의 트러블에 쓰인 허브였다. 스파이스로도 즐겨 쓰였으며, 체내의 성홀몬과 흡사한 스테로이드사포닝을 함유하고 있어 흥분작용도 있고, 모유 분비를 촉진시키는 효과도 있다. 영양가가 풍부하며, 특히 칼슘의 공급원이기도 하다. 자궁의 기능을 높여주는 진통작용도 있어 생리통을 진정시키는 효과가 있다. 혈당치를 내리는 작용이 있으므로 비인슐린 의존형 당뇨병 환자에게 유익한 허브다.

외과용으로 이용할 때는 가루로 빻은 씨 50g에 1/4ℓ의 물을 풀어서 파프제나 습포제로 만들어 악성피부감염증(종기)에 바르든가 붙여두면 염증을 가라앉히는 소염작용도 하고 종기의 농 등 내용물을 빨아내는 역할도 한다.

페 피 민 트
(서양박하)

학명: Mentha piperita
영명: Peppermint
한국명: 서양박하
성상: 다년초
이용부위: 잎
함유성분: 정유(멘톨), 푸라보노이드, 타닌, 페놀산, 비타민 A, B, C, 미네랄, 카로티노이드.

작 용 __ 자극, 진경작용, 진통작용, 진정작용, 건위작용, 발한작용, 수렴작용, 강장작용, 구풍작용, 이담작용, 약한 마취작용, 살균작용, 항균작용, 제토작용(制吐作用) 등이 있어서 중추신경을 자극하여 졸음을 날려버리며, 집중력 결여, 정신적 긴장이나 스트레스, 히스테리 등 정신신경증과 관련된 뇌의 활동을 활성화시켜 진정시킨다. 또 과식, 과음, 식욕부진, 위통, 복부팽만감, 과민성 장증후군, 기름기 많은 음식을 먹은 뒤 등에 페퍼민트 티를 마시면 소화를 돕고 복통도 완화한다. 뱃멀미나 매스꺼움도 막아준다. 대장균이나 황색포도상구균에 대한 항균작용도 있고, 체취가 강해서 신경 쓰일 때는 페파민트 티를 마시면 좋고 여분의 티를 넣고 목욕하면 효과가 있다.

티 로 마 시 는 법 __ 페퍼민트는 청량감 있는 시원한 향뿐만 아니라 후추를 연상케 하는 톡 쏘는 맛과 향미가 있어 티로 마시고 나면 입안뿐 아니라 심신이 상쾌해진다. 잎의 정유 중 멘톨은 동양박하보다 적으나 향미는 월등하며 쓴맛이 없다. 기분도 리프렉스된다. 티용 서양박하는 정유성분이 가장 많이 함유된 꽃 피기 시작할 즈음이 좋고, 꽃이 피기 시작하면 줄기의 생장이 중지되면서 정유의 함량도 감소된다. 수확은 하루 중 정유의 함량이 가장 많은, 아침이슬이 마른 시점이 가장 적기다. 이때 줄기를 밑동에서 10cm쯤 남기고 베어서 바람이 통하는 그늘에서 바싹 말려 밀폐용기에 보관한다. 건조시킨 잎을 큰 숟갈 수북이 1~2(약 2~3g)에 열탕을 150~180cc 부어 뚜껑을 덮고 <u>5분간</u> 우려낸 것을 <u>1일 3회</u> 복용한다. 페퍼민트 티는 싱글 또는 브랜드 티로 많이 이용하며 아이스티(냉차)로도 좋다. 또, 가을부터 페퍼민트 티를 매일 마시면 겨울에 감기에 걸리지 않는다고 한다. 몹시 피곤할 때 취침 전에 <u>잘게 썬 생 잎 1숟갈</u>을 끓는 우유 200cc에 넣어 뚜껑을 덮고 <u>5분쯤</u> 두었다가 뜨거울 때 마시면 단잠을 잘 수 있고 피로도 말끔히 가신다.

금 기 — 담석증 환자는 사용을 금한다.

해 설 — 민트는 동양종과 서양종으로 나눌 수 있는데, 동양종은 박하뇌를 결정체로 분리시켜 약용, 식용, 화장품 등에 쓰며, 정유에 멘톨의 함량이 가장 많은 박하이다. 서양종 민트는 많은 종류가 있는데, 그 중에서 티로 이용하는 것은 페퍼민트와 스피아민트, 애플민트 3가지다. 페퍼민트는 서양박하라고 불리며, 역사가 가장 오래되고 수요도 많다. 정유 중의 멘톨이 동양종 박하보다 적으나 향미가 월등하며 쓴맛도 없다. 박하뇌를 결정체로 분리시킬 수 없는 것이 특징이다. 그 대신 페퍼민트 오일을 생산하는 식물로서 큰 비중을 차지하고 있다. 귀중한 약초이며 식품의 부향제와 화장품(치약)에도 쓴다.

애플민트

학명: Mentha suaveoleus
영명: Apple mint
이용부위: 잎, 줄기
함유성분: 멘톨, 푸라보노이드

작 용 — 페퍼민트보다 순하게 작용한다.

티 로 마 시 는 법 — 애플민트는 사과의 달콤함과 민트의 상쾌한 청량감이 조화된 맛있는 티가 된다. 애플민트를 프레쉬티로 마시면 제 맛을 즐길 수 있다.

생 잎을 10장 정도 따서 깨끗이 씻어 잘게 찢어서 폿트에 넣고 열탕을 150cc부어 뚜껑을 덮고 3분간 우려내면 된다. 이것을 1일 3회 복용한다.

애플민트 티를 2배 진한 농도로 만들어 함수제로 가글하면 입 냄새를 제거할 수 있다. 구취예방을 위해 식후에 마셔도 효과가 있다.

펜넬 (회향)

작 용 __ 방향성 건위제로 소화촉진작용, 구풍작용, 항균작용, 항경련작용, 이뇨작용, 항염증작용, 거담작용, 혈액순환촉진, 최유작용, 발한작용, 진해작용, 요로결석에도 효과가 있다. 소화효소의 분비를 촉진하여 소화불량이나 과식, 변비 등에 효과가 있고 부종에도 예방 효과가 있으며, 비만의 원인이 되는 피하지방 속의 노폐물을 배출시키고 장내 가스도 배출시키며, 해독작용과 이뇨작용으로 다이어트 효과도 뛰어나다. 유럽에서는 다이어트티로 친숙하다.

학명: Foeniculum vulgare
영명: Fennel
한국명(생약명): 茴香(회향)
성상: 다년초
이용부위: 씨
함유성분: 정유성분(트란스아네톨), 푸라보노이드(루틴), 지방산(리놀산), 피넨, 리모넨, 단백질, 비타민 A, C, E, 미네랄(칼슘, 마그네슘, 망간, 인, 유황, 나트륨, 규소, 철, 세렌, 아연)

티 로 마 시 는 법 __ 펜넬은 열매가 완전히 익기 전에 줄기 채 베어서 봉지를 씌워 거꾸로 매달아 후숙 시킨다. 건조된 씨를 티스푼 수북이 1(2.5g)을 사용직전에 부수던가 빻아서 여기에 열탕을 150~180cc 부어 뚜껑을 덮은 후 5~10분간 우려낸 것을 1회 분량으로 하여 1일 2~4회 따뜻할 때 식간에 복용한다. 기관지염이나 기침에는 부순 씨가루 5g에 열탕 180cc를 부어 뚜껑을 덮고 10분간 우려서 (1회분) 1일 3회 마시며, 복통, 선통(仙痛) 가스 찰 때는 위의 티를 매 식전에 1일 3회 마신다.

월경불순, 방광염, 최유 목적일 때는 위의 티를 매 식후 1일 3회 마신다.

펜넬티는 소화기 계통의 질환(소화불량, 가슴팽만, 위산과다, 위의 불쾌감, 변비 등)에 소화효소의 분비를 자극하여 증상을 진정시키고 경련을 막아주며, 영양흡수를 도와준다. 따라서 증상이 좋아질 때까지 식후에 1잔씩 펜넬티를 마시면 효과가 있다. 비만으로 인한 체중조절에는 펜넬티를 1잔씩 마시면 지방을 줄이는데 도움이 된다는 옛날부터 전해 내려온 비책이 있다(다이어트 용).

펜넬티는 달콤하면서도 아니스 같은 향기가 있다. 싱글로도 좋고 브랜드티도 효과가 있다.

티(씨)에 뿌리의 추출액을 섞으면 해독작용과 이뇨작용에 의해 다이어트가 된다.

음주로 인한 간장장해를 개선해 주기도 한다. 티로 가글하면 구취제거에도 효과가 있다.

주 의 ─ 임신 중에는 사용을 금하며, 부인과계통의 질환이 있는 사람은 많은 양의 사용을 피한다. 어린이의 사용도 피한다.

해 설 ─ 유럽에서는 옛날부터 쓰인 약초인데, 고대 그리스 사람들은 다이어트에 이용했고 요리의 스파이스로도 즐겨 썼다. 특히 생선과 잘 어울려 생선의 허브라고도 불렀다. 중국에서는 오향가루(五香紛)의 하나로 즐겨 쓰인다. 한방에서는 건위, 구풍, 거담제로 쓴다. 특히 펜넬은 신장과 비장의 강장제로 중히 여긴다.

소화촉진, 부종방지 외에 홀몬(애스트로겐) 작용이 있어 생리통을 완화하고, 모유를 잘나게 하는(최유)데도 유효하다.

펜넬씨는 시장기를 느낄 때 씹으면 공복감을 없애준다.

작 용 __ 방부작용, 수렴작용, 항바이러스작용, 항경련작용, 항염증작용, 고미강장작용, 해독작용, 발한작용, 이뇨작용, 항균작용, 항진균작용.

손상 입은 피부나 점막의 회복 및 보호작용, 에스트로겐 생성작용, 간장기능 개선, 감기나 인프루엔자의 예방, 구취예방.

티 로 마 시 는 법 __ 꽃의 잎을 따서 말린 후 티로 이용한다. 황금색의 아름다운 티로 들꽃 같은 향기와 결점이 없는 맛이다.

건조시킨 꽃잎 티스푼 수북이 1에 열탕 150cc를 부어 뚜껑을 덮고 3분간 우려서 따뜻할 때 마신다. 기분을 상쾌하게 만들어준다. 브랜드티로는 캐모마일이나 레몬바베나와 브랜드하면 더 맛있는 티가 된다. 싱글로 마실 때는 꿀을 쳐서 마시면 좋다.

폿트마리골드 티를 함수제 가글로 사용 할 수 있는데, 이때는 꽃잎을 1~2 티스푼 수북이에 열탕 180cc를 부어 뚜껑을 덮고 10분간 우려서 따뜻할 때 1일 몇 차례 가글하면 구내염이나 목의 염증을 완화한다. 이 티는 화장품으로 여드름이나 거친 살결에 좋고, 소염작용이 있어 습포제로도 효과가 있으며, 주부습진에도 효과가 있다.

주 의 __ 국화과의 알레르기가 있는 사람은 주의할 필요가 있다.

해 설 __ 집시들이 만능약으로 이용한 허브다. 항염증작용으로 위 점막의 염증을 억제하고 위염이나 위궤양등의 증상을 완화한다. 또 이뇨, 해독, 발한작용이 있어 혈액순환을 촉진하여 임파계통의 울체를 제거하며, 몸의 독소를 배출시키므로 열을 수분한 감

폿트마리골드
(카렌듀라, 금잔화)

학명: calendula officinalis
영명: pot marigold
관상용일 때 : Calendula
한국명: 금잔화(金盞花)
성상: 1년 초
이용부위: 꽃
함유성분: 정유, 카로티노이드, 푸라보노이드, 수지, 고미질, 다당류, 사포닌, 점액질, 스테롤

기나 인프루엔자의 예방을 겸해 미리 마셔두면 좋다. 또 에스트로겐 작용으로 부인과 계통의 생리불순을 완화하고 생리 사이클을 조정하는데도 유효하게 작용한다.

프락스 (아마)

학명: Linum usitatissimum
영명: Flax ; Linseed
한국명: 아마(亞麻)
성상: 1년 초
이용부위: 씨, 지상부
함유성분: 리노렌산, 리놀산, 오레인 등 지방산, 피토스테롤, 점액질, 린나마린, 식물섬유, 구마린, 미네랄, 단백질, 칼슘, 칼륨

작 용 _ 진통작용, 항염증작용, 완하작용, 씨에는 식물섬유가 풍부하여 장의 선동운동을 촉진하고 장내의 세균을 증식시켜 변비와 과민성 장 증후군을 개선한다. 간혹 장 세정이나 류마티스 치료제의 브랜드에 쓰이기도 한다. 아데롬성 동맥경화증을 예방한다. 프락스씨를 우리는 아마인이라고 하는데, 상온에서 압착하여 얻는 기름을 식용, 약용하며 가열 압착한 것은 공업용 아마인유로 쓴다. 상온 압착한 프락스오일에는 오메가 3 필수지방산인 리노렌산이 52~76%나 함유되어 있어서 중요한 공급원이 되고 있다. 담석의 통과를 돕는 작용이 있고 인후염, 장염에도 쓰며, 알루미늄과 같은 유독 중금속을 체내에서 녹여 배출시키는 작용도 한다. 최근에는 씨에 함유된 식물성 "리구난"이 항암작용을 하는 것으로 알려져 유방암, 대장암, 전립선암 등의 위험성을 경감시키며, 자기면역성 질환에도 유효하다고 보고되어 있다. 프락스 씨는 비뇨기계를 진정시켜 정화하므로 방광염을 완화한다.

티 로 마 시 는 법 _ 전통적으로는 프락스의 식물전체로 티를 만드는데 강력한 하제(설사약)로 이용하므로 장내 세정에 쓰인다.
말린 지상부를 티스푼 수북이 1에 열탕 180cc를 부어 뚜껑을 덮고 10분간 우려낸 것을 1일 3회 식후에 복용한다.

변비 등 완하작용을 목적으로 할 때는 씨를 부수어서 큰 숟갈로 1~2(10~20g)를 1일 2회 조석으로 식후에 물 1~2컵과 마신다.

점액질을 이용하여 점막을 보호할 목적일 때는 씨 큰 숟갈 1에 냉수 150cc를 부어 20~30분간 두었다가 우러난 물만 마신다.

프락스 씨 티는 충분한 물과 함께 섭취하지 않으면 물이 부족하여 배가 부어 팽팽해지는 경우가 있다.

주 의 _ 다른 점액제제처럼 의약품의 흡수를 저해할 가능성이 있으므로 주의하며, 장폐쇄에는 사용을 금한다. 또 장에 염증이 있을 때는 미리 물에 불려서 수분을 흡수시킨 후에 복용한다. 씨를 한꺼번에 100g 이상 복용하면 중독을 일으키므로 내복 시 10g을 넘지 말아야 한다.

해 설 _ 프락스는 5000년 전의 고대 그리스시대부터 완하제로 쓰였으며, 국소적 염증에 냉 또는 온찜질약으로 이용하기 위해 재배했다. 지금은 오일 뿐 아니라 건강식품으로 주목 받아 빵에 넣고 굽기도 하고 시리얼로 이용하기도 한다.

아마는 씨 외에 줄기껍질을 리넨이라 하며, 강도는 삼보다 떨어지지만 섬유의 확장력이 강하여 마찰에 대한 저항력이 솜의 3배나 된다. 부드럽고 광택이 있으며 보풀이 일지 않고 매끄러워 동양에서 실크가 생산되기 전까지는 최고급 직물재료였다.

피버퓨

학명: Tanacetum parthenium
영명: Feverfew
성상: 다년초
이용부위: 잎, 꽃, 줄기
함유성분: 정유(캄파, 보루네올), 타닌, 세스키텔펜락쿠돈(발데노라이트), 코스모신, 산다마린, 비타민 A, C, B 복합체, 미네랄(철, 칼륨, 마그네슘, 망간, 나트륨, 아연, 세렌, 고미수지(苦味樹脂))

작 용 __ 소염작용, 진통작용, 혈관확장작용, 항혈전(抗血栓), 자궁자극, 소화촉진작용, 통경작용, 천연의 항히스타민제다. 편두통, 류마티스, 관절염 등의 동통을 진정시키며 알레르기반응에 연결된 히스타민의 방출을 억제하여 천식이나 화분증 등 알레르기 증상을 완화시킨다. 어지럼증, 이명, 산후강장제로도 쓴다.

티 로 마 시 는 법 __ 생 잎은 언제라도 이용할 수 있다. 건조시킬 때는 여름의 개화 후기에 줄기채 잘라 그늘에서 건조시킨다. 마르면 꽃과 잎을 따로 보관한다. 알레르기, 화분증, 천식 등에는 건조시킨 잎을 <u>티스푼 수북이 1에 열탕 150cc</u>를 부어 <u>10분간</u> 우려낸 것을 1회 분량으로 하여 <u>1일 3회</u> 복용한다.

피버퓨티는 편두통을 빨리 고치고 싶을 때 따뜻한 티로 1일 2회 복용하며, 편두통이 나았다고 생각되어도 1주일 동안 1일 1회 복용하면 재발을 예방할 수 있다. 피버퓨티는 상쾌한 향기와 다소 쓴맛이 있어 소화를 촉진한다. 싱글이나 브랜드티로도 효과가 있다.

꽃은 같은 요령으로 티를 만들어 두통이나 관절염으로 부은 곳에 바르면 고통을 진정시켜주며 부기도 완화시켜준다. 벌레 쏘인 데도 티를 식혀서 환부에 습포하면 진통된다.

주 의 __ 아스피린과 같은 항응고약과 병용하는 것은 삼가야 하며, 이런 경우에는 의사와 상의한 후에 사용한다. 또 임신 중이거나 수유중의 부인, 2세 미만 어린이의 사용은 피한다. 국화과의 알레르기가 있는 사람의 사용도 주의가 필요하다.

해 설 __ 고대 그리스시대부터 편두통이나 생리통의 진통제로 쓰였는데 '기적의 아스피린'이라고 불리기도 한 유명한 허브다. 가슴에 고인 가래를 제거하여 시원하게 해주며, 기관지의 경련을 경감시켜 긴장을 완화한다. 또 쓴맛은 소화기 계통을 강화하는 작용이 있어 소화불량을 개선하며, 두통이나 편두통의 증상개선과 예방뿐 아니라 월경전 증후군에도 진정효과를 주는 자궁강장제 역할도 한다. 따라서 생리통, 생리가 늦어질 때에도 좋으며, 소염작용이 있어 관절염, 좌골신경통, 신경통 등을 진정시키는데도 이용된다.

최근에는 피버퓨티를 두통과 편두통의 치료 및 예방목적으로 차처럼 매일 마시는 사람이 늘고 있어 주목을 받고 있는데, 효과가 인증되고 있다.

작 용 _ 거담작용, 항염증작용, 해열작용, 진통작용, 이뇨작용, 완하작용, 모세혈관강화작용, 해독작용, 치유촉진효과도 있다. 기침이나 백일해, 기관지염의 염증을 완화하고 거담작용도 한다. 또 통풍, 만성 관절 류마티스의 진통 및 완화에 쓰인다. 신경을 안정시키고 빈뇨나 방뇨시의 통증 등 방광염이나 비뇨기계의 증상도 개선하며 통증도 완화한다. 어린이의 야뇨증에도 효과가 있다.

티 로 마 시 는 법 _ 꽃과 잎을 건조시켰다가 티로 쓴다.

티스푼 수북이 1(약 3g)에 열탕 150cc를 부어 뚜껑을 덮고 5분간 우려낸 것을 1일 3회 식전 30분에 복용한다.

하즈이스
(삼색오랑캐꽃)

학명: Viola tricolor
영명: Heartsease ; wild pancy
한국명: 삼색 오랑케꽃
성상: 다년초
이용부위: 지상부
함유성분: 살칠산염, 살칠산, 사포닌, 알카로이드, 푸라보노이드(고농도의 루틴), 타닌, 점액질

피부병 치료에도 뛰어난 효과가 있는데, 습진, 마른버짐, 여드름에 티를 바르든가 씻으면

효과가 있고 어린이의 태열(두부습진)도 티로 씻고 거즈를 적셔 습포하면 치료가 빠르다. 하즈이스 티는 맛이 약간 쌉싸름하면서도 달콤하다. 싱글도 좋고 기침이나 가래가 차서 가슴이 답답할 때 도라지(뿌리)와 브랜드 티로 마시면 효과가 있다.

해 설 __ 바이올렛은 흔히 봄 화초로 즐기는 팬지와 약용하는 스위트바이올렛, 꽃이 잘고 3색이 뚜렷한 야생팬지를 하즈이스라 하여 구별하는데, 약용 허브로서 티로 이용할 때 혼동을 피하기 위해 따로 다룬다. 하즈이스는 옛날부터 실연의 상처를 고친다고 했을 정도로 리락스 효과가 뛰어나며, 정화작용이 있어 혈관을 강화하고 혈행과 면역계를 활발하게 하여 동맥경화증의 치료나 고혈압을 내리기도 한다. 항암작용이 있다고 했을 정도로 귀히 여긴 허브다.

화이트윌로우
(서양 흰 버드나무)

학명: Salix alba
영명: Willow, European willow
한국명: 서양 흰 버드나무(柳)
성상: 낙엽소교목
이용부위: 수피, 잎
함유성분: 살칠산, 푸라보노이드, 타닌, 비타민 A, B 복합체, C, 칼슘, 인, 마그네슘, 칼륨, 세렌, 나트륨, 아연

작 용 __ 강장작용, 해열작용, 소염작용, 진통작용 등이 있어서 인프루엔자, 두통, 류마티스, 관절염, 요통, 신경통 등에 소염진통작용을 한다. 발한에 의한 해열제로는 진한 티로 마신다. 잎의 티는 가벼운 발열성질환, 산통(疝痛), 신경성 불면증에도 효과가 있다. 또 피부의 염증도 완화한다. 수피의 다린 물은 소화기계의 장기도 강화하므로 소화불량에 효과가 있고 만성설사와 이질의 치료에도 쓰여 왔다.
화이트윌로우는 살칠산에 비해 부작용이 적은 아스피린으로 개발되어 '천연 아스피린'이라고도 불리운다.

티 로 마 시 는 법 __ 잎은 생장기에 따서 생으로 또는 건조시킨 것을 이용하며, 수피는 여름 동안에 벗겨서 건조시킨 것을 분말로 만들어 쓰기도 한다. 가지의 껍질은 유백피(柳白皮)라 하여 한방에서도 쓴다. 수피를 잘게 썰든가 거친 가루로 빻아서 티스푼 수북이 1~2(1.5~3g)에 물 200cc를 부어 뚜껑을 덮고 5분간 가열하여 끓인 것을 1일 3회 복용한다. 잎을 건조시킨 것은 티스푼 수북이 1에 열탕을 150cc 부어 뚜껑을 덮고 3~5분간 우려낸 것을 1일 3회 복용한다.

금 기 ─ 살칠산염에 대한 과민증이 있는 사람(두드러기, 비염, 천식, 기관지 경련 등)은 사용을 금한다.

해 설 ─ 유럽에서는 AD 1세기경부터 화이트윌로우의 수피를 진통제로 이용했다는 기록이 있고, '디오스코리데스'는 등줄기의 고통을 진정시키려면 화이트윌로우 잎과 후추를 조금 짓찧어서 와인과 마시라고 권하고 있다. 살칠산은 아스피린의 주성분이다.

작 용 ─ 거담작용, 강장작용, 발한작용, 이뇨작용, 건위작용, 소염작용, 살균작용, 진경작용, 완하작용, 담즙분비 촉진작용, 수렴작용, 진해작용 등이 있다. 특히 거담작용이 뛰어나 가래가 꽉 차서 가슴이 답답할 때 가래를 배출 해소하며, 폐의 트러블, 천식에 의한 가래나 이로 인한 호흡곤란, 오래가는 기침, 가래를 수반한 감기, 백일해 등에 거담 및 진해작용을 할 뿐만 아니라, 살균 및 진정작용도 하므로 호흡기계 질환에 크게 기여한다. 기관지염, 인두염, 만성기관지염의 흉통에도 효과가 있다. 소량의 모르핀은 진정작용도 있어 불규칙한 심장박동을 정상화 시킨다는 과학

화이트 허하운드

학명: Marrubium vulgare
영명: Horehound ; white Horehound
성상: 다년초
이용부위: 잎, 꽃
함유성분: 고미질(마루핀), 소량의 알카로이드, 극미량의 정유, 세스키델펜, 타닌, 사포닌, 수지, 비타민 A, B 복합체, C, E, 철, 칼륨

적 근거도 있다. 따뜻한 티는 해열촉진작용이 있어 '키니네'가 듣지 않는 말라리아의 치료에도 유효하다. 소화를 촉진하며 간장의 고미강장제로서 담즙 분비를 촉진하여 복통을 완화하며, 완하제로도 효과가 있다. 잎의 티는 습진과 대상포진 등의 피부질환에도 유효하다.

화이트허하운드 꽃의 꿀은 기침을 완화하는 좋은 꿀이다.

화이트허하운드 티는 과용하면 체중이 감소되므로 주의할 것을 경고하지만, 이것을 이용하여 다이어트에 이용하는 경우도 있다.

티 로 마 시 는 법 — 꽃이 피면 베어서 그늘에 거꾸로 매달아 건조시켜 잎을 털어 건조하게 보관한다.

잎에 톡 쏘는 듯한 달콤한 향기가 있으면서도 맛은 쓰다. 잎을 비벼보면 타임 같은 향기가 난다.

건조시킨 잎이나 꽃송이를 티스푼 2(5g)에 열탕 150cc를 부어 뚜껑을 덮고 5~10분간 우려낸 것을 1일 3회 복용한다. 티가 써서 먹기 버거우면 꿀이나 흑설탕을 쳐서 먹으면 좋다. 백일해에는 생 감과 브랜드하면 좋다.

어린이의 기침에는 화이트허하운드 잎을 삶아서 설탕을 넣고 졸여 시럽이나 캔디로 만들어 먹이면 효과가 있다.

해 설 — 유럽에서는 민간약으로서 그 약효에 대한 신뢰가 뿌리 깊은 것이 3가지 있는데, 피버퓨, 캐모마일, 허하운드(화이트)이다. 화이트허하운드는 시럽처럼 만들어 가정상비약으로 두고 감기 기운이 있을 때, 목이 아플 때, 속이 불편할 때, 진해, 거담, 해열, 소화약으로 사용했다. 방충제로도 쓰이며, 실내에 두면 파리가 꼬이지 않고 가지나 잎의 티는 자벌레의 구제에 쓰이는 제충약이 된다. 스프레이에 넣어 직접 뿌리면 죽는다.

작 용 __ 강심작용, 혈압강하작용, 혈관확장작용, 수렴작용, 진정작용, 항경련작용, 이뇨작용, 강장작용이 있다.

뛰어난 강심작용으로 동맥을 확장시켜 전신의 혈액순환을 촉진한다. 또 산소섭취량을 개선하여 심박수를 고르게 하며, 혈압을 안정시킨다. 동맥경화증이나 신장질환에 의한 고혈압을 내리고 심장의 노화나 심장판막증 환자의 건강을 개선하며, 저혈압을 정상화 시킨다.

협심증, 부정맥, 동맥경련, 신경통, 편두통, 인후염, 갱년기장애, 불면증(수면장애)과 심장부의 압박감과 중압감, 숨이 차고 가슴이 두근거릴 때 등 진정작용이 있어 신경계의 스트레스를 경감시키

호손 (서양 산사나무)

학명: Crataegus monogyna
영명: Hawthorn ; mayblossom
한국명: 서양 산사나무
성상: 낙엽관목
이용부위: 열매, 잎, 꽃
함유성분: 사포닌, 타닌, 프로시아니틴, 토리메칠아민, 푸라보노이드, 비타민C, A, B 복합체, 나트륨, 구소, 철, 망간, 마그네슘, 칼륨, 인, 세렌

는 효과가 있으며, 체액의 정체를 막아 부종을 해소하는 이뇨작용도 있다. 하지(下肢)의 혈행불량이나 손발의 말초혈류를 촉진시키고 싶은 노년층에도 좋으며, 뇌의 혈류공급을 촉진하므로 기억력과 집중력을 높인다. 정장작용이 있어 설사를 멎게 하고 건위소화제, 해독제가 되며 습(濕)도 다스린다.

티 로 마 시 는 법 __ 호손티는 달콤하고 우아한 향기가 있으나 맛은 거의 없다. 건조시킨 열매는 가볍게 부수어서 집중력이 떨어질 때 타임과 브랜드하고 고혈압에는 린덴(꽃)과 야로를 브랜드하면 효과가 배가되며, 심장의 강심작용과 강장제가 된다.

티스푼 수북이 1에 열탕 150cc를 부어 뚜껑을 덮고 5~10분간 우려낸 것을 1일 3회 복용한다. 브랜드할 때는 같은 양을 혼합하여 1컵 분량만 티를 만든다.

건조시킨 꽃과 잎을 <u>티스푼 수북이 1(1.5g)</u>에 열탕 150cc를 부어 뚜껑을 덮어 <u>5분간</u> 우려낸 것을 <u>1일 2~3회</u> 복용한다. 호손티는 치료뿐 아니라 풍부한 영양원(源)이 되므로 수주간 계속 마시면 좋다.

주 의 __ 장기간에 걸친 치료목적의 사용이나 어린이의 사용은 피한다.

해 설 __ 고대 로마나 그리스에서는 희망과 기쁨의 상징으로 삼을 만큼 강심작용을 인증 받은 심장을 위한 허브였다. 호손티가 심장의 혈류량을 증가시키고 혈액순환을 촉진시킨다는 점에서 하루 종일 의자에 앉아 생활하는 현대의 직장인들에게 권하고 싶은 허브티다.

호스텔(쇠뜨기)

학명: Equisetum arvense
영명: Horsetall
한국명: 쇠뜨기
성상: 숙근식물
이용부위: 잎, 줄기
함유성분: 알카로이드, 사포닌, 타닌, 푸라보노이드, 시리카(규소), 칼슘, 칼륨, 마그네슘, 세렌, 나트륨, 아연, 비타민 A, B1, B2, B3, B5, C, E, 코발트

작 용 __ 수렴작용, 이뇨작용, 지혈작용, 강장작용, 창상치유작용 등이 있으며, 쇠뜨기에 함유된 규소는 체내의 상처나 상처부위의 조직을 회복시키고 위궤양의 출혈을 멎게 한다. 수술 후나 치질, 월경과다 등에도 호스텔 티는 효과가 있다. 비뇨기의 감염증이나 방광염, 요로결석, 배뇨통, 요실금, 소아의 야뇨증에도 효과가 있고 전립선 비대증도 막아준다.

미네랄의 보고(寶庫)로서 빈혈증과 육체 피로에 좋으며, 규소는 체내 칼슘의 흡수와 소비를 촉진하여 동맥내 지방성 침전물이 쌓이는 것을 막아준다. 칼슘 불균형의 증상으로 생기는 손톱의 흰 반점에도 유효하며 손톱을 튼튼하게 해준다. 버석거리는 머리카락을 윤기 있게 만들어 주기도 한다. 또 이뇨작용으로 체내에 쌓인 독소를 몸 밖으로 배출시키는 역할도 한다. 관절염, 류마티스, 통풍, 골절, 삔데에 티를 습포제로 쓰면 효과가 있고 난치성 외상에도 효과가있다.

티 로 마 시 는 법 ▁ 건조시킨 호스텔의 잎, 줄기를 잘게 부수어서 <u>티스푼 수북이 2개(2g)</u>에 열탕 180cc를 부어 뚜껑을 덮고 <u>5분간</u> 끓인 후 불에서 내려 <u>10~15분간</u> 우려낸 것을 1일 3회 식간에 복용한다. 또 <u>10~12시간 동안 찬물에서 우려내는 방법</u>도 있다. 티처럼 마신다.

외용약인 습포제로 쓸 때는 <u>호스텔 건조시킨 것 10g을 물 1ℓ</u>에 넣어 <u>10~15분간</u> 끓여서 그 액(티)에 거즈를 적셔 환부에 붙이면 염증도 가라앉고 지혈도 된다. 코피 날 때 쇠뜨기티를 떨구어도 지혈이 되고 적셔서 콧구멍을 막아도 지혈된다. 대량 출혈로 인해 구급차를 불러서 올 때까지 호스텔티를 마시게 하면 지혈에 도움이 된다.

잇몸에 출혈이 있을 때 쇠뜨기티로 함수제 가글하면 지혈이 되며 조직의 재생도 촉진한다. 머리의 자연산도회복과 혈행촉진 및 윤기 있는 건강한 머릿결을 위해서는 건조시킨 <u>쇠뜨기 줄기 5~18cm 약 8개</u>를 스푼으로 부수어 <u>열탕 1/2ℓ</u>을 붓고, 뚜껑을 덮어 미지근해질 때까지 두었다가 그 액을 머리에 고루 부어 맛사지한다. 타월로 남은 물기를 닦고 빗질한 후 10분 있다가갓 찐 뜨거운 타월로 머리를 덮어 스팀케어한 후 자연상태에서 말린다.

호스텔티는 싱글로도 쓰이고 브랜드로도 이용한다.

주 의 ▁ 장기간 사용은 피하며 어린이의 사용도 피한다. 심장이나 신장의 기능이 좋지 않은 사람은 사용을 금한다.

해 설 ▁ 예로부터 온화한 이뇨제로 쓰였으며, 흔한 식물이기 때문에 대수롭지 않게 여기기 쉬우나 지혈과 비뇨기 계통의 약효가 인정된 허브다. 봄에 나오는 모자경은 데쳐서 나물로 먹을 수 있고, 녹색인 영양경(줄기)을 약용한다.

호스텔은 유사 이전의 식물로 오랜 옛날에는 나무처럼 큰 식물이었다 한다. 지금 작아졌지만 유효한 약용식물로 남아있다.

호스텔의 줄기는 토양에서 금을 흡수한다. 또 줄기를 다발로 묶어 금속제의 남비같은 것을 닦으면 더러운 것을 깨끗이 제거할 수 있고 금속이 더 광택이 나므로 화학염마제로서 싫은 냄새도 없어 이용해볼 만하다.

호프

학명: Humulus lupulus
영명: Hops
성상: 덩굴다년초
이용부위: 건조시킨 암꽃 (포안쪽에 있는 과립(顆粒;홀몬선(腺)
함유성분: 정유, 고미질, 에스트로겐 물질, 아스파라긴, 파레로닌산, 후무론, 루프론, 푸라보노이드, 아미노산, 게라니올, 리나롤, 리모넨, 타닌, 비타민 A, B 복합체, B3, 칼슘, 마그네슘, 망간, 세렌, 규조, 나트륨, 철, 아연, 동, 불소, 염소 등 100가지 이상의 화합물이 함유됨.

작용 _ 진정작용, 항경련작용, 진통작용, 항균작용, 이뇨작용, 수렴작용, 방부작용, 해열작용, 소화촉진, 식욕증진, 홀몬(에스트로겐) 같은 작용 등이 있어 여성을 위한 티라고도 한다. 진정작용으로 여성의 긴장을 완화시키며, 월경 전 증후군에 의한 과도한 긴장을 완화할 뿐 아니라 불안, 히스테리, 불면증, 갱년기 장애의 여러 증상들을 완화하고 생리통을 경감시키는데도 효과가 있다. 또, 소화를 촉진하여 위궤양, 12지장궤양, 대장점막염 등 염증을 억제하는 항균작용이 있어 소화기 계통의 염증에도 효과가 있고, 이뇨작용이 있어 몸이 붓는 것도 막아준다. 강간작용(强肝作用)과 혈액정화작용이 있어 건강하고 투명한 살결을 만들어주는 허브로서도 높은 평가를 얻고 있다.
남성이 호프티를 마시면 성욕감퇴를 초래하므로 주의하는 것이 좋다(홀몬 작용 때문).

티로 마시는 법 _ 호프는 암수가 따로 있어 암포기의 꽃의 포(꽃송이)를 채취하여 바람이 잘 통하는 따뜻한 장소에서 건조시킨다. 포 안쪽에 있는 과립(顆粒)은 종이 주머니에 넣어 흔들면 떨어지므로 이것을 모아서 티로 만든다. 은행과 같은 독특한 향기와 쌉싸름한 맛이 있다.
티는 건조시킨 과립을 티스푼 1~2(2~5g)에 열탕 180cc를 부어 뚜껑을 덮고 5분간 우려낸 것을 1일 3회 복용한다. 또는 과립(호프선)을 0.5~1.5g을 따뜻한 물과 함께 마시면 진정작용이 빠르다. 밤 취침 전에 로즈나 레몬그라스와 브랜드해 마시면 편히 잠들 수 있다. 싱글로 마시기 힘들 때는 꿀을 치면 마시기 쉬워진다.

주 의 ― 어린이의 사용은 금한다. 남성도 사용을 피하는 것이 좋다.

해 설 ― 호프는 맥주양조에 쓰이는 식물로 널리 알려져 있으며 로마시대부터 사용되어 왔지만, 영국의 헨리 6세 치하에서는 호프가 건강을 해치는 나쁜 잡초라 하여 재배가 금지된 적도 있었다. 많은 비타민, 미네랄 및 유효성분이 함유되어 있어서 에스트로겐과 같은 홀몬의 진정작용은 물론 약용식물로도 큰 위치를 차지하고 있다.

암수포기가 따로 있어서 수정되면 향기가 약해지므로 암포기만 기른다. 암꽃송이(포과)를 건조시켜 목욕재로 쓰면 피로가 회복되며 진정효과도 있다.

드라이허브는 향이 날아가기 쉬우므로 2~3개월 안에 소비해야 한다. 꽃송이를 베개속에 넣고 자면 진정작용이 있어 불면증 개선에 효과가 있다. 단 화분에 민감한 사람은 발진의 부작용이 있으므로 주의한다.

황기
(아스트라가루스)

작 용 ― 강장작용, 면역부활작용, 항균작용, 강심작용, 혈압강하작용 등이 있다.
순환기계를 강화하여 혈액순환을 촉진하고 심장의 부담을 경감시킨다. 면역력을 강화하여 피로나 병후의 회복을 촉진하며, 백혈구를 재활성시켜 천연 항체인 인터페론의 생성을 활성화시킨다. 바이러스에 대한 저항력이 있어 감기, 인프루엔자에 걸리기 쉽거나 감염증 재발에 대한 면역력을 높인다. 노화를 막아주고 병에 대한 저항력도 길러주어 자연환경에 있는 병원균이나 미생물로부터 몸을 지켜준다.

학명: Astragalus membranaceous
영명: Astragalus : Hung qi
성상: 다년초 생약명: 黃耆
이용부위: 뿌리
함유성분: 아미노산, 다당류, 리놀산, 리노렌산, 베타인, 코린, 이소아미니틴, 전분, 점액질

황기는 다른 허브의 치료특성을 보호하는 촉매작용 같은 역할도 한다.

에너지를 강화하고 재생시키기 위해 흔히 황기와 당귀를 이용하여 홀몬의 밸런스를 조정하는데 즐겨 쓰는 브랜드다.

티 로 마 시 는 법 — 황기의 뿌리는 곧고 길며 깊이 자라는데, 대개 2~3년 째 가을에 캐내어 곧 씻어 껍질을 대칼이나 브러쉬로 벗기고 햇볕에 말려서 쓴다. 흰색의 좋은 허브티 재료가 된다.

티로 만들 때는 잘게 부수어서 <u>티스푼 수북이 1</u>에 <u>열탕 180cc</u>를 부어 <u>10~15분</u> 우려낸 것을 <u>1일 3회</u> 복용한다. <u>물 200cc</u>에 위의 재료를 넣고 <u>10분간</u> 달여서 티로 마셔도 좋다. 티의 빛깔이 황금색으로 아름다우며 맛은 달고 깔끔하다.

외국에서는 황기(아스트라가루스)의 가루를 티팩으로 만든 것이 시판되고 있으며, 오렌지 주스를 와인에 탄 것에 황기 티팩을 넣어 마시면 잉그리쉬 브랙파스트티가 된다. 이 풍미에 가슴이 뛴다고 할 정도로 사람들이 좋아한다.

해 설 — 황기는 한국, 일본, 중국, 몽골 등에 자생한 역사가 오랜 약초인데, 우리는 여름 더위를 이기기 위해 닭에 인삼과 황기, 찹쌀과 대추를 넣고 삶은 삼계탕을 먹는 것이 여름 특식의 상식처럼 되어 있다.

콩과 식물로서 가지에 한 줄로 종처럼 조롱조롱 매달린 꽃도 아름답다.

유럽에서는 강장제와 면역부활제로 인기 있는 동양 허브의 하나다.

히비스커스
(로젤)

학명: Hibiscus sabdariffa
영명: Hibiscus
별명: Roselle ; lemonade bush
성상: 1년 초
이용부위: 열매(악편)
함유성분: 구연산, 능금산, 히비스가스산, 인토시아닌색소, 점액질, 페쿠틴, 미네랄(철, 칼륨)

작 용 __ 이뇨작용, 강장작용, 건위작용, 대사촉진작용, 완하작용이 있다. 신맛이 있는 구연산과 히비스가스산 등의 식물산(酸)과 미네랄이 체내의 에너지 대사와 신진대사를 높여 육체피로, 안정피로 등을 회복시킨다. 이뇨작용이 뛰어나 부기를 해소하며, 술을 과음한 다음날 아침의 숙취를 개선하는 효과도 있고 식욕부진, 변비, 감기, 상기도(목)의 염증도 억제하며 여름 타는 데는 아이스티로 마시면 더위가 해소된다.

티 로 마 시 는 법 __ 다소 자극이 있는 신맛이 있다. 루비색의 빛깔이 매력 있는 티다.

열매로 다루는 것은 악편이 부풀어 오른 다육질의 총포편으로 3cm쯤 되는데, 붉고 광택이 있다. 이것이 익은 것을 따서 햇볕에 건조시킨 것을 티로 이용한다.

티로 이용할 때는 잘게 찢어서 티스푼 수북이 1(약 2.5g)에 열탕 180cc를 부어 뚜껑을 덮고 5~10분간 우려내면 아름다운 빛깔의 티가 된다. 신맛이 강하다고 느낄 때는 천연 비타민 c가 풍부한 로즈히프(rose hips, rosa canina; 독크로즈의 열매)를 브랜드하면 신맛이 부드러워져서 마시기 좋은 티가 되며, 영양공급에도 한 몫 한다.

젤리로 만들 수도 있다. 히비스가스 꽃잎 4~6장에 열탕 400cc를 부어 티를 만들어 볼에 넣고 젤라틴 큰 숟갈 1을 물에 용해시킨 것에 꿀 큰 숟갈 2을 넣어 잘 섞은 후에 레몬즙 티스푼 2를 넣어 뜨거운 열이 식으면 냉장고에서 식힌다. 고운 빛깔의 젤리가 된다. 어린이용 간식이나 피로회복제가 되며, 열이 날 때는 해열제가 된다.

해 설 __ 전 세계 여성의 인기를 얻고 있는 티다. 동경올림픽 때 마라톤의 우승자

였던 아베베 선수가 시합 중에 마셔서 피로를 회복했다는 것으로 유명세를 얻은 스포츠 드링크로도 유명한 티다.

화장품으로는 로션, 린스에 쓰이며 탈모방지, 육모촉진, 모발강화작용, 두피활성작용 등이 있어 재료로 이용된다.

히솝

학명: Hyssopus officinalis
영명: Hyssop
성상: 다년초
이용부위: 잎, 꽃, 줄기
함유성분: 정유(히소핀), 푸라보노이드, 타닌, 고미질, 배당체, 지오스민

작 용 _ 진경작용, 항균작용, 항바이러스작용, 거담작용, 구풍작용, 발한작용, 진정작용, 수렴작용, 이뇨작용, 진위작용, 강장작용, 방부작용 등이 있어 히솝티는 호흡기의 건강과 체내의 점막을 강화 하는데 뛰어난 효과가 있다. 기관지염을 진정시키고 가래를 제거하는 거담작용도 있어 열을 수반한 감기나 바이러스성 인프루엔자, 천식 등에 효과가 있다. 감기로 가래가 가슴에 차서 질식할 것 같을 때 히솝티를 마시면 단시간에 호흡이 쉬워지고 가래를 밖으로 토해내어 가슴이 아주 편해진다.

또 류마티스에 의한 근육과 관절의 통증과 굳어진 것을 완화하며, 염증을 제거하는데도 효과가 있다.

티 로 마 시 는 법 _ 상큼한 향기와 청량감 있는 싱그러운 맛이 있는 약간 쌉싸름한 티다.

여름 개화기에 지상부를 베어서 그늘에서 건조시킨다. 티로 이용할 때는 잘게 썰어서 티스푼 수북이 1~2에 열탕을 150~180cc 부어 뚜껑을 덮고 5~10분간 우려서 1일 3회 식후에 복용한다. 히솝티는 마시면 입안이 상쾌해진다. 감기 초기에 마시면 감기 증상을 가

녑게 할 뿐 아니라 가래를 해소하는데 특히 좋고, 식욕을 증진시켜 위를 튼튼하게 하며 소화불량이나 복부팽만에도 효과가 있다(구풍작용).

목이 아플 때는 건조시킨 지상부 15g과 물 100cc를 넣고 다린 후 식혀 함수제로 가글하면 살균작용이 있어 진정된다.

타박상이나 화상 같은 외상(外傷), 단순포진 등에는 침출액(티) 25cc과 꿀 5g을 섞어서 연고를 만들어 환부에 바르면 효과가 있다.

히솝티는 싱글로도 좋고 브랜드 티로도 좋다. 유럽에서는 유행성 감기에 걸리면 히솝과 허하운드를 섞어서 반드시 티로 먹는 습관이 있다(가정상비약).

주 의 _ 임산부나 고혈압 환자의 사용은 금한다.

해 설 _ 히솝은 유럽에서 약용, 식용, 향수 등 쓰임새가 많은데 특히 교회의 마룻바닥에 깔아서 공기정화에도 쓰는 식물이다.

꽃에 벌이 많이 꼬이는 뛰어난 유망 밀원식물이며, 캐비지(양배추) 근처에 심어두면 나비가 싫어하여 오지 않고, 포도나무 주위에 심으면 포도의 수확을 증수시켜 즐겨 이용된다.

03 part

심신의 상태별 브랜드 허브티 비법
(blend recipe)

심신의 상태가 약간 나빠진 것을 고치고 싶을 때나 또는 예방을 위해서라던가 건강을 유지하기 위해서 등 여러 가지 이유로 허브티를 이용할 수 있다. 예로부터 이용되어 온 것 (전수된 것)도 있고, 또 과학의 발달에 의해 새로이 제창된 것도 있다.

심신의 괴로움이 있을 때는 우선 그 원인부터 규명해서 허브티를 이용해야 한다. 원인을 해소하는데 기여할 수 있는 것을 선택해야 오용을 막고 허브의 유효성분을 충분히 흡수 작용케 할 수 있다. 가령 조급증을 해소하려면 그 원인이 정신적인 것인지, 육체적인 것인지에 따라서 쓰이는 허브티가 달라진다.

여기에 여러 가지 고민(괴로움)을 해소하는데 쓰일 수 있는 브랜드 허브티 만드는 비법 (브랜드 레시피: blend recipe) 을 소개한다.

몇 가지 중에서 자기에게 맞는 레시피를 선택하여 쓰는데 참고하길 바란다.

허브명 옆의 숫자는 브랜드 할 때 필요한 각각의 허브 비율이다. 이것을 한데 섞어서 1잔 분(티스푼 수북이 1)만 이용하며, 나머지 브랜드 허브는 잘게 부수지 말고 원형대로 유리병에 보관해야 산화를 방지할 수 있다.

허브를 브랜드 할 때는 1개월 이내에 사용할 수 있는 분량만큼만 브랜드하는 것이 안전하다.

1. 감기, 기침, 목 아플 때, 답답할 때.

피곤하든가 영양이 불충분하여 몸의 저항력이 약해졌을 때에는 여러 가지 병에 걸리기 쉽다. 겨울에 감기가 유행하는 것은 공기가 건조하여 목이나 코 점막의 저항력이 약해진 것이 원인이라고 할 수 있고 바이러스나 세균에 감염되기 쉬워서이다.

감기를 예방하기 위해서는 규칙적인 생활과 적당한 운동, 충분한 영양섭취에 신경을 써서 면역력을 유지시키는 것이 중요하다.

허브 속에는 면역기능을 높이는 효과나 감기의 여러 증상을 완화하는 효과가 있는 것도 있다. 감기 기운이 있거나 감기초기에 이런 허브를 브랜드한 티를 마시면 효과가 있다.

감기기운으로 몸이 나른할 때	초기 감기의 여러 증상을 완화하는 티
세이지 … 1 페퍼민트 … 1 크리빌스 … 1 리코리스 … 1 감기가 들려고 할 때 여러 증상을 완화시킬 뿐 아니라 기력을 회복시키는 작용을 하는 허브 브랜드다. 상쾌해진다.	엘더의 꽃…1 야로우…1 린덴의 꽃…1 항바이러스와 소염작용이 있는 허브의 브랜드다. 재채기, 콧물, 목 아픈 것 등 초기 감기의 여러 증상을 완화하는 작용을 한다.
감기 등의 바이러스에서 몸을 지키고 싶을 때	**목의 통증이나 마른 기침에**
에키나세아…1 저맨캐모마일…1 린덴의 꽃…1 레몬밤…1 항바이러스작용이 있는 허브의 브랜드다. 면역계를 강화하여 바이러스에 대한 저항력을 높여준다. 어린이에게도 쓸 수 있다.	엘더의 꽃…1 마쉬말로우…1 머레인…1 목의 염증을 억제하는 작용이 있는 허브의 브랜드다. 허브에 함유된 점액이 목의 점막을 다스려서 가래를 제거하고 기침을 멎게 하는 효과도 있다.
되풀이 되는 심한 기침에	**오래 지속되는 마른 기침에**
엘더의 꽃…1 저맨캐모마일…1 타임…1 리코리스…1 호흡기를 강화하며 항바이러스, 항균소독, 진경작용이 있는 허브티다. 가래를 제거하고 호흡을 편하게 해준다. 함수제(가글)로도 쓴다.	아니스의 씨…1 콜츠후트…1 레드크로버…1 컹컹거리는 마른 기침이 좀처럼 낫지 않을 때, 허브에 함유된 점액이 목의 점막을 다스려준다. 진경작용으로 계속되는 기침을 안정시켜준다.

콧물이나 코가 막혀서 신경 쓰일 때	목의 통증과 콧물이 신경 쓰일 때
세이지…1 펜넬…1 말로우(블루)…1 항균과 수렴작용이 있어 콧물을 억제하는 작용이 있는 허브티다. 코가 막혀서 힘들 때는 티에서 올라오는 수증기를 코로 들이 마시면 효과가 있다.	저맨캐모마일…1 세이지…1 타임…1 항균, 항바이러스, 수렴작용과 점막을 보호하여 목의 통증을 진정시키는 작용이 있는 허브 브랜드 티다. 초기 감기와 목의 증상이 악화된 기관지염, 코의 증상에 쓴다.
기침이 나고 열이 좀 있을 때	**감기에 의한 열이 신경 쓰일 때**
안제리가 뿌리…1 카라웨이…1 타임…1 거담작용을 하는 허브 브랜드다. 기침을 진정시키는 작용이 있다. 발한작용도 있으므로 오한과 열이 수반되는 경우에 효과가 있다.	엘더 꽃…1 저맨캐모마일…1 메도우스위트…1 메도우스위트에는 열을 경감시키는 성분이 함유되어 있다. 발한작용이 있는 2종류의 허브와 브랜드하면 감기에 의한 오한이나 열나는 것을 해소할 수 있는 허브 브랜드 티다.
땀을 흘리면서 열을 내리고 싶을 때	**체력이 떨어져 있을 때의 감기 예방에**
오래가노…1 켓트닛프…1 히솝…1 강력한 발한작용과 해열작용이 있는 허브 브랜드 티다. 목의 통증이나 기침에도 효과 있다. 우려낸 즉시 뜨거울 때 마시도록 한다.	에키나세아…1 진저…1 로즈힙…1 점막을 강화하는 작용과 면역력을 촉진하는 작용이 있는 브랜드 허브티다. 전신의 체력을 회복시켜서 감기에 대한 저항력을 기르고 싶을 때 권할 만한 잘 듣는 허브 브랜드 티다.

2. 간(肝) 기능을 개선하고자 할 때

간장에는 3대 기능이 있다. 영양소의 합성을 하는 대사기능(전분을 에너지로 바꿈)과 담즙을 만들어 담낭에 보내는 배설기능, 체내에 들어온 독물이나 약제 등을 분해하여 배출시키는 해독 기능이다. 간장의 기능이 떨어지면 나쁜 것이 몸 속에 쌓여서 부종을 일으키기도 하고 황달이 생기기도 하며 심각한 질병으로 발전하게 된다.

간장병은 통증이 적은 병이다. 피로감이 쌓이고 식욕이 없고 매스꺼운 증상이 나타난다. 이 병은 조용히 진행되어 '간경변(肝硬變)'이 된다. 이 병은 술을 많이 마시든가 지질(脂質)의 음식물 과다 섭취나 약제가 원인이 되기도 한다. 또 바이러스 감염에 의한 경우도 있다. 위험한 상태가 되기 전에 음주습관과 식생활을 개선하고 일상생활에서 오는 과로와 스트레스의 조기 해소를 위해, 간기능 촉진이나 담즙분해촉진, 간보호 작용이 있는 허브티를 마시면 해독 효과와 함께 간장병 예방이 된다는 것을 알게 된다.

간장약으로 쓰여왔던 허브 브랜드

㉠ 단데리온…1   밀크시슬…1
㉡ 셀풀룸…1   아티쵸크…1   단데리온…1

예로부터 간장병에서 오는 황달의 치료에 쓰여왔던 단데리온은 이뇨작용으로 유명하며, 밀크시슬도 해독 작용이 있어 간장약으로 오랫동안 쓰여왔다. 아티쵸크는 간장의 특효약으로 술을 마셨을 때 해독작용과 함께 지방 분해를 촉진하며 혈중 콜레스테롤치도 내린다. 간장 세포재생작용으로 간기능을 활성화시키는 허브티다.

간장치료에 쓰이는 성분을 함유한 허브를 이용한 브랜드

옐로우독크 뿌리…1   터메릭…1/3
리코리스…1

간장세포의 손상을 저지하는 성분인 그리칠리틴을 함유한 리코리스에 간장보호 작용이 있는 허브를 브랜드한다. 터메릭(울금)은 이담작용, 건위작용, 빈혈, 염증예방에 쓰이는 아시아에서 유명한 허브다.

베트남에서 흔히 쓰이는 간장을 위한 허브티

아티쵸크…1   페퍼민트…1
루이보스…1

베트남에서는 음주 후에 마시는 아티쵸크를 비롯하여 담즙분해촉진, 간보호, 항산화작용이 있는 허브를 브랜드하여 간장병 예방에 즐겨 쓴다.

3 갱년기 장애가 올 때

얼굴이 달아오르고 상기되며 우울해지고 가슴이 두근거릴 때, 슬픔에 젖기도 하고 기력이 쇠하거나 밤에 식은땀이 나고, 기억력이 감퇴 되며, 자신감을 잃기 쉬운 이런 불쾌한 증상이 나타나는 40대 후반~50대를 갱년기라 한다.

우선 의사와 상담해서 갱년기 장애의 증상인지 진단을 받는다.

갱년기 장애는 에스트로겐의 양이 감소하여 홀몬의 분비상태가 변한 자율신경실조증에 의한 경우와 심인성(心因性)인 경우 또는 이 두 가지가 복합적으로 관계된 경우도 있다. 따라서 갱년기를 의식하지 않고 무난히 넘길 수 있도록 홀몬의 밸런스를 조정해주는 작용이 있는 허브티를 마셔보면 증상이 완화되는 등의 뜻밖의 효과를 얻을 수 있다.

자율신경의 흐트러짐에 따른 증상에

바레리안…1, 라벤더…1

신경을 안정시키든가 진정시키는 작용이 있는 허브 브랜드티가 좋다. 얼굴이 달아오르고 상기되며 식은땀이 나는 등 자율신경이 흐트러져서 생기는 증상이 신경이 쓰일 때 마신다. 기분이 진정된다.

우울한 증상이 있을 때

㉠ **오-트보리…1   레드크로버…1**
　로-즈…1   로즈마리…1

갱년기 우울증에 유효하며, 홀몬과 같은 작용을 하여 에너지를 충전해주는 효과적인 허브 브랜드 티다

㉡ **저맨캐모마일…1, 센트존스워드…1**

센트존스워드는 갱년기 우울증에 매우 효과 있는 허브다.

가슴이 두근거리고 잠이 안 올 때

안젤리카 뿌리…1   팻숀플라워…1
호프…1   린덴 꽃…1

진정작용이 있어 두근거리는 것을 진정시키는 효과가 있는 린덴에 홀몬 같은 작용을 하는 허브를 브랜드 한다.

왠지 기분이 좋지 않을 때

저맨캐모마일…1   폿트마리골드…1
레몬밤…1

일상적으로 마실 수 있는 순한 작용을 하는 브랜드티다. 홀몬 같은 작용이 있는 폿트마리골드에 항울작용, 신경강장작용, 진정작용이 있는 허브를 브랜드한다.

홀몬 밸런스를 조정해주는 허브티

㉠ 바질…1   펜넬…1   세이지…1

스트레스에 대한 저항력과 홀몬의 밸런스를 조정하는 작용이 있어 갱년기를 넘기는데 효과적인 브랜드티다.

㉡ 로즈핑크는 여성의 아름다움과 건강을 유지시키는 티다. 간장과 위장의 피로를 고치고, 홀몬의 밸런스를 조정해 준다.

4. 고혈압에

고혈압을 예방하는 데는 생활 습관의 개선이 매우 중요하다. 유산소운동, 감량, 염분과 설탕 등 감미료를 제한하고(1일 7g이하) 콜레스테롤 식품도 피하며, 알코올 섭취를 제한하고 금연하는 것이 혈압을 내리는데 효과가 있다는 연구 결과가 있다.

허브티를 혈압강하에 쓸 때는 혈관을 확장하는 작용과 순환기계를 강장하는 작용, 혈관을 녹슬게 하는 활성산소를 제거하는 작용이 있는 허브를 선택한다. 흥분하거나 긴장을 하면 혈압이 올라가므로 긴장을 완화하고 진정시키는 작용이 있는 허브를 브랜드하는 것이 효과적이다. 혈압이 올라갈 징후가 보일 때 미리 마셔두면 좋은 예방이 된다.

순환기계를 강화하고 튼튼하게 하는 티	말초혈관을 확장하는 티
호손 열매…1 야로우…1 린덴 꽃…1 순환기계를 강장하여 혈압을 내리는 작용이 있는 호손열매, 말초혈관을 확장하는 야로우, 긴장을 완화하여 혈관을 확장하는 린덴을 브랜드 한 허브티로 마신다.	㉠ 린덴 꽃…1 레몬밤…1 말초혈관을 온화하게 확장하여 혈압을 내리는 작용을 하는 레몬밤과 긴장을 풀어서 정신을 안정시키는 작용이 있는 린덴을 브랜드해 천천히 티를 마시면서 기분을 가라앉히는 습관을 가지면 좋다. ㉡ 오렌지 꽃…1 페퍼민트…1 이 브랜드 허브티는 긴장을 풀어주고 리락스키며, 동맥을 이완시켜 혈액 순환이 잘 되게 한다.

긴장을 대비해 미리 마셔두는 티	활성산소를 제거하여 젊음을 되찾아주는 티
팻숀플라워…1 오렌지 부롯삼(꽃) …1 라벤더…1 긴장에 의한 혈압상승을 막는 작용이 있는 팻숀플라워에 말초혈관을 확장하는 작용이 있는 오렌지꽃과 진정작용이 있는 라벤더의 브랜드다.	저맨캐모마일…1 루이보스…1 체내조직을 산화시키고 혈관에 찌꺼기를 만드는 원인이 되는 활성산소를 제거하여 혈압상승을 막는 작용이 있는 루이보스와 마음을 진정시키는 작용이 있는 저맨캐모마일을 브랜드하여 허브티로 마시면 좋다.

5. 구취(口臭)가 심할 때

마늘이나 파, 술, 담배 등 냄새가 강한 것을 먹은 뒤에 나는 구취에는 아니스씨나 칼타몬, 카라웨이 씨(열매)를 그대로 씹으면 입안이 상쾌해지고 티로 만들어 함수제로 가글하면 구취를 막을 수 있으며 입안이 개운해진다.

치석이나 잇몸의 염증, 설염 등의 병이 원인일 때는 치료가 필요하다. 또 소화기계나 호흡기계의 트러블이 원인이 되어 구취가 생기는 경우도 있다. 이런 경우에는 보조역할로 입안을 청결하게 하는 허브티를 마실 수도 있고, 염증을 억제하고 살균, 수렴작용이 있는 허브 브랜드티를 마시든가 가글하면 효과가 있다.

잇몸의 염증이나 감염증의 예방에	호흡을 깨끗하게 해주는 브랜드 티
아니스 씨…1 에키나세아…1 저맨캐모마일…1 세균이나 바이러스, 병원균 등에 의한 감염을 막는 작용이 있는 에키나세아에 향기가 있고 염증도 억제하는 허브의 브랜드 티는 염증도 치료하고 구취도 없애주며 감염 예방도 된다.	㉠ 세이지…1 페퍼민트…1 구취대책에 흔히 쓰이며 치약에도 포함되는 허브 브랜드. 세이지는 구강 내의 살균작용과 목의 염증을 억제 한다. 수렴작용, 살균작용, 진통작용이 있어 입안이 상쾌해진다. 이가 아플 때도 이 브랜드 허브티로 가글하면 효과가 있다. ㉡ 라벤더…1 페퍼민트…1 오렌지부롯삼(꽃) …1 구강 안을 상쾌하게 리프렉스 시켜준다.

구취가 없는 데도 구취 노이로제가 있을 때, 불쾌한 기분을 개선 할 때에도

오래가노…1   레몬밤…1

입 속을 청결하게 할 뿐 아니라 기분을 밝게 하고 건강하게 하는 작용이 있는 티다. 항균, 항바이러스, 살균, 항울, 신경강장작용이 있다. 마시는 외에 가글로도 좋다.

6 기미가 생겼을 때

나이가 들면 피부의 신진대사가 약해져서 살결이 거무칙칙해지고, 묵은 각질이 남아 떨어지지 않으면 기미가 된다.

자외선의 영향과 피부노화에 따라 기미가 생기며, 젊은 사람이라도 불규칙한 생활을 계속하면 피부 노화가 진행된다. 이것을 예방하려면 보습과 미백에 신경써야 하겠지만, 피부와 관계가 깊은 소화기계에 작용시켜 몸 안에서 개선하는 방법이 있다는 것을 잊어서는 안된다. 혈액정화, 발한작용, 홀몬밸런스 등을 촉진하여 피부를 건강하게 만들어야 한다. 그러나 무엇보다 중요한 것은 비타민 c의 보급이다. 비타민 c에는 기미를 만드는 멜라닌색소의 생성을 억제하는 작용이 있다. 채소 등 자연물에서 섭취하는 것이 흡수도 좋고 효과도 높다. 허브 중에는 비타민 c가 풍부한 히비스가스(로젤)나 로즈힙이 유용하다. 또, 세포의 노화를 예방하는 항산화물질을 함유한 식품도 기미에 유효하다. 루이보스에는 항산화작용이 있다.

비타민 c를 충분히 섭취할 수 있는 티	노화방지에 효과 있는 항산화 티
고쓰코라…1 히비스가스(로젤)…1 로즈힙(열매)…1 히비스가스와 로즈힙에는 비타민이 넘칠 만큼 많이 함유되어 있다. 여기에 피부를 활성화시키는 작용이 있는 고쓰코라를 브랜드하면 소기의 목적을 이룰 수 있다.	엘더 꽃…1 루이보스…1 항산화물질인 푸라보노이드를 함유한 루이보스는 피부노화예방에 기여하는 허브로서 주목받고 있다. 여기에 항염증작용과 혈액순환을 촉진하는 엘더플라워를 브랜드한 허브티는 기미를 막아주고 살결을 매끄럽게 해주는 효과가 있다.

7. 긴장에는

적당한 긴장감은 사람의 심신에 필요하지만 긴장감이 지나치면 손발이 떨리고 땀이 나며, 머리 속이 하얗게 되는 것을 경험하게 된다. 많은 청중 앞에서 연설할 때나 시험이나 면접, 데이트, 파티 등의 경우에 긴장이 계속되면 심신의 에너지가 소모된다.

긴장해서 위통이 오거나 두통이 나고 잠을 이룰 수 없는 증상도 생긴다. 이런 증상이 생기기 전에 긴장을 풀어주면 좋다. 면접이나 시험처럼 긴장할 일이 있는 날 아침에 리락스 효과가 있는 허브티를 마시고 심호흡을 한 번 하면, 마음이 안정되고 자신감도 생기며 집중력도 높아지게 된다. 긴장상태에 있으면 몸이 굳어지고 마음까지 굳어지므로 어깨나 목을 돌리는 가벼운 운동을 하는 것도 좋다. 그리고 웃는 얼굴을 하면 긴장과 스트레스를 완화하는데 큰 도움이 된다.

긴장에 의해 마음이 지쳐 기력이 생기지 않을 때

오 - 트 보리…1   스칼캅…1
버베인…1

신경강장작용이 있는 허브브랜드다. 긴장한 신경을 풀어주어 소모된 에너지를 보충하여 활력을 준다. 영양을 공급하며 기력도 높여 준다.

긴장에 의해 지친 심신의 리락스 및 파워를 높이고 싶을 때

팻숀플라워…1   린덴 꽃…1
로즈마리…1

신경계의 긴장을 풀어서 리락스 시키는 효과가 높은 팻숀플라워와 걱정, 불안, 초조 등의 긴장을 진정시키고 마음을 평안하게 해주는 린덴 꽃과 강장효과가 있는 로즈마리의 브랜드는 피로를 씻어 원기 왕성하게 만들어 준다.

심신의 긴장을 풀어주는 여성을 위한 티

센트죤스워드…1   호프…1

생리 전, 생리할 때, 갱년기에 오는 긴장이 신경 쓰일 때에 긴장과 불안을 진정시키고 기분을 명랑하게 만드는 허브 브랜드다. 전신의 긴장된 근육을 풀어주므로 스트레스에 의한 피로에도 좋다.

긴장에 따른 위통이나 두통, 불면증에

라벤더…1   린덴 꽃…1
레몬밤…1

신경을 리락스시켜 기분을 고양시키는 효과 있는 허브 브랜드 티다. 긴장으로 인한 위통이나 불면증, 두통 등의 증상이 완화되는 효과가 있다.

리락스효과가 있는 대표적인 허브브랜드	향기가 긴장을 풀어준다
리코리스…1 바레리안…1 페퍼민트…1	라벤더…1 저맨캐모마일…1 레몬그리스…1
바레리안의 뛰어난 진정작용이 긴장성 두통이나 위통, 불면증을 해소하여 심신을 안정 시켜준다.	라벤더의 향기가 심신의 긴장을 풀어주고 바레리안을 베이스로 하고 민트의 상쾌함을 더하면 중추 신경의 밸런스를 잡아준다.

8 긴장성 두통이나 편두통

두통 중에서도 많은 사람이 경험하는 것이 긴장성 두통과 편두통이다.

긴장성 두통은 머리가 심하게 조이는 것처럼 아픈 것이 특징이다. 원인은 자세히 밝혀져 있지 않지만 심신의 스트레스와 관계가 있는 것으로 보고 있다. 가벼운 운동을 하거나 심신을 리락스 시키는 것이 두통 예방에 도움이 된다.

편두통은 한 쪽의 두측부(頭側部)에 일어나는 일이 많고 매스꺼움을 동반하는 경우도 있다. 원인은 아직 정확하게 밝혀지지 않았지만 신경전달물질인 '세로토닌'이 혈액세포에서 방출되는 것이 유발의 한 원인이 아닌가 하고 있다.

증상이 오래 지속될 경우에는 반드시 의사의 진단을 받아 봐야 한다.

두통의 원인으로는 감기, 눈의 피로, 우울증, 뇌의 이상 등도 있다.

리락스효과가 있는 순한 향기의 티	불안과 근육의 긴장을 풀어주는 티
오래가노…1, 팻숀플라워…1 라벤더…1/4	저맨캐모마일…1 라벤더…1/3 리코리스…1 레몬밤…1
긴장성 두통이나 근육의 경련을 완화하는 리락스 효과가 있는 티다. 스트레스나 어깨가 뻐근할 때 향기를 즐기면서 리락스 하면 좋다.	긴장성 두통과 불안을 완화하고 안정을 촉진하는 작용과 근육의 긴장을 진정시키는 작용을 하는 단맛이 있는 티다.

편두통을 예방하는 효과 높은 티

피버퓨…1   페퍼민트…1/2   레몬밤…1/2

세로토닌의 방출을 억제하는 작용과 통증의 원인이 되는 것도 억제하는 작용이 있는 티다. 편두통으로 고생하는 사람에게 권하고 싶은 허브 브랜드 티다.

9. 냉증에는

발이 차서 잠을 잘 수 없다든가 상반신은 상기되어 열이 나는데 하반신은 차다든가 허리가 차다는 등, 연령에 상관없이 여성을 괴롭히는 증상이다. 심해지면 두통, 어깨 쑤심, 신경통, 생리통 등을 촉발하는 원인이 될 수도 있다.

냉증은 자율신경의 활동이 잘 되지 않아 몸 전체의 혈액순환이 나빠져 체온을 조절 할 수 없는 증상이다. 말초의 동맥이 수축하여 혈류(血流)의 양이 감소하기 때문에 일어나는 현상이다. 또 스트레스나 긴장, 홀몬 분비가 정상에서 벗어난 것도 관계가 있다고 한다. 따라서 혈행(血行)을 촉진하는 것이 무엇보다 중요하다. 가벼운 운동을 습관화 하고 또 꽉 조이는 속옷이나 팬티를 입는 것도 혈행을 방해하는 원인이 되므로 주의한다.

허브티를 마셔서 몸을 따뜻하게 하는 것도 좋은 방법이 되며, 혈행촉진, 발한, 말초의 순환촉진, 혈관확장작용이 있는 허브를 선택하고, 스트레스 등 정신적인 것이 신경 쓰이면 정신안정작용이 있는 허브를 브랜드한 티를 마신다.

혈행을 촉진하여 냉증을 개선 하는 티

엘더 꽃…1   진저…1   야로우…1

진저는 말초의 순환을 촉진하고, 야로우에는 혈관확장작용이 있고 땀이 잘나게 하여 몸을 덥게 하는 엘더 꽃과 브랜드한 허브티가 좋다.

스트레스에 의한 혈행 불량(血行不良)에

팻숀플라워…1   린덴 꽃…1   레몬밤…1

스트레스가 계속되면 교감신경이 긴장하여 혈관이 수축하고 혈행이 나빠진다. 긴장을 푸는 효과가 있는 티를 택하는 것이 좋은데, 린덴은 발한을 촉진하여 몸을 덥게 하는 작용이 있다.

몸을 덥게 하는 티

㉠ 진저…1   로즈마리…1

혈행촉진작용이 뛰어난 두 가지 허브를 브랜드 한다. 몸을 덥게 하며 자극을 주어 활력을 되찾는 효과가 있다. 신선한 생강을 엷게 저며서 홍차에 우려내어 마셔도 좋다.

㉢ 야로우…1 시나몬…1 섬머세이보리…1

혈행불량을 개선하여 혈액순환을 잘되게 한다

㉡ 터메릭…1   로즈마리…1
　 저맨캐모마일…1

몸을 덥게 하고 간장을 강화한다.

㉣ 홍화(사플라워)의 티

혈행을 촉진하며 몸을 속에서부터 따뜻하게 데워 냉증, 생리불순에도 순하게 작용하는 여성을 위한 허브티다.

10 눈이 피로 할 때

눈의 피로를 호소하는 사람이 많아졌고 안구 건조증인 사람도 증가하고 있다.
안구건조증(드라이 아이)이란 눈물의 양이 적어 눈의 표면이 말라버리는 병을 말하며, 장시간 컴퓨터의 화면을 계속 보든가 잔글씨를 계속 읽어도 눈의 피로가 오며, 장시간의 운전으로 눈을 깜빡이는 횟수가 줄어 눈물의 양이 적어지는 경우도 있다. 콘택트렌즈가 부담이 되어 일어나는 경우도 있으므로, 안구건조가 염려되는 사람은 눈을 쉬게 하는 시간을 만들어 본다. 눈의 염증을 완화하거나 점막을 강화하는 작용이 있는 허브티가 도움이 된다. 난시, 노안, 눈에 맞지 않는 안경이 원인이 되어 눈이 피로해질 수도 있다.
신경이 쓰일 때는 의사와 상담한다.

눈이 피로하며 침침할 때

아이브라이드…1   빌베리…1

안정(眼精)피로에 효과가 높은 2 종류의 허브를 브랜드 티로 만들어 마시면 좋다. 아이브라이드는 항염증작용이 있어 빨갛게 염증을 일으킨 눈의 회복을 돕는다. 빌베리는 어둠에 강한 눈을 만든다고 알려져 있다.

눈이 꿈틀꿈틀하며 경련이 있을 때

스칼캅…1   바레리안…1/4
레몬밤…1

항경련작용이 있는 허브와, 시력이나 시신경(視神經)의 상태가 나빠진 것에 좋다는 허브를 브랜드한 티가 좋다. 긴장이나 불안 등 정신적인 면의 완화작용도 기대할 수 있다.

눈 뿐 아니라 전신의 피로에서 올 때

오트 보리…1/2   히비스가스(로젤) …1
마태…1/2

눈에 좋다는 안토시아닌을 함유한 히비스가스에 점막을 강화하는 비타민 A 등 영양분이 많이 함유되어 있어서 에너지를 높이는 허브 브랜드 티다.

혹사한 눈을 리락스시켜 쉬게 할 때의 티

메도우스위트…1   레몬그라스…1
말로우(블루)…1

염증을 억제하고 진정작용과 감염증의 살균작용도 한다. 아이브라이트 티를 식혀 탈지면에 적셔서 눈 위에 올려놓고 습포해도 효과가 있다.

11. 멀미에는

피로나 수면부족 등 몸의 상태가 좋지 않을 때 자동차나 배, 비행기 등에 타면 멀미를 하게 되며, 두통이 나고 토할 것 같이 매스껍기도 하여 기분이 나빠지면 즐거운 여행도 무의미해지기 쉽다. 또 해외여행에서는 시차 때문에 멍해져서 낭패를 당하기 쉬운데, 응급처방으로 손수건에 향수를 1~2방울 떨구어서 흡입하면 진정이 된다. 이때 향기로운 향긋한 과일향이나 라벤더 등이 기분을 상쾌하게 해서 토할 것 같은 매슥거림을 진정시켜 온화하게 해준다. 멀미가 걱정되는 사람은 자기가 좋아하는 정유(에센셜 오일)와 손수건을 미리 준비하고 여행길에 오르는 것이 좋다. 마음의 여유가 있는 사람은 허브티로 불쾌한 기분이나 토할 것 같은 매슥거림을 날려버릴 수 있다. 시차 때문에 멍하거나 잠을 이룰 수 없을 때도 허브티는 효과가 있다.

㉠ 진저…1   오래가노…1   바질…1

진저는 멀미에 뛰어난 효과가 있는데, 매슥거려서 토할 것 같은 기분을 다스리는 작용이 있어 차, 배, 비행기 등을 타서 일어나는 멀미를 억제, 완화해주며 바질이나 오래가노는 신경을 진정시켜 불쾌한 기분을 해소시켜주는 브랜드 허브 티다.

㉢ 하루 몇 차례 입덧으로 속이 매슥거리고 토할 것 같을 때 진저와 스피아민트를 교대로 마시면 입덧에 진정효과가 있고 태아에는 영향이 없다.

㉡ 진저…1   스피아민트…1
또는 페퍼민트…1 도 좋다.

아침에 일어나는 즉시 진저 허브티를 마시면 속이 울렁거리는 것이 말끔히 사라진다. 스피아민트는 특히 진정작용이 뛰어나 멀미를 완화하는 효과가 있으며, 이것들을 브랜드 허브티로 마시면 멀미걱정은 사라진다.

12. 면역을 강화하고 싶을 때

생활공간에는 여러 가지 병원체가 살고 있어서 체내로 침입하는데, 음식물에 섞여서 입으로 들어가기도 하고 타액이나 먼지에 섞여 코나 목으로 들어가기도 하며, 피부의 상처난 곳으로도 들어가는가 하면 곤충이나 동물을 매개체로 하여 체내에 들어가는 세균도 있다. 이 많은 경로를 통해 들어오는 전염병이나 병원균에 대해 자신을 지키는 저항력이나 항균작용을 하는 몸의 역할을 면역력이라 한다. 건강할 때는 충분히 발휘되던 면역력도, 수면부족이나 균형 잡히지 못한 식생활, 스트레스 등에 의해 약해지며, 병에 걸리기 쉬워지는 등의 어려운 일이 생긴다. 특히 인프루엔자나 감기의 감염, 화분증 등이 유행하는 시기에는 면역력을 향상시키는 것이 중요하다.

허브 중에는 항바이러스, 항알레르기, 면역부활, 임파계 강장작용이 있어 면역기능을 높이는 것들이 있다. 감기 기운이 있거나 체력에 자신이 없을 때에 이 브랜드 허브티를 적극적으로 마셔보면 큰 효과를 얻을 수 있다.

임파계를 강장(强壯)하는 허브 브랜드

에키나세아…1   크리빌스…1
폿트마리골드…1

미생물과 싸우는 임파조직을 강화하는 작용이 있는 크리빌스와 이뇨, 체질개선 작용이 있고 면역력을 높이는 에키나세아의 브랜드 허브티다.

식생활에서 편식으로 인해 신경이 쓰일 때

에키나세아…1   리코리스…1
로즈힙…1

영양분이 풍부하여 강장작용이 있는 로즈힙과 여기에 면역부활작용, 항바이러스작용, 항알레르기작용이 있는 리코리스나 면역력을 높이는 에키나세아의 브랜드는 면역강화에 좋은 최고의 허브티다.

항히스타민 작용을 하여 면역력을 높여주는 허브티다.

브랜드비율: 엘더 꽃…1   피버퓨…1

스트레스를 느끼고 있을 때

아쥬와칸다…1   은행(잎)…1
레몬밤…1

진정작용이 있는 아쥬와칸다에 알레르기나 천식에 좋다는 은행잎, 항히스타민, 항바이러스작용이 있는 레몬밤의 브랜드 허브티는 스트레스를 날려 버린다.

비타민 c는 면역에 유효한 작용을 한다.

로즈힙…1   엘더 꽃…1

영양덩어리 로즈힙과 항바이러스작용이 인프루엔자의 특효약이라고까지 일컬어지는 앨더를 브랜드한 허브티로 면역력을 높여 준다.

면역부활 기능을 높여주는 허브티

켓즈그로우는 널리 알려져 있지 않은 허브지만 알카로이드가 많이 함유되어 있어서 면역기능을 높여 백혈구의 작용을 돕는다고 보고되어 있으며, 면역부활제로 권할 수 있는 허브티다. 비타민이 많은 로즈힙을 브랜드하면 더 효과적이다.

13. 방광염에는

소변을 볼 때 통증을 느낀다든지, 소변을 자주 보든가, 소변이 혼탁하거나 잔뇨감(殘尿感)등 하복부에 불쾌감이 있는 증상들이 방광염이다. 원인은 주로 대장균에 의해서인데, 이 세균이 방광에 들어가 증식해서 염증을 일으킨다.

허브 중에는 방광염 개선에 쓰이는 것들이 있다. 항감염증, 비뇨기 경로강화, 살균작용, 이뇨작용이 있는 허브들이다.

소변의 양을 증가시켜 방광 속에 있는 세균을 씻어내기 위해서는 허브티를 많이 마시는 것이 좋다. 방광염을 재발시키지 않기 위해서도 수분 공급과 소변을 참아서는 안된다.

감염증을 막아주는 브랜드 허브티

에키나세아…1   옥수수 수염…1
야로우…1

비뇨기계의 자극완화제가 되는 옥수수 수염은 방광이나 요도의 염증을 완화해 주며, 살균작용이 있고, 감염증을 막아주는 작용이 있는 에키나세아와 야로우는 훌륭한 허브브랜드 티다.

요로를 소독하는 작용이 있는 허브티

안젤리카 뿌리…1   콜쓰후드…1

안제리카 뿌리는 요로소독제로 작용하여 감염을 진정시킨다. 콜쓰후드에는 온화한 이뇨작용이 있어 방광, 요도의 세정제가 된다. 이 브랜드 허브티는 장기간 사용해야 재발을 막을 수 있으므로 물 마시듯 장기 복용한다. 순해서 마시기 쉽다.

신장의 활동을 돕는 허브 티

아그리모니…1   버독크 뿌리…1

이뇨작용이 있어 신장의 활동을 도와서 노폐물을 배출시켜 몸 안에 쌓이지 않게 하는 브랜드 허브티다. 버독크에는 항균작용과 항생물질에 대한 작용도 있어 감염에 대하여 효과적으로 작용한다.

통증을 완화하고 살균작용도 하는 티

크리벌스…1   쥬니퍼 열매…1   로즈힙…1

방광염에 대하여 살균효과가 있는 쥬니퍼에 방광염의 통증을 완화하는 크리벌스, 치유력이 있는 로즈힙을 브랜드한다.

14 변비에는

복부의 압박감이나 팽만감 외에 대변 볼 생각은 있는데 나오지 않는 등의 불쾌감은 신경이 곤두서게 만들고 두통이나 어지럼증, 어깨가 뻐근해지는 등 여러 증상이 나타난다. 예전에는 주로 여성들에게 많았는데, 지금은 자가용을 이용하는 남성들의 운동부족으로 인한 변비도 적지 않다. 또 소화가 잘되는 섬유질이 적은 음식물만 섭취하는 것도 변비의 원인이 되며, 수분 섭취가 적어도 변비가 된다. 또 배변(排便)을 참는 것이 습관화되면 장의 운동이 저하되어 변비가 되며, 스트레스도 변비의 원인 중 하나다.

개선책으로는 우선 규칙적인 식생활을 하고 현미, 우엉, 버섯류 같은 식이섬유가 풍부한 식품을 습관처럼 매끼마다 섭취하고 가벼운 운동도 계속하며, 가까운 거리는 걷고 엘리베이터를 타는 대신 계단을 걸어 올라가는 것도 큰 운동이 된다. 배변은 참지 말며, 목욕으로 스트레스를 푼다.

변비로 괴로울 때는 섬유질이 풍부한 허브나 항경련, 구풍작용이 있는 허브티를 이용하면 배변이 쉬워진다.

경련을 수반한 통증을 완화한다.

코리안더…1   타임…1
버독크 루드(우엉뿌리)…1

변비로 배가 찌르는 것처럼 아플 때, 경련을 진정시켜 뱃속에 찬 가스를 배출하는 작용이 있다. 독소를 제거하는 순한 완하제(緩下劑)다.

만성 변비해소를 위해 계속 마시는 티

레몬밤…1/2   로-즈…1
로-즈힙…1

식이섬유가 풍부한 티로서 구풍작용(방귀)이 있어 쌓였던 가스 배출을 돕는다. 풍부한 향기는 초조한 마음을 진정시켜주는 효과가 있다.

가스가 차서 괴로울 때

아니스 씨…1   저맨캐모마일…1
펜넬…1

장내에 쌓인 가스를 제거하는 작용이 있는 허브브랜드 티다. 위장의 통증을 완화하는 작용도 있고, 리락스 효과도 있어서 긴장으로 인한 변비에 권할 수 있는 허브티다.

장내의 가스를 배출시켜주는 티

페퍼민트…1   펜넬…1   로즈레드…1

통증을 수반한 변비나 가슴앓이	스트레스에 관계된 변비에는
안젤리카 뿌리…1 칼타몬…1/2 켓트닛프…1	옐로우독크 뿌리…1 크리빌스…1, 단데리온…1 페퍼민트…1
소화기계의 나빠진 상태를 완화하는 허브 브랜드다(위염, 위산과다, 위궤양 등). 위장의 통증을 경감시키고 장안에 고인 가스를 제거한다. 명치 부분이 쓰리고 아프며 토하고 싶을 때도 효과가 있다.	페퍼민트는 심신을 리락스시켜 소화를 촉진하며, 단데리온은 소화불량과 변비를 해소하고 이뇨효과도 높다. 온화한 설사 같은 작용을 하는 허브 브랜드 티다.

15 부기(浮氣)가 생겼을 때

부종(浮腫)은 심장병이나 신장병으로 국부 어느 부위의 혈액순환에 탈이 나서 몸이 퉁퉁 부어 오르는 병을 말하며, 부기(浮氣)는 피부 밑의 세포 사이에 여분의 수분이 고여서 붓는 증세를 말한다.

홀몬의 영향, 혈행불량, 냉증, 신진대사의 저하, 비타민과 미네랄 부족, 염분(鹽分)의 과다섭취 등이 부기의 원인이다. 이 부기는 병은 아니지만 대사기능이 활발하지 못하면 여분의 수분이나 지방의 배출이 원활치 못해 발생한다. 가벼운 부기에는 운동을 하든가 비타민이나 미네랄을 규칙적으로 섭취하고 목욕을 하는 것이 좋다. 이뇨작용을 높여 노폐물을 몸 밖으로 배출하고 신진대사를 활발케 한다.

이뇨작용이 있는 음식물을 먹는 것도 부기 해소에 큰 도움이 된다. 이뇨작용이 있는 허브 티를 중심으로 혈행촉진작용과 면역계를 자극하는 작용이 있는 허브를 브랜드 티로 마시면 부기를 가라앉혀준다. 땀을 많이 흘리는 것도 부기를 제거하는데 도움이 된다.

이뇨의 효과가 있어 노폐물의 배출을 촉진하는 허브 브랜드 티	소화가 안 되어서 위가 무득하고 변비도 신경 쓰이는 사람에게 권할 수 있는 티
펜넬…1 메도우스위트…1 쥬니퍼 열매…1	냉이…1 단데리온…1 넛틀…1
메도우스위트는 이뇨 효과가 높고 몸을 정화한다. 신장이 약한 사람은 쥬니퍼를 빼고 브랜드 한다.	이뇨와 혈행촉진작용이 있는 허브브랜드 티다. 소화를 촉진하고 변비를 완화하는 작용도 있다. 해독효과도 기대된다. 단데리온의 이뇨효과는 뛰어나다.

임파액의 흐름을 촉진하는 허브 브랜드

에키나세아…1   크리빌스…1
폿트마리골드…1

임파계에 작용하여 기능을 높이는 효과가 있는 허브 브랜드 티다. 임파액이 엉켜 쌓이는 것을 회복시키는 작용도 한다. 이뇨작용도 있어 독소나 노폐물을 배출 시키는 티다.

지방대사를 위해

폿트마리골드…1   아티쵸크…1
단데리온…1

아티쵸크는 간장의 특효약인데, 지질대사를 촉진하여 지방분해를 하고 소화를 도우며 이뇨작용이 있어 당뇨병에도 쓴다. 마리골드는 이뇨 해독작용 외에 혈액순환을 촉진한다. 단데리온은 뛰어난 이뇨작용이 있어서 붓는 것을 가라앉혀주는 브랜드 허브티다.

다이어트도 생각하는 사람은

쥬니퍼 열매…1   펜넬…1   레몬그라스…1

다이어트를 목적으로 예전부터 쓰여온 펜넬에 이뇨작용이 있는 허브를 브랜디한 티다. 다이어트에 효과가 좋다.

16 불면증에는

잠을 잔다는 것은 사람의 심신에 있어서는 매우 중요한 일이다. 면역력을 높여 건강한 생활을 영위하려면 1일 6~7시간의 수면이 필요하다고 한다.

즐거운 일이 내일 예정되어 있다든가, 인정을 받아 책임 있는 일이 맡겨졌다든가 하면, 긴장해서 잠이 오지 않는 경우가 있다. 이것은 일과성(一過性)의 불면이지만, 스트레스가 원인이 되어 지쳐있는데도 잠이 오지 않는 불면증은, 깊이 잠들지 못하고 작은 소리에도 잠이 깬다. 이런 경우에는 몸을 따뜻하게 해준다. 미지근한 물에 몸을 담그고 있으면 진정된다. 각성작용이 있는 카페인을 과다섭취 했을 경우와 취침 전에 복부가 팽만 되는 식사를 하거나 불규칙한 생활도 불면증의 원인이 될 수 있다.

서양에서는 수세기전부터 평안한 잠을 위해 캐모마일 티를 마시는 것이 습관화 되어 있다. 취침 15분전에 따뜻한 우유를 마시든가 라벤더나 바레리안, 호프 등의 안면효과가 있는 허브티를 마시면 효과가 있다. 이 밖에 허브를 넣은 베개와 향낭 등도 수면에 도움이 된다.

안면(安眠)효과로 이름난 허브 브랜드

오렌지필(과피)…1   저맨캐모마일…1
바레리안…1/4

진정과 발한작용으로 몸을 따뜻하게 데워주어 잠으로 유도하는 저맨캐모마일과 오렌지필, 불면을 해소하는 바레리안의 브랜드 허브티는 최면과 리락스 효과를 높이는 안면(安眠)용 티다.

어린이에게도 권할 수 있는 온화한 안면티

팻숀플라워…1   레몬밤…1

긴장이나 불안을 누그러뜨리는 효과가 있어 마음을 안정시켜 편한 잠을 촉진한다. 조급해지기 쉽고, 스트레스가 쌓여서 잠 못 이룰 때는 낮 동안에도 마셔두면 좋다. 기분이 들떠서 잠 못 자는 아이에게도 권할 수 있는 브랜드 허브티다.

위가 아플 정도로 스트레스가 심할 때

저맨캐모마일…1   린덴 꽃…1
레몬밤 또는 페퍼민트…1

말초신경을 확장하고 몸을 따뜻하게 해서 편한 잠을 유도하는 허브인 저맨캐모마일과 린덴 꽃은 스트레스 진정작용이 뛰어나며, 레몬밤 역시 신경이나 위에 대한 진정작용이 뛰어난 허브이므로 이것들을 브랜드하여 허브티로 마시면 위의 트러블을 완화하는 동시에 잠을 자게 한다.

불면증 치료에 쓰여온 호프 브랜드 티

호프…1   레몬그라스…1   로즈…1

호프는 1000년에 걸쳐 불면, 신경불안의 치료에 쓰여왔던 허브다. 안면을 유도하는 허브 중에서 향기로운 로즈와 레몬그라스를 브랜드한 허브티는 마시기 쉬운 브랜드티다.

17 불안, 근심이 있을 때

불안이나 근심이 있을 때는 가슴이 두근거리기도 하고 잠도 안오며, 이 상태가 오래 지속되면 피부가 거칠어지고 위통이 생기기도 한다. 곤두선 신경을 안정시킬 필요가 있는데, 근심거리와 상관없는 일에 마음을 쏟는 것도 한 해소방법이며, 불안한 마음을 안정시킬 수 있는 작용이나, 리락스 시키는 작용이 있는 허브를 이용한 브랜드 허브티가 효과 있다. 향기로운 티면 더욱 좋은데, 향기(정유성분)를 들이마시므로 향기에 함유된 유효성분이 마음을 편케 해서 시름을 잊게 해준다.

불안과 근심으로 잠 못 이룰 때

오렌지필(과피)…1   저맨캐모마일…1
센트존스워드…1   팻손플라워…1

항울작용과 진정작용이 있는 허브 브랜드다. 안면효과도 있으므로 저녁 이후에 마신다.

자신감을 가지고 하루를 시작하고 싶을 때

버베인…1   페퍼민트…1/2   레몬밤…1

버베인이나 페퍼민트는 신경을 강장하여 기분을 상쾌하게 하는 작용이 있다. 레몬밤을 추가했으므로 상쾌감이 높아진다.

신경계의 강화에 뛰어난 허브브랜드

스칼캅…1   바레리안…1/4   히솝…1

긴장한 신경을 느슨하게 하기 위해, 중추신경의 강화에 매우 효과 있다고 하는 스칼캅을 중심으로 하여 신진대사를 활성화시켜 마음의 피로를 회복시키는 허브 브랜드 티다.

달콤한 향기를 즐길 수 있는 리락스티

오렌지부롯섬(꽃)…1   라벤더…1/3
린덴 꽃…1   레몬밤…1

오렌지 꽃에는 항불안작용이 있는 방향성분이 함유되어 있고, 린덴 꽃에도 정신적인 스트레스를 완화하는 뛰어난 진정효과가 있으며, 라벤더는 불안이나 우울한 기분을 리락스시켜 불안이나 긴장을 풀어 진정시켜주는 향기로우면서도 유효한 성분이 있다. 천천히 흡입하면서 즐길 수 있는 이중효과를 얻을 수 있는 브랜드 허브티다.

18. 비만대책

영양의 과잉섭취(당질, 즉 탄수화물과 지방질), 불규칙한 식사스타일(폭식)과 운동부족은 생활 습관에 큰 영향을 미치게 되어 비만을 불러오게 된다. 이 밖에 스트레스에 의한 정신적인 요인도 무시할 수 없다.

또한 체질이나 가족력에 비만요인이 있으면 비만이 되기 쉽다. 식단이 동일하므로 비만이 되기 쉬운 식생활이 문제가 된다.

욕구불만이나 갈등, 흥분, 불안 등 스트레스가 폭식을 불러와 비만이 될 수 있고, 약제성 비만도 있다. 스테로이드제, 경구피임약, 인슐린 과잉투여도 한 요인이 될 수 있으며, 변비와 부기도 비만의 원인이 되기 쉽다.

비만으로 예상되는 질병에는 혈당치(値)가 상승하여 발생하는 당뇨병과 콜레스테롤 수치가 상승하여 발생하는 동맥경화, 지방간, 혈압이 상승하여 발생하는 고혈압이 있다. 요산치(尿酸値)의 상승과 통풍 및 신장기능장애에도 이를 수 있다. 수면 중에 무호흡 증후군에 이르는 경우도 생긴다.

체지방이 주로 장관막(腸管膜) 등의 조직에 축적되는 배가 나오는 상체 비만은 남성에 많은데, 생활습관이 병의 원인이기 쉽다. 육식, 담배, 술, 카페인 등의 과잉섭취에서도 비롯된다. 반대로 하체비만은 피하지방형 비만인데, 하반신이 굵어지는 체형으로 여성에 많으며 합병증을 일으킬 염려는 없으나 폐경 후에 지방이 내장에 축적되기 쉽다. 또 홀몬의 밸런스가 무너지므로 부인과계 질병으로 연결된다.

이러한 증상들은 식사요법으로 체중을 감량하는 것이 좋은 방법인데, 운동에 의한 칼로리 소비만으로는 감량이 쉽지 않으므로 식사량은 평소의 8부쯤 하고 저지방 식품과 채소, 특히 녹황색 채소를 섭취하면 칼슘, 식이섬유 등이 많아 변비나 이뇨에 좋다. 될 수 있으면 저당질의 식품을 택한다. 니코틴, 카페인, 알코올 등의 섭취를 피하는 것이 당질의 섭취 욕구를 줄여 준다.

유산소운동을 중심으로 한 적당한 운동은 칼로리의 소비를 촉진한다.

그러나, 여의치 않을 때는 다이어트 효과가 있는 허브 브랜드 티를 이용하면 자연적으로 감미(甘味)욕구가 억제되고 이뇨작용으로 대사가 이루어져 감량이 된다.

부기를 해소하여 비만을 억제하는 티

린덴 꽃…1   메도우스위트…1
쥬니퍼베리(열매) …1

린덴의 꽃은 이뇨작용이 뛰어나 수분이나 노폐물을 배출시켜 부기를 해소하므로 비만이 억제되며, 메도우스위트는 위산과다를 억제하는 제산작용이 있어 살균 이뇨제로 부기도 뺀다. 쥬니퍼 베리도 노폐물을 배설하는 작용이 있어 부기를 예방하므로 부기로 오는 비만을 막을 수 있는 브랜드 허브티다.

지방대사로 비만을 억제 하는 티

스피아민트…1   터메릭…1
히즈…1   단데리온…1

스피아민트는 지방질의 분해와 소화작용이 있어 비만을 억제하며, 민트의 달콤하면서도 상쾌한 향은 리프렉스 효과도 있다. 히즈는 요산 제거작용이 있고 이뇨작용으로 비만억제의 효과가 있으며, 단데리온과 터메릭은 간기능을 강화하여 식사에서 섭취된 지방분의 대사를 돕고 소화불량에서 오는 변비도 개선한다. 이뇨작용이 있어 부기도 해소한다.

스트레스 해소로 비만을 억제 하는 티

로즈힙…1   와일드 스트로베리…1
알팔파…1

와일드 스트로베리는 체내정화작용이 있어 이뇨작용에 의해 부기가 해소되는 비만해소 허브티다. 스트레스로 소모된 비타민이나 미네랄을 보충해주는 로즈힙은 스트레스를 진정시켜주고 알팔파는 이뇨작용으로 부기를 해소하며 비타민이나 미네랄도 많아 도움이 되는 허브블렌드 티다.

당분 억제와 식사개선으로 비만을 억제하는 티

히비스가스(로젤)…1   물베리(잎)…1
펜넬…1

히비스가스는 비만세포를 제어하는 작용이 있고, 과음이나 숙취를 개선하며 이뇨작용이 뛰어나 부기를 해소한다. 물베리는 체내 여분의 당분흡수를 억제하며, 장내 환경개선으로 변비개선에 상승효과가 있고 비만과 당뇨병을 예방한다. 펜넬은 그리스 시대부터 다이어트에 이용된 허브다. 이뇨작용으로 부기를 방지하며 혈당치의 상승도 억제한다.

여분의 당분 흡수를 억제하려면 식사 직전에 마시든가 식사와 함께 1잔의 티를 마시면 억제효과가 있으나, 식후라면 당분흡수가 진행되었으므로 효과가 약해진다. 수분은 이뇨작용을 통해 배출되므로, 물을 많이 먹으면 붓는다는 생각보다는 소변으로 노폐물이 많이 배출되게 하고 신진대사를 활발하게 해야 여분의 수분이나 지방분이 배출이 된다는 사실에 유의해야 한다.

19 빈혈에는

얼굴이 창백해지고, 쉽게 피로하고, 손이 저리고, 머리가 무겁고, 어지럽고, 귀가 울리고, 숨이 차는 등의 증상이 빈혈이다.

혈액 속의 적혈구와 혈색소의 양이 감소된 상태가 빈혈이며, 이것은 체내에서 혈색소를 만들어 내는데 필요한 철분이 부족하기 때문에 생기는 것으로 철결핍성 빈혈이라 하며 여성에게서 많이 발생한다. 생리나 분만 때의 출혈과 임신 중이나 수유기에 아기에게 철분을 주게 되어 발생하는 빈혈과 무리한 다이어트 등에 의한 철분의 섭취 부족으로 인해 일어날 수도 있다.

철분 부족이 신경 쓰일 때는 간이나, 육류, 시금치, 사과, 딸기 같은 철분이 많은 식품을 섭취한다.

철분이 많이 함유되고 비타민 c와 미네랄이 풍부한 허브 브랜드티로 철분을 보충해 주면 빈혈에 도움이 된다.

철분과 비타민 c를 충분히 보급한다.

넷틀…1   로즈힙…1

넷틀은 철분을 함유한 허브로서, 여기에 철분 흡수를 좋게 하는 비타민 c가 풍부한 로즈힙을 브랜드하면 보다 적극적으로 철분 보충을 할 수 있는 브랜드 허브티다

철분을 비롯한 영양소가 풍부한 티

저맨캐모마일…1/2   마태…1

마태는 알젠틴의 국민차로 철분을 비롯하여 비타민류, 미네랄, 칼슘, 식이섬유 등 부족하기 쉬운 영양소를 고루 함유한 강장 영양제이며, 저맨캐모마일을 브랜드하면 먹기 쉬운 허브 브랜드티가 된다.

철분과 비타민 c가 풍부한 티

㉠ 터메릭…1   루이보스…1

남아공의 전설적 건강차인 루이보스는 칼슘과 비타민 c가 풍부하고 붉은(적갈색)빛이 인상적인 티로 강장작용과 빈혈에 효과적이며, 여기에 빈혈을 예방하는 허브로 알려진 터메릭을 브랜드하면 금상첨화로 빈혈개선에 기여할 브랜드 허브티가 된다.

㉡ 넷틀…1   차이브…1

비타민 c와 철분이 많아 적혈구를 만드는 데 필요한 철분을 효율적으로 흡수하게 하는 비타민 c가 풍부한 브랜드 티다. 넷틀은 프레시는 위험하므로 드라이한 것을 쓰며, 차이브는 프레시 때 식용으로도 쓴다.

20. 생리통, 월경주기에 이상이 있을 때

생리에 따른 복통, 두통, 요통 외에 우울, 불쾌감에서 오는 정서불안 등은 여성들의 고통 중 하나다. 생리통은 자궁 수축이 강하기 때문에 일어난다고 하며, 자궁의 긴장에 의한 혈행불량에서 오는 통증이다. 생리주기를 가볍게 맞이하려면, 산책을 규칙적으로 하는 생활을 즐기며, 지방질이나 카페인 등 자극적인 것을 피하고 단 것이 땡길 때는 꿀이나 조청 같은 자연산을 적당히 섭취하며 허브티로 증상을 누그러뜨리고 싶을 때는 진통, 진경작용, 수렴작용, 소염작용, 홀몬 같은 작용이 있는 것을 선택한다. 또 정신상태가 불안정할 때는 심리상태에 맞는 허브가 소용된다. 도움이 되는 티를 평소에 마셔도 좋고, 생리예정 1주일 전에 라벤더 맛사지를 하는 것도 효과가 있다.

월경주기가 정상적이지 않고 매번 주기가 큰 폭으로 변화하여 자신의 주기를 정확히 알

수 없는 경우나 수개월 동안 전혀 월경이 없는 경우 등은 분명한 월경주기 이상으로 악화의 원인은 정서불안이나 영양부족, 과도한 스트레스 등에 의한 경우가 많다. 이 두 가지의 경우에 도움이 되는 허브티는 다음과 같다.

생리통이 심하고 긴장감이 있을 때

㉠ 카라웨이…1   저맨캐모마일…1
   라벤더…1
㉡ 폿트마리골드…1   라스베리 잎…1

경련을 진정시켜 통증을 완화하는 작용이 있는 허브브랜드 티다.

긴장에 따른 통증이나 히스테리 증상에

스칼캅…1   바레리안…1   페파민트…1

긴장감이 심하면 생리통이 커진다. 경련을 진정시켜 통증을 완화하는 동시에 신경을 강장하는 작용도 있어 히스테리 증상을 완화하는 브랜드 허브티다.

생리불순과 월경과다에

폿트마리골드…1   라스베리리프…1
레이디스맨틀…1

여성의 생리주기를 조절하는 작용과 홀몬을 조절하여 생식기 계통의 혈액을 개선 촉진시킨다. 자궁강장작용도 있으며 라스베리리프는 뛰어난 수렴작용으로 생리통을 억제한다. 여성 고민을 경감시켜주는 좋은 허브 브랜드 티다.

통증완화와 홀몬작용이 있는 티

㉠ 피버퓨…1   블랙코호쉬…1

블랙코호쉬는 뛰어난 홀몬 같은 작용이 있고 진통 진경작용도 뛰어나 통증을 완화하며, 피버퓨는 자궁강장작용이 있어 생리통이나 생리불순에 효과가 있는 허브 브랜드 티다.

㉡ 엔제리카…1   세이지…1   펜넬…1

홀몬을 조정하여 생식기계의 혈액을 개선, 촉진시킨다. 자궁강장 작용도 있다

만성 생리통과 월경과다에

피버퓨…1   야로우…1   레이디스맨틀…1

자궁을 자극하여 강장하는 동시에 리락스 시켜준다. 수렴작용, 소염작용, 항경련작용도 있다. 생리통과 월경과다에 신경 쓰이는 사람은 일상의 티로 마셔도 좋다.

월경주기를 정상화시키고 리락스도

오렌지 꽃…1   센트존스워드…1
레몬밤…1

리락스 시키므로 월경주기를 정상화시킨다. 생리통으로 우울해지는 것을 개선해 주는 센트존스워드는 생리 불순에도 효과가 있는 허브 브랜드 티다.

라. 설사에는

설사는 장에서 흡수되지 못한 음식물이 배설되는 작용이다. 음식물은 소장에서 영양분이 흡수되고 수분은 대장에서 흡수되는데 감염, 식중독, 약제 등이 원인이 되어 흡수되지 못한 내용물의 배설이 설사이다. 스트레스가 원인인 것도 있어 때로는 구토 발열 등을 수반하는 경우도 있다.

설사가 계속되면 식사를 제한하고 수분을 많이 섭취한다. 기름기 많은 것, 단 것, 찬 것, 굳은 것은 피한다. 먹을 수 없을 때는 억지로 먹을 필요가 없다. 단 탈수증상이 되면 위험하므로 수분섭취가 필요하다. 백탕(白湯)이나 보리차, 스포츠음료, 요구르트, 사과쥬스 등 장에 유용세균을 증식시키는 것을 섭취한다. 어느 것이나 차지 않은 것을 조금씩 마신다. 좀처럼 설사가 멎지 않을 때는 의사와 상의한다. 과민성의 만성설사는 스트레스에서 오는 경우도 있으므로 현대병의 하나라고도 한다. 무리하게 설사를 멎게 하는 지사제를 쓰는 것은 삼가고 의사와 의논한다. 허브티로 설사를 멎게 하려면 수렴작용과 소염작용이 있는 것을 선택한다. 정신적인 것이 원인일 때는 리락스 효과가 있는 허브 브랜드 티를 마신다.

티의 쓴 맛이 위장에 원기를 준다

아그리모니…1   저맨캐모마일…1
펜넬…1   라스베리리프…1

아그리모니에 함유된 쓴 맛에는 위의 활동을 촉진하는 작용이 있다. 소염, 수렴 작용도 있어 약해진 위를 돕는다.

어린이의 신경성 설사에

아그리모니…1   켓트니프…1   카라웨이…1

수렴, 고미강장, 진정, 구풍, 진경 등 위장을 튼튼하게 하는 여러 가지 작용이 있는 허브브랜드 티다. 작용이 순해서 어린이들의 설사에 권할 수 있다.

장 속에 있는 세균에 쓸모 있는 티

㉠ 아니스 씨…1   냉이…1   타임…1

장 안을 살균하여 설사 증상을 완화하는 효과가 있는 브랜드 티다. 타임에는 장 안의 박테리아 수를 정상화시키는 작용이 있다. 봄나물로 먹는 냉이는 살균 작용이 있는 이뇨제다.

㉡ 세이보리…1   타임…1

항균작용으로 균을 억제하고 강장작용으로 체력을 증강시킨다.

걱정거리로 인한 신경성 설사에

㉠ 마쉬말로우…1   폿트마리골드…1
라벤더…1/4   레몬밤…1

스트레스에 의한 신경성 설사에 효과적인 허브와 리락스 효과가 있는 허브 브랜드 티다.

㉡ 저맨캐모마일…1   스피아민트…1

항경련작용으로 장을 안정시켜주며 스트레스나 불안도 해소시킨다.

22. 숙취(宿醉)에는

술을 마시면 간에서 알코올이 분해 된다. 단 과음했을 때는 분해 하는데 많은 시간이 걸리며, 다음 날 아침까지도 술이 깨지 않고 두통, 매스꺼움, 일어나기 싫은 증상이 남아 있는 것을 숙취라 한다.

숙취가 되면 알코올의 대사를 촉진시켜 조금이라도 빨리 몸 밖으로 내어 보내야 한다. 그러기 위해서는 수분 공급이 무엇보다 중요하다. 따라서 민첩하게 허브티를 마셔 간기능을 촉진하는 작용이 있는 것이나 기분을 상쾌하게 만드는 향기로운 허브를 선택하여 온차(hot tea)나 냉차 어느 것이라도 좋아하는 스타일로 마신다. 꿀물에는 알코올의 체내 대사를 가속화 시키는 성분이 있으므로 허브티만 마시는 것보다 효과적이다. 허브 브랜드 티를 마신 후에 페퍼민트로 반신욕을 하는 것도 술이 빨리 깨는데 도움이 된다.

상쾌함이 있는 향기와 맛으로 기분을 상쾌하게 만든다.

페퍼민트…1   레몬그라스…1
레몬버베나…1

간기능촉진과 소화를 촉진하는 작용이 있는 허브브랜드 티다. 감귤계와 민트계의 상쾌함이 있는 향과 맛이 매슥거림을 완화하는 허브 티다.

쓴 맛이 간장의 활동을 촉진시키는 티

단데리온…1   린덴 꽃…1
레몬버베나…1

간기능을 촉진하는 쓴(苦味)작용과 발한, 이뇨작용이 있는 허브티다. 체내의 독소를 정화하는 작용을 한다. 우려낸 즉시 뜨거운 티를 마신다.

위산과다에 의한 위의 통증에

메도우스위트…1   루이보스…1
레몬밤…1

알코올에 의해 위점막이 자극을 받으면 위산의 분비가 활발해져서 위가 염증을 일으키는 경우도 있다. 루이보스에는 항산화작용이 있어 숙취해소에도 좋고 노화방지도 하며 피로 회복효과도 있다.

프레시 허브 브랜드도 상쾌해서 좋다.

애플민트(프레시)…1
레몬그라스(프레시)…1

프레시는 드라이의 3배 양을. 싱그러운 색과 상쾌한 향기가 심신을 리프렉스(replax) 한다. 이 허브브랜드 티는 아이스티로도 좋으며 맛이 있다.

23. 스트레스 해소에

과도한 긴장이나 정신적인 불안, 과로 등이 계속되면 생체(生體)의 리듬이 무너진다. 이렇게 심신의 이지러진 상태가 스트레스다. 일 때문일 수도 있고, 인간관계 때문일 수도 있으며, 가족관계 때문일 수도 있는 등 복잡한 현대사회에서 스트레스를 피할 수는 없다. 이것이 스트레스다 라고 꼬집어 말할 수는 없지만 몸이 나른하고 기분이 가라앉아서 잠이 오지 않고, 심해지면 가슴이 두근거리고 현기증이 나며 손발이 저리고 위장에 이상이 생긴다. 스트레스를 완화하려면 규칙적인 생활습관과 함께 충분한 수면, 영양가 있는 식사로 비타민 B1, C, 칼슘, 소간, 깨, 현미, 채소, 과일, 칼슘이 많은 우유, 미역, 정어리 등으로 영양의 균형을 잡아주고, 운동을 병행하는 것이 좋다. 이것은 성인병의 대책도 될 수 있다. 신경을 진정시켜 긴장을 풀어주는 데에는 허브 브랜드 티가 효과 있다.

신경강장으로 건강을 회복하고 리락스 시키는 티

㉠ 스칼캅…1   버베인…1
㉡ 세인트죤스워드…1도 동일한 효과가 있다.
진정작용으로 신경을 강장시켜 건강을 회복하게 하고 긴장을 리락스 시킨다.

스트레스에서 오는 소화기계의 고르지 못한 상태에도 효과가 있다.	심신을 리프렉스(replax) 시키는 기분전환용 허브 브랜드 티다.
페퍼민트…1　레몬그라스…1 저맨캐모마일…1	레몬밤…1　레몬바베나…1　라벤더…1/2 향기로운 허브로 티 외에 좌욕하는 것도 리락스의 한 방법이다.

24. 아토피로 괴로울 때

어린이의 아토피, 피부염은 가려움증이 있는 습진이 주된 증상인데, 계절에 따라 좋아졌다 나빠졌다를 되풀이하는 것으로, 선천적인 경우가 많으며 유전적인 알레르기 체질을 가지고 있어서 막기 어렵다고들 한다. 이 밖에도 식생활이나 스트레스 등의 생리적 요인도 있고 의, 식, 주(衣食住) 등의 생활환경이 아토피를 일으킬 수도 있으므로 그 원인을 개선하여 원인물질이 체내에 들어오지 않도록 주의한다. 체질개선을 위해 식생활은 가공식품을 피하고 자연식품 위주로 하며, 자극적인 것과 지방질을 제한하고 비타민 c의 공급을 많게 한다. 가려움증이나 염증을 억제하기 위해 피부에 닿는 것은 모직이나 화학섬유를 피하고 면을 택하며, 스트레스를 받지 않도록 하는 것도 중요하다. 또 비누나 샴푸, 화장품 등도 허브를 이용한 자연산을 쓴다.

현재 아토피의 치료로는 부신피질홀몬(스테로이드홀몬)이 들어있는 연고를 쓰고, 항히스타민제를 먹이는데, 부작용이 염려되어 두려워하는 엄마들이 많다. 스테로이드제의 부작용으로는 피부가 얇아진다든가 모세혈관이 확장되어 얼굴이 빨갛게 되는 증상 등이 나타난다. 부작용이 무서워 갑자기 약을 중지하면 한꺼번에 증상이 악화되므로 의사와 상의해서 대처해야 한다. 단 스테로이드제의 장기사용은 피한다. 건강한 피부는 보호막이 되어 수분을 튕겨주지만, 병집이 있는 피부는 수분 침투가 쉬운 성질이 있으므로 허브티의 습포가 뜻밖의 효과를 나타낸다.

체질개선으로 아토피 증상 완화를

넷틀…1　로즈힙…1　저맨캐모마일…1

넷틀은 혈액을 정화하여 체질을 개선하며, 비타민, 철분, 칼슘, 마그네슘 등 영양소도 풍부하고 항알레르기작용이 있어 아토피증상 완화에 좋다. 저맨캐모마일은 소염, 진정작용이 있어 가려움증을 경감시킨다. 로즈힙은 가려움이 심하여 스트레스를 느낄 때나 염증에 소비된 비타민 c를 공급하여 체질개선에 큰 도움이 된다. 이 허브 브랜드 티는 무리없이 마실 수 있다. 특히 캐모마일 10g을 열탕 500cc에 10분간 우려낸 티에 물을 1.5ℓ 부어 식힌 물을 목욕물에 타서 씻으면 효과가 있다. 체질에 안 맞을 때는 린덴을 대용해도 같은 효과를 얻을 수 있다.

염증억제와 스테로이드제가 부담될 때

저맨캐모마일…1　타임…1　셀필룸…1

소염작용이 있는 저맨캐모마일은 염증을 억제해주고 스테로이드제의 부담에 의한 간기능이 떨어지는 것을 커버해준다. 셀필룸(크립핑타임)이나 타임(콤몬)은 살균력이 강한 허브들이다. 또 대사작용이 활발치 못한 사람에게는 루이보스도 기대 이상의 효과가 있다.

증상 악화의 원인이 되는 혈액의 더러워진 것을 개선하는 티

폿트마리골드…1　히숍…1　라벤더…1

항염증작용과 진통, 소염, 해독작용, 이뇨작용 등이 있고 혈액순환을 촉진하여 개선한다.

이밖에 붉은 자소잎은 진통, 진정작용이 있어 아토피성 피부염을 개선하는 티다.

25. 알레르기성 비염 (화분증(花粉症))

화분증은 꽃가루가 알레르기 증상을 일으키는 병을 말한다.
알레르기란 꽃가루(봄에 꽃이 일때 흩날리는 꽃가루)나 집먼지, 진드기 등 이물질(異物質)이 알레르겐(allergen)이 되어 몸에 들어오면 몸은 그것과 싸우기 위해 히스타민을 방출한다. 그 히스타민에 면역계가 과잉반응 하게 되어 알레르기 증상이 나타난다. 이것을 주로 알레르기성 비염이라고 하는데 눈이 가렵고 콧물이 나며, 코가 막히고 재채기와 함께 두통 등의 몇가지 증상이 겹쳐 나타난다. 화분증은 꽃피는 한 계절에 일어나지만 집먼지나 진드기는 주년성이므로 허브티로 체질을 개선하고 스트레스를 경감시켜주며, 무엇보다 알레르겐의 체내 침입을 막는 것이 중요하다. 그래서 체내 히스타민 방출을 억제하는 효과가 있는 알레르기 대책용 약을 화분증 예방에 쓰는 경우도 있다. 꽃가루가 이는 계절에 마스크의 바깥쪽에서 유칼리 정유(엣센셜 오일)를 몇 방울 떨구어서 쓰고 다니면 알레르겐의 침입을 막을 수 있는 예방책이 된다. 유칼리는 뛰어난 항바이러스작용과 화분증의 코막힘도 완화하는 작용이 있다.

이와 같은 항히스타민작용이나 항알레르기작용이 있는 허브를 브랜드티로 쓰면 눈, 코, 목 등 불쾌한 증상을 효과적으로 완화, 해소해준다. 증상이 심해져서 중증이 되기 전에 예방하는 것이 바람직하다.

알레르기 체질을 개선하고 싶을 때	콧물과 코 막힐 때
㉠ 저맨캐모마일…1　　넷틀…1 　　레드크로버…1　　리코리스…1 알레르기 체질을 개선하는 작용과 소염작용을 하는 허브 브랜드티. 혈액을 정화하고 항히스타민 작용으로 알레르기를 억제한다. 넷틀은 콧물, 재채기, 눈 가려움증, 두통 등 전반적인 알레르기 증상을 완화한다. 장기간 복용시는 리코리스를 빼는 것이 좋고, 고혈압인 사람은 복용을 삼간다. ㉡ 히솝…1　　페파민트…1　　넷틀…1 혈액을 정화하여 체질개선을 촉진한다.	㉠ 시나몬(카시아)…1, 타임…1 코감기에 쓰이는 시나몬에는 점액의 배출을 촉진하는 작용이 있고, 타임에는 항균작용이 있어 갓 우려낸 뜨거운 허브 브랜드티에서 피어나는 수증기를 코로 천천히 흡입하면 코가 뚫린다. ㉡ 로즈힙…1　　저맨캐모마일…1 　　에키나세아…1 재채기, 콧물 등의 증상을 억제하는데 효과 있는 브랜드 티다.

눈이 가렵거나 눈물이 날 때

아이브라이트…1   엘더 꽃…1/2
로즈힙…1/2

눈의 여러 증상에 효과 있는 아이브라이트는 항히스타민 작용이 있고, 호흡기의 점막에 작용하여 코의 분비물을 줄여주어 알레르겐의 침입을 억제하며, 진정작용도 있다. 엘더꽃은 알레르기를 완화한다. 로즈힙은 비타민, 미네랄 등이 피로를 물리쳐 활력을 주는 강장효과가 있다.

불쾌한 증상 때문에 조급증이 날 때

에키나세아…1   루이보스…1   로즈…1

코나 목, 눈의 가려움증 등으로 인해 안달이 날 정도로 괴로울 때, 향기롭고 고운 붉은 빛의 로즈힙 브랜드티는 항알레르기 작용과 함께 피로를 제거해주어 조급증이 진정되는 효과가 있다.

예방을 위해 계속해서 마실 수 있는 티

넷틀…1   페퍼민트…1
폿트마리골드…1

항히스타민, 항알레르기 작용이 있는 허브 브랜드티. 꽃가루가 날리는 화분시즌 1~3개월 전부터 넷틀티를 매 식후에 마시면, 넷틀에는 히스타민을 억제하는 작용이 있어 알레르기 증상을 개선하는 작용을 한다. 비타민이 많은 로즈힙이나 엘더꽃도 화분증 억제, 완화 효과가 있고 마늘도 화분증에 잘 듣는 허브(식품)이므로 평소에 많이 이용하는 것이 예방에 도움이 된다.

26 여드름에는

여드름이나 부스럼은 홀몬의 밸런스가 뒤섞이든가, 소화기의 상태가 고르지 못하든가, 피부의 손질법이 틀렸을 때 등이 원인이 되어 생긴다고 하나, 아직 확실한 원인은 알려져 있지 않다. 수면부족이나 식생활, 스트레스 등이 크게 관계된다고 생각되며, 과잉 분비된 피지(皮脂)에 세균이 번식해서 생긴다. 우선 얼굴을 깨끗이 씻어 피부를 청결하게 유지하고 유지분(油脂分)이 많은 식사와 향신료를 삼가하고 항균, 소염작용이 높은 라벤더나 로만캐모마일 등의 훼이셜 스팀 등도 좋고 안면(安眠)작용이 있는 저맨캐모마일이나 부족하기 쉬운 비타민, 미네랄 등이 함유된 티를 상황에 맞게 이용해보면 좋다.

스트레스로 인해 상태가 나빠지기 쉬운 위장이나 간장을 튼튼하게 만드는 것도 중요하다. 또 독소를 배출시키는 작용이 있는 단데리온이나 바독크(우엉 뿌리), 간장 해독 작용을 하는 밀크시슬도 좋고, 노폐물이나 독소를 배출하는 작용과 임파계를 자극하는 허브의 브랜드도 큰 효과가 있다.

간장에 작용하는 허브브랜드 티.

단데리온…1, 밀크시슬…1

독소를 배출하는 작용이 있는 단데리온과 간장의 세포를 재생하는 작용이 있고 술을 좋아하는 사람의 간장보호와 간기능 저하를 막아줄 밀크시슬을 브랜드하여 법랑냄비에 넣고 물을 부어 15~20분간 중불(中火)에서 끓여 거름망으로 걸러 낸 후 티로 마신다.

체내정화를 목적으로 한 브랜드 허브티

버독크루드(우엉 뿌리)…1
폿트마리골드…1

독소 배출 작용이 있는 버독크와 임파계를 정화하는 작용이 있는 폿트마리골드의 브랜드 티다. 체내정화, 혈액정화의 효과가 있으며, 여드름이 나기 시작할 무렵에 마시면 효과가 뛰어나다.

임파계를 자극해서 혈액을 정화하는 티

에키나세아…1   넷틀…1
레드크로버…1

임파계를 정화하는 작용이 있는 허브 브랜드다. 면역력을 높이고, 항알레르기작용도 한다. 여드름이 되풀이해서 생기는 사람에게 권할 수 있는 매력 있는 허브티다.

스트레스가 있을 때의 티

고쓰코라…1   스칼캅…1
페퍼민트…1   로즈힙…1

항스트레스작용이 있는 동시에 피부를 활성화시키는 작용과 여드름의 억제작용도 있는 허브브랜드 티다. 비타민 c도 많이 함유되어 있어 효과가 있다.

27. 여름을 탈 때

무덥고 열대야가 계속되는 한여름에는 기력이나 체력이 소진되어 몸이 나른하고 식욕도 없으며, 잠도 잘 오지 않고, 모든 일에 의욕이 없을 때는 체내의 비타민이나 미네랄의 소비가 많아져 있으므로 평소보다 많이 채소나 과일을 섭취하여 이를 보충해야 한다. 리프렉스 효과가 있는 것, 몸의 기능을 높여 줄 허브를 선택하여 활력을 찾는 것도 여름을 이기는 요령이다. 덥다고 사이다나 콜라 같은 청량음료수를 계속 마시다 보면 오히려 위장을 지치게 하는 원인이 된다.

허브티는 카페인이 없고 칼로리나 지방도 없으면서 단 것을 먹고 싶은 마음을 해소하는 바람직한 자연 음료이며, 더욱이 피로를 회복시키는 비타민이나 소화를 돕는 것 등 여러 가지 유효성분이 허브에 함유되어 있어서 여름을 이기고 활기찬 생활을 영위하게 해주는 데 유용하다.

원기왕성해지는 신맛 있는 허브티

히비스카스(로젤)…1   페퍼민트…1
레몬그라스…1

히비스카스의 붉은 빛이 매력 있는 티로 구연산이 함유되어있어 새콤한 맛이 입맛을 자극하고 피로를 회복시키는 효과가 있으며, 리프렉스 효과가 있는 페퍼민트의 향기, 소화관의 운동을 자극하여 소화를 촉진하므로 식욕 부진에도 효과가 있는 티다.

자외선에 노출된 뒤의 비타민 보급에

엘더 꽃…1   시나몬…1/3   로즈힙…1

여름휴가나 야외활동이 많은 계절에는 비타민 A와 C를 함유한 과일, 채소 외에 멜라닌 색소의 생성을 억제하고 비타민 C, A, B, E 등 비타민의 보고인 로즈힙이 좋은데, 로즈힙 허브 브랜드티는 여름을 타는 지친 사람들의 피로를 회복시켜주며, 여름감기 예방에도 효과가 있다.

간기능이 나빠졌다든가 식욕부진일 때

아티쵸크…1   단데리온…1
레몬밤…1

식욕이 떨어지면 체력도 저하된다. 이러한 원인은 맥주 등의 과음에 의한 간기능 저하에서 오는 경우도 적지 않은데, 간기능을 촉진하는 작용이 있는 허브브랜드 티를 마시면 도움이 된다.

나른해져서 아무 의욕이 없을 때

페퍼민트…1/4   홍차…1

홍차에 함유된 탄닌은 점막의 염증을 보호하고 항균작용을 하며, 민트는 소화촉진작용과 함께 기분을 전환시켜주는 상쾌한 풍미의 허브 브랜드 티다. 여기에 히비스가스 1을 첨가하면 더 근사하고 맛있는 피로 회복제 티가 된다.

28. 우울하고 기분이 가라앉을 때

기분이 조금 가라앉았을 때는 기분전환이 중요한데, 친구와 수다를 떨거나 목욕으로 리프렉스 하는 것도 좋다. 산책이나 가벼운 운동도 효과가 있으며, 뇌의 혈행이 좋아져서 리락스효과를 얻을 수 있다. 허브티를 마시면서 쉬는 것도 좋은 방법인데, 신경을 강화해서 기분을 밝게 하는 작용이 있는 허브를 중심으로 선택해서 브랜드티로 이용하면 도움이 된다. 우울한 기분이 오래 지속되어 기분이 가라앉으면 몸의 컨디션이 나빠지고 식욕도 감퇴되므로 우울증에 효과가 좋다는 비타민 B군을 함유한 허브나 영양의 밸런스가 좋은 식사로 바꾸고 신경을 안정시키는 것이 좋다.

원기를 내고 싶을 때

오렌지 과피…1   오렌지 꽃…1
레몬그라스…1

태양빛을 쪼인 오렌지가 가진, 기분을 밝게 하고 원기를 왕성케 하는 성분과 영양분을 흡수해서 심신의 긴장을 해소시킨다. 가라앉은 기분이 리프렉스 되는 진정작용과 감귤류의 상쾌한 향기가 심신의 불안도 해소해준다.

심신이 지쳐서 가라앉았을 때

바질…1   버베인…1
페퍼민트…1/2

긴장과 스트레스를 완화하고 신경계를 강장하는 작용이 있는 버베인을 중심으로 한 브랜드 티다. 아주 지쳐서 녹초가 되었을 때나 기력이 떨어져 손끝도 까딱하고 싶지 않을 때, 이 허브 브랜드 티는 큰 효력을 나타낸다.

상쾌한 기분이 되고 싶을 때

타임…1   레몬밤…1   로즈마리…1

기분이 가라앉아서 머리가 멍해질 때 심신에 활력을 주는 티다. 레몬밤에는 신경을 진정시키고 강장하는 작용이 있다.

불안과 긴장감이 붙어 따라 다닐 때

세인트죤스워드…1   라벤더…1/2
레몬밤…1

세인트죤스워드는 장 안의 세로토닌 농도를 높여 항울작용을 발휘하며, 진정작용이 있는 라벤더와 함께 불안과 긴장을 해소하는 효과가 있는 허브 브랜드 티다.

정서가 불안하여 기분이 고르지 못할 때

폿트마리골드…1   린덴 꽃…1/3
로즈…1

과민해진 신경을 진정시켜 정서를 안정시키는 작용을 하는 허브브랜드 티다. 소화기계의 활동도 촉진하므로 위의 통증이 있을 때도 권할 수 있다. 티의 빛깔이 곱고 맛도 좋다.

29. 위장이 나빠졌을 때

음식을 먹었는데 소화가 안되고 속이 무득하다든가, 위가 찌르듯이 아프거나 매스껍든가, 위장의 상태가 나쁠 때는, 기분도 썩 좋지 않고 식욕부진이 되기도 한다. 위장상태가 심하게 나쁠 때는 의사와 의논하고, 식사를 제한할 필요가 있다. 어느 정도 증상이 진정되면 증상에 맞추어서 건위, 소염, 매스꺼움 억제 등에 필요한 허브티를 쓴다. 증상이 가벼울 때는 위장의 활동을 좋게 하는 작용이 있는 허브티를 이용하는 것도 좋은 방법이 된다. 찬(冷) 음료수는 약해진 위장을 자극하므로 뜨거운 허브티가 좋다. 좋아하는 맛과 향이 있는 허브 브랜드를 익혀두면 급할 때 효과 있게 활용할 수 있다.

위를 상쾌하게 하고 싶을 때

페퍼민트…1   메도우스위트…1
레몬그라스…1

염증을 해소하고 매슥거림을 억제하며, 제산작용과 건위작용이 있어 소화기관을 지켜주는 허브티다. 상쾌감이 있는 풍미로 위가 상쾌해져서 기분도 리프렉스 된다.

토기(吐氣)를 수반한 불쾌한 증상에

저맨캐모마일…2   페퍼민트…1

저맨캐모마일은 과식이나 복통 등에 예로부터 쓰인 민간약으로 유명한데, 이때는 좀 진하게 우려내면 건위성분이 더 풍부해지므로 양을 2배로 한다. 위가 상쾌해지고 구풍, 진경, 소염작용이 있고 급성 위 증상에 좋은 허브티다. 매슥거림도 사라지고 편해진다.

식욕이 없을 때나 멀미가 날 때

㉠ 안젤리카 뿌리…1   저맨캐모마일…1
   진저…1

안제리카 뿌리의 쓴 맛이 식욕을 증진시킨다. 장의 운동을 활발하게 하는 동시에 가슴이 울렁거려 토할 것 같은 매스꺼운 증상을 억제하는 효과도 있다. 이 브랜드 티는 멀미에도 진정효과가 있다.

㉡ 레몬그라스…1   섬마세이보리…1
소화를 촉진하며 식욕도 증진시킨다.

㉢ 마조람 티는 식전에 마시면 식욕이 생기는 티이며, 달콤하고 쌉싸름한 맛이 식욕을 촉진하고 소화를 돕는다.

신경증에 의한 위장의 증상에

페퍼민트…1   레몬밤…1

경련을 억제하고 뱃속에 차있는 가스를 배출하는 구풍 작용이 있는 페파민트에 마음을 진정시키는 레몬밤을 브랜드하면 페퍼민트의 맛과 자극이 부드러워져서 시원한 풍미가 있는 브랜드 허브티가 된다.

복부를 따뜻하게 만들어 주어 소화를 촉진하는 브랜드 허브티

오렌지필(과피)…1   하비스가스(로젤)…1
시나몬(카시아)…1

오렌지의 과피를 우리는 진피(陳皮)라는 생약명으로도 부른다. 이 과피는 몸을 따뜻하게 해주고 진정작용이 있어 편히 잠들 수 있게 하며, 장의 운동을 정상화시켜 준다. 시나몬은 소화기계를 따뜻하게 하여 기능을 활발하게 하는 작용을 하며, 소화불량과 토기도 완화한다.

30. 월경전 증후군

월경전 증후군은 월경전 긴장증이라고도 하며 월경 시작 2주일(14일)전 쯤, 즉 배란기부터 일어나는데, 월경이 시작되면 씻은듯이 사라지는 여러 가지 증상을 말한다. 월경전 증후군은 증상이 매우 광범위하여 육체적, 정신적 증상 어느 쪽에도 나타난다. 예를 들면 정서불안, 복통, 과식, 편두통, 부기, 피부가 거칠어지고 좁쌀과 같은 부스럼도 나고, 흉부 압통(壓痛)도 있다.

원인은 홀몬의 언밸런스로 대개는 프로게스테론에 대한 에스트로겐의 과잉상태에 기인한다. 악화요인은 스트레스, 과로, 운동부족, 앉아만 있는 좌세(坐勢), 영양이 한쪽으로 치우쳐 있을 때, 월경에 대한 나쁜 생각, 변비, 카페인이나 알코올의 과다섭취 등이다.

허브브랜드 티로 홀몬의 밸런스를 조정해 주고 불쾌한 증상들을 완화해준다.

월경전 증후군의 통증에

피버퓨…1   폿트마리골드…1
저맨캐모마일…1

저맨캐모마일을 독일이나 영국에서는 "어머니의 티"라 하며, 월경 전 증후군이나 생리통에 진통, 진경작용을 하여 평안하게 한다. 피버퓨는 생리통을 완화하며, 자궁 강장효과도 있다. 폿트마리골드는 홀몬 같은 작용이 있어 생리에 의한 나쁜 증상들을 조정하며, 유방의 압통을 억제한다.

월경전 증후군의 정서 불안에

저맨캐모마일…1   스칼캅…1,
센트죤스워드…1/2   바레리안…1/2

긴장, 우울증을 완화하고 리락스효과를 높이므로 불안, 스트레스를 완화하여 정서를 안정시키는 허브브랜드 티다.
이 밖에 월경 전 증후군에 쓰이는 허브는 켓트니프, 당귀, 호프, 익모초, 라스베리 등이 있다.

월경전 증후군에 홀몬밸런스를 고르게 하는 허브브랜드 티

단데리온…1   체스트트리…1
블랙코호쉬…1

여성의 생식기관을 이완시켜 정상으로 만드는 작용과 홀몬바란스를 고르게 하며 활동을 정상화시키는 효과가 있는 티다. 증상완화에 유효한 해독작용도 한다.

3. 조급증이 생겼을 때

마음이 조급해지고 안달이 날 때는 그 이유를 잘 살펴서 대처할 필요가 있다.

원래 성미가 급해서 안달이 나기 쉬운 것이라면 기분 전환이 될 방법을 찾아본다. 심호흡을 하든가, 신경을 진정시킬 허브티를 마셔보든가, 피로가 쌓여서 조급증이 생길 때는 수면과 식사를 충분히 하는 것도 중요하다.

허브티를 마신다면 피로회복 효과가 있는 것을 택한다. 다이어트 중에 마음이 조급해진다면 그 방법을 다시 생각해볼 필요가 있다.

월경 전 증후군 등 몸의 상태가 나빠진 것이 원인인 경우도 있으므로 신경이 쓰이면 전문의와 상담한다.

안달이 나서 위가 아플 때

저맨캐모마일…1　레몬그라스…1
레몬밤…1

신경이 곤두서는 것을 진정시키는 효과와 위의 활동을 자극하여 소화를 촉진하는 효과가 있는 허브를 브랜드하면 스트레스로 인해 소화기계의 상태가 나빠졌을 때 효과가 있다.

마음이 조급해서 잠을 잘 수 없을 때

세인트존스워드…1　팻숀플라워…1
페퍼민트…1/2

정신피로를 회복시킬 수 있도록 작용하는 허브의 브랜드다. 마음이 조급한 것을 완화하여, 정신을 안정시킨다. 불면증, 두통에도 효과가 있는 청량감 있는 마시기 쉬운 허브 브랜드 티다.

신경의 피로를 개선하여 기분을 진정시켜 밝게 하는 티

페퍼민트…1　오렌지 꽃…1
세이지…1

진정작용이 뛰어나 신경이 곤두서서 안절부절 못하며 불안한 기분을 진정시키고 리프렉스 시켜주는 민트나 세이지 등은 강장작용이 있어 신경 피로를 개선한다. 오렌지 부롯삼(꽃)은 긴장과 불안을 해소하며 기분을 진정시키는 작용이 있다.

날카로와진 신경을 온화하게 풀어주는 허브 브랜드 티

라벤더…1　오렌지필(과피)…1
와일드 스트로베리…1

싱그러운 향기가 정신적인 피로나 스트레스, 마음의 조급함 등을 진정시켜 주며, 오렌지필 역시 신경을 진정시키는 작용이 있어 칼날처럼 뽀족해진 신경을 풀어서 온화한 기분으로 전환시켜준다. 건강 전반에 좋다고 하는 와일드 스트로베리는 간기능을 정상화시켜 주며 부어서 생기는 비만까지 해소시켜 준다.

조급증 때문에 두통이 있을 때	감귤계의 상쾌한 향기를 좋아하는 사람은
진저…1　라벤더…1/3　레몬그라스…1	페퍼민트…1　레몬버베나…1　레몬밤…1
라벤더는 두통을 완화하여 활력을 주는 작용을 하고 진저는 몸을 따뜻하게 하며, 레몬그라스는 비타민 c를 함유하고 있어 원기를 회복시킨다.	심신을 진정시켜 리락스시키는 작용이 있는 허브의 브랜드 티. 소화기계의 나빠진 증상을 완화하는 작용이 있고 향기를 코로 들이마시며 천천히 호흡하면, 뇌로 전달된 정유성분이 진정작용을 강화한다.

32 졸음, 무기력증에

졸려서 견디지 못할 때를 누구나 경험한다. 졸음은 생리전이나 수면부족 같은 경우에 몸이 잠을 필요로 한다는 신호다. 이런 때는 잠깐이라도 눈을 붙여 몸을 쉬게 하는 것이 좋다. 그런데 많이 잤는데도 왠지 머리가 멍하고 의욕이 없으며 나른한 것을 무기력(無氣力)상태라고 하며, 정신이 약해져 있는 것이 원인일 수 있다. 이럴 때는 에너지를 높이며 강장효과와 두뇌를 명석하게 하는 효과가 있는 허브티를 마시면 효과가 있다. 평상시보다 다소 진하게 티를 브랜드 하는 것이 효과가 있다.

심신의 소모에 효과 있고, 생활에 의욕을 주는 허브티	감귤류의 향기가 기분을 리프렉스 시켜주는 허브 브랜드 티
타임…1　페퍼민트…1　레몬밤…1	레몬그라스…1　레몬버베나…1　레몬밤…1
정신을 강장하여 졸음을 쫓아주는 브랜드다. 타임은 몸을 따뜻하게 하는 특성이 있어 혈액순환을 원활하게 하므로 무기력에 대한 효과가 있다. 뇌의 활동을 활성화시키는 작용이 있다.	정신을 강장하여 원기 있게 하는 효과가 있는 감귤류의 허브브랜드다. 프레쉬허브가 있다면 넉넉하게 넣고 우려내어 마시는데, 이 티는 향기가 좋아 기분을 명랑하게 해 준다.

뇌를 활성화시켜 졸음을 깨우는 티	두뇌회전을 좋게 하여 심신을 단련하는 티
히솝…1　페퍼민트…1　로즈마리…1	레몬밤…1　페퍼민트…1　로즈마리…1
혈액순환을 촉진하고 뇌를 활성화 시키는 작용과 전신에 대한 강장효과도 있는 허브티다. 생명력이 넘쳐서 무기력해지지 않게 작용한다.	두뇌의 회전을 좋게 하여 명석하게 만들고, 정신이 번쩍 들게 하는 허브 브랜드 티다.

33 집중력이 없을 때

일이나 공부 등 하지 않으면 안 되는 일에 집중하고 싶을 때는 리락스가 지나쳐도 안되고 흥분이 지나쳐도 곤란해진다.

우선은 명상을 하든가 심호흡을 해서 기분을 안정시키는 것이 도움이 된다.

허브 중에는 혈액순환을 촉진하여 뇌에 혈류공급을 잘 되게 함으로서 집중력이나 기억력을 높이는 작용이 있는 것도 있다. 이런 허브를 티로 한 것을 마시면 기분전환이 되고, 일이나 공부를 하기 전에 마시면 효과가 있다. 그 중에서 은행잎이나 코쓰콜라, 로즈마리는 젊음을 되찾아주는 허브로 알려져 있어 '아이쓰하이머' 치료를 위한 연구에도 쓰이고 있다. 건강을 위해서 이 허브브랜드 티를 마셔보길 권한다.

기억력을 높이는 허브 브랜드 티

은행잎…1   로즈마리…1

은행잎이나 로즈마리는 기억력을 높이는 허브로 잘 알려져 있다. 어느 것이나 혈액순환을 촉진하여 뇌를 활성화시켜 기억력과 집중력을 높이는 효과가 있다. 눈이 번쩍 뜨이는 것 같은 자극적인 향기의 티다.

심신이 피곤하여 머리가 맑지 않을 때

타임…1   호손 열매…1   마태…1

호손열매는 혈액순환을 잘되게 하는 효능이 있고 뇌의 활동을 좋게 한다. 타임과 마태에는 강장작용이 있고 소모된 심신에 활력을 준다.

마음이 어수선해서 집중이 안될 때

고쓰코라…1   바질…1

인도 등에서 건강과 기억력을 높이기 위해 쓰이고 있는 고쓰코라와 정신을 안정시켜 집중력을 높이는 바질을 브랜드하여 효과를 높인다. 왠지 안정되지 않고 안절부절 하는 때에 마셔보면 효과가 높다.

34. 체력, 기력의 저하에

몸 전체가 왠지 쇠약해졌다고 생각될 때나 스트레스나 병으로 체력이나 기력이 소모되었을 때와 나이 들어가면서 심신이 노쇠해 가는 것이 염려되어 원기를 회복하고 싶고 힘찬 생활을 하고 싶을 때가 있다. 에너지를 비축하기 위해서는 수면과 식사라는 기본적인 생활습관을 건전하게 하는 것이 중요하다.

우리는 인삼과 녹용을 강장제의 으뜸으로 알고 즐겨 찾지만 비싼 가격때문에 망설이게 된다. 값싸고 안전한 허브로 체력과 기력을 강화해보자. 옛날부터 육체적, 정신적 강장을 위해 민간요법으로 허브가 쓰여왔다. 인도에서는 '아쥬와칸다'나 '고쓰콜라'가 쓰였고 남미에서는 '마태'가 유명하다. 이것들은 신경을 안정시키는 작용과 함께 많은 영양소가 고루 함유되어 있어서 이것을 브랜드하면 상승효과를 기대할 수 있다.

스트레스를 받아도 이겨낼 수 있는 허브 브랜드 티

아쥬와칸다…1   보리지…1

스트레스를 받으면 우선 반응하여 홀몬을 방출하는 것이 부신(副腎)이다. 보리지는 부신의 기능을 회복시켜 스트레스에 대한 저항력을 높여 주는 작용을 한다. 강장작용이 있는 아쥬와칸다를 브랜드한다.

활력을 높여주어 기분을 리프렉스 시키는 티

세이지…1   타임…1   레몬그라스…1

신경강장작용과 소화촉진작용이 있는 세이지나 타임은 몸에 활력을 주며, 잃었던 입맛을 찾아 주어 기분을 리프렉스 시켜준다. 레몬그라스의 살균 건위효과와 새콤한 맛의 레몬향도 식욕을 자극하여 기분을 밝게 해준다.

젊음을 되찾아 주는 티

은행…1   고쓰코라…1   팻숀플라워…1

은행과 고쓰코라는 혈액순환을 촉진하여 뇌를 활성화 시키므로 젊음을 되찾게 해주는 허브로 유명하다. 팻숀플라워와 함께 신경을 안정시키는 작용이 있다.

신경계를 강화하는 작용이 있는 티

오트 보리…1   마태…1

비타민, 미네랄, 단백질을 풍부하게 함유한 허브 브랜드 티다. 정신적으로 피로해 졌을 때나 모든 것이 귀찮고 의욕이 없을 때는 신경계에 영양을 주어 강장하는 이 티가 좋다.

심신의 활력을 높여주고 뇌의 활동을 활성화 시키는 티

로즈마리…1   포도주스100%… 1컵

포도주스는 몸의 기능을 높여주는 효과가 있고 로즈마리는 혈행을 촉진하여 대사를 활발하게 하고 심신의 활력을 높여주며, 몸의 회복을 촉진시켜 뇌의 활동을 활성화 한다.

04 part

식용화(edible flower)

herb

식용화
(食用花: edible flower)

식용화란 먹을 수 있는 꽃을 말하며, 허브산업이 발전하면서 먹을 수 있는 꽃과 샐러드에 이용 가능한 허브를 섞은 허브 비빔밥이란 것이 등장하여 인기를 얻어가고 있다. 그런데 먹는 꽃의 역사는 생각보다 오랜 것이다. 삼월삼짇날(음력 3월 3일)에 들에 나가서 갓 핀 진달래꽃을 따다 꽃술을 뽑아버리고 찹쌀가루 반죽의 전을 부쳐 그 위에 꽃을 붙여서 지진 화전(花煎)을 먹고 노는 것을 두견화전놀이라 하여 시인 묵객들이 즐긴 봄의 풍류 중 하나였다. 또 9월 9일의 중양절(重陽節)에 국화(甘菊)를 따서 술을 빚어 이 날에 마시면 재액을 물리친다는 고사에서 비롯된 국화주도 있고, 아카시아 꽃이 필 때면 달콤한 꽃송이를 따서 튀김으로 만들어 즐기는 세련된 꽃 요리도 일반화된 식용화의 이용법이다.

중국에서는 원추리의 채 벌어지지 않은 꽃봉오리를 따다 쪄서 말린 것을 금침채(金針菜)라 하여 귀히 여기는 약용(철분이 많다), 식용화 채소다. 꽃에는 잎이나 뿌리와는 또 다른 성분의 영양소와 약효성분이 있으며 모양과 빛깔, 향이 두드러지는 점이 더 매력적이다.

허브의 꽃은 1년 초, 다년초, 상록수, 낙엽수, 관목, 교목, 덩굴성식물까지 다양하며, 그 어느 것이나 다 꽃이 피지만, 먹을 수 있는 것과 독이 있어 먹을 수 없는 것이 있으므로, 먹을 수 있는 백 수십 종 중에서 흔히 볼 수 있으면서도 알기 쉬운 영양가도 높고 약리작용이 있는 것을 골라본다. 요리전문서적이 아니므로 여기서는 꽃 이름을 중심으로 특성을 열거한다. 허브티용 샐러드나 허브비빔밥용, 튀김용, 꽃술(花酒), 죽(花粥), 빵, 쿠키, 케이크, 아이스크림, 샤벳트, 스프, 소스 등 헤아릴수 없을 정도로 조리 방법이 많지만, 이 중 몇 가지만 소개한다.

미국의 로스엔젤리스에서 차로 2시간 정도 달리면 산타바바라 시의 외곽에 파라다이스팜(농장)이 있는데, 오래 전부터 허브 농장으로 알려졌으나, 지금은(1983년) 식용화(edible flower)생산을 주로 하고 있

다. 이곳의 식용화는 45종 이상이며, 전국의 농장이 동참하여 미국 뿐 아니라 영국 및 세계 여러 나라에 수출하고 있다. 일본의 경우도 식용화가 식품점에 당당하게 진열되고 있다.
우리 농촌도 지역사회의 개발차원에서 시도해 볼 가치가 충분하다. 단, 허브나 식용화가 청정지역에서 농약을 사용하지 않고 화학비료도 쓰지 않으며, 유기농으로 가꾼 것이라는 인증을 받는다면 결코 실패하지 않을 것이다.
식용화의 영양이나 효능은 아직 우리 나라에서 밝혀진 것이 없어 외국의 예를 참조했음을 밝혀둔다.
관상용으로 재배된 꽃은 대개가 농약을 사용했으므로 식용에는 부적당하며, 손수 프란타에 재배해 이용하는 것은 즐거움이 될 수 있다. 허브와 식용화의 차이점은 허브는 잎, 줄기, 뿌리 등도 이용하지만 식용화는 오로지 꽃만 이용하는 것이 차이점이다.

1. 식용화의 수확시기와 방법

꽃은 수명이 일정치 않다. 하루살이 꽃도 있고 몇 일씩 피어있는 것도 있는데, 어느 것이나 꽃이 완전히 개화할 직전이 수확 적기이며, 될 수 있는 대로 향기가 높을 때 수확하는 것이 좋다. 맑은 날 아침 일찍 이슬이 마르기 전에 딴다. 꽃의 전성기에는 하루 종일 수확할 수 있다. 멀리 수송할 때나 사용할 날까지 시간여유가 있을 때는 개화기(수확기)보다 일찍 따는 것이 좋다. 날이 선 칼이나 가위로 잘라서 자른 부위가 부서지지 않게 한다.

2. 보존법

자른 생화는 장거리 수송의 경우 오아시스에 꽂아서 팩에 저장하여야 안전한데, 이 때는 일반 수확시보다 2~3cm 길게 자른다. 밀폐용기에 넣어 스프레이하여 안개로 수분을 보전케 한 후 뚜껑을 덮어준다. 또 비닐봉지에 넣어 보관할 때는 젖은 흰종이(키친페이퍼티슈)나 젖은 흡습지에 싸서 비닐봉투에 넣어 냉장고에 보관했다가 쓰면 갓 딴 꽃 같다. 또 아이스큐브에 1송이씩 또는 꽃잎 몇 장씩 넣고 물을 부어 얼리면 냉티에 훌륭하게 쓸 수 있다.
프레쉬 에드벌 플라워(식용화)는 공기에 노출되면 변질되기 쉬우므로 될 수 있는 데로 채취 후 상하지 않게 빨리 보관 처리하는 것이 상책이다.

3. 이용법

식용화는 프레쉬 티로 이용할 수도 있고 샐러드와 비빔밥, 비네거, 아이스크림, 샤벳트,

피클, 에드벌플라워 오일도 만들 수 있다.

열을 가하여 만든 식용화 요리에는 꽃떡, 꽃전, 케익, 쿠키, 튀김, 스프, 소스, 볶음요리, 젤리, 쨈 등이 있다.

4. 드라이로 보존하는 법

식용화는 건조시켜 보존했다가 이용할 수도 있다. 꽃을 채취해서 큰 꽃은 꽃잎만 따고, 잔 꽃은 한 송이씩 넓은 소쿠리나 통기성 있는 광주리 등에 겹쳐지지 않게 엷게 펴서 바람이 잘 통하는 그늘에서 빨리 건조시킨다.

백열등 밑에서 건조시킬 수도 있다. 이 때는 전등에서 12~13cm 띄워 타지 않게 건조시킨다. 또 오븐이나 전자레인지에서도 건조 시킬 수 있다.

오븐이면 요리후의 여열을 이용한다. 스위치를 끄고 150℃ 이상에서 오븐의 문을 열어놓고 꽃잎을 밧트에 엷게 펴서 넣든가, 내열접시에 페이퍼티슈를 깔고 꽃잎을 엷게 펴서 2분간씩 종이를 바꿔가면서 3, 4회 하면 건조된다. 건조된 꽃은 열을 식혀 밀폐용 유리병에 반쯤 넣고 시리가겔(건조제)을 넣은 뒤 위에 다시 꽃잎을 채워서 밀폐한 후 햇볕이 들지 않는 그늘지고 시원하면서 건조한 곳에 보관하면 변질이 적다. 건조시킨 식용화는 6개월~1년 이내에 소비해야 한다.

식용화를 이용할 때는 반드시 약하지만 물을 쫙 뿌려 씻어 빨리 물기를 걷어 내며 큰 꽃이나 꽃술, 악편이 붙은 것은 제거하고 꽃잎만 쓰고, 큰 꽃은 보기 좋은 모양으로 잘라서 쓴다. 예를 들면 폿트마리골드, 해바라기, 콘플라워(수레국화), 데이지, 로즈, 카네이션 같은 것은 꽃잎만 따고 해당화, 작약, 모란, 목련, 홀리훅(접시꽃)같은 것은 잘게 자르며, 1송이씩 쓸 수 있는 것으로는 나스터쥼, 팬지, 피오라, 프리물라 오브코니카, 꽃배코니아, 스위트피, 금어초, 캐모마일 등이다. 민트류는 꽃 이삭을 적당한 길이로 잘라 쓴다.

티로 쓸 수 있는 식용화

① 동양허브 식용화

인동(허니써클), 진달래, 작약, 잇꽃(사플라워), 해바라기, 국화, 금목서, 치자, 벗꽃, 동백꽃, 찔레, 해당화, 달맞이꽃, 유자꽃, 석류꽃, 앵초, 송화(松花), 술패랭이꽃, 음양곽(삼지구엽초), 박하, 등골광대수염, 매

화, 라일락, 무궁화

② 서양허브 식용화

아니스, 아니스히솝, 오래가노, 오렌지, 카네이션, 캐모마일, 크라리세이지, 그로브핑크, 콘플라워(수레국화), 크로버(흰색), 래드 크로버, 사프란, 크림손 크로버, 쟈스민, 스위트바이올렛, 스위트피, 스테비야, 썬마세이보리, 세이지, 파인애플 세이지, 파블 세이지, 단데리온(서양민들레), 히비스가스(로렐), 오팔바질, 붓슈바질, 시나몬바질, 스위트바질, 팬지, 하즈, 히솝, 비올라, 펜넬, 프리물라 포리안사, 블랙베리, 라스베리, 블루베리, 와일드스트로베리, 패추니아, 벨가못트 로즈, 벨가못트 핑크, 벨가못트 레몬, 폿트마리골드, 호손, 호프, 보리지, 홀리호크(접시꽃), 콤몬말로우(블루, 당아욱), 무스크말로우, 스피아민트, 페파민트, 페니로얄민트, 야로우, 잉그릿시라벤더, 프렌치라벤더, 스토카스라벤더, 덴다타라벤더, 라일락, 린덴(서양피나무), 레디스멘틀, 레몬, 레몬밤, 로즈, 로즈마리, 센트죤스워드, 타임, 에리카

샐러드로 쓸 수 있는 식용화

① 서양허브 식용화

금어초, 나스터쥼, 단데리온, 데이지, 덴파레, 라베지, 라일락, 레디스멘틀, 레몬밤, 잉그릿쉬 라벤더, 프렌치 라벤더, 토스카스 라벤더, 텐타 라벤더, 로즈, 로즈마리, 로켓트, 마스터드, 매구노리아, 말로우(코몬 부루, 당아욱), 무스크말로우, 오팔바질, 붓슈바질, 시나몬바질, 스위트 바질, 베코니야, 벨가못트 핑크, 벨가못트 로즈, 벨가못트 레몬, 보리지, 비올라, 사프란, 썸마세이보리, 파인애플 세이지, 스독크, 스위트 바이올렛, 스위트 피, 세러드바넷, 스테비야, 스위트마조람, 스피아민트, 아티죠크, 아니스, 아니스히솝, 알로에, 오래가노, 야로우, 자스민, 차빌, 차이브스, 카네이션, 캐모마일, 크라리 세이지, 크롤핑크, 코리안더, 콘플라워, 크로바(白), 레드크로버, 타임, 팬지, 팻숀플라워, 펜넬, 프리물라 포리안사, 페추니아, 폿트마리골드, 홀러호크, 훅샤, 히솝, 이상은 서양의 에디벌 플라워다.

② 국내산 식용화 (샐러드 용)

얼레지, 진달래, 달래, 옥잠화, 칡, 치자, 벚꽃, 쑥갓, 춘란, 작약, 동백, 털머위, 민들레(동양), 음양곽(삼지구엽초), 박하, 홍화(잇꽃), 인동, 해당화, 찔레, 등나무, 목단, 참나리, 도라

지, 원추리, 머위, 술패랭이, 국화, 말곰취(갯머위), 부추, 초롱꽃, 섬고추냉이(와사비), 호박, 쥬키니호박

샐러드로 쓸 수 있는 식용화는 호박과 같은 큰 것보다는 잘다란 것으로 송이째 쓸 수 있는 것은 모두 꽃비빔밥에 쓸 수 있다. 이때 연한 펜넬이나 스테비아잎(잔 것)을 곁들이면 더 맛있으며 보기에도 좋다.

튀김에 쓸 수 있는 식용화

① **동양허브 식용화**

무궁화, 민들레, 땃두릅, 덩굴광대수염, 술패랭이, 얼레지, 도라지, 국화, 옥잠화, 칡, 치자, 벚꽃, 작약, 쑥갓, 춘란, 동백, 부추, 해당화, 머위, 등꽃, 초롱꽃, 목단, 참나리, 달맞이꽃, 섬고추냉이, 아카시아, 말곰취(갯머위), 원추리, 유채꽃, 들깨꽃

② **서양허브 식용화**

로켓트, 로즈마리, 로즈, 레몬밤, 레몬, 린덴, 라일락, 스토카스라벤더, 덴타 라벤더, 잉그릿쉬 라벤더, 프렌치 라벤더, 라베지, 야로우, 스피아민트, 마조람, 마구노리아, 콤몬말로우(블루), 마스터트, 홀리호크, 보리지, 폿트마리골드, 훅샤, 벨가못트 레몬, 벨가못트 핑크, 벨가못트 로즈, 페츄니아, 블루베리, 라즈베리, 브랙배리, 와일드 스트로베리, 베코니아, 프리물라 포리안사, 피올라, 히솝, 하-즈, 팬지, 팻숀플라워, 스위트바질, 시나몬바질, 붓슈바질, 오팔바질, 히비스가스, 히비스가스 로젤, 나스터쥼, 텐파레, 데이지, 딜, 쵸로기, 차빌, 차이브, 차이니스핑크, 타임, 단데리온, 센디트제라늄 로즈, 센티트제라늄 민트, 크로버(白), 레드크로버, 사프란, 스위트바이올렛, 스위트피, 스테비야, 스독크, 세이지, 파인애플 세이지, 파불 세이지, 크라리 세이지, 구로브핑크, 썸마세이보리, 스납드라곤(금어초), 캐모마일, 카네이션, 오래가노, 알로에, 아니스히솝, 아니스, 아티쵸크

이것들은 튀김 옷을 엷게 입히는 것이 꽃의 빛깔과 향을 살릴 수 있다.

스프에 쓸 수 있는 식용화

튀김에 쓸 수 있는 식용화 중, 스프에 쓸 수 없는 것은 음양곽, 금목서, 찔레꽃, 박하꽃, 페퍼민트, 페니로얄민트, 콘플라워. 이 밖의 튀김이나 기름에 지진 것에 쓰는 것은 스프에 모두 쓸 수 있다. 단 다른 재료를 끓여 익힌 후에 스프를 그릇에 담기 직전에 넣는 것이 좋다.

꽃죽에 쓸 수 있는 식용화

다시마로 국물을 내서 불린 쌀을 넣고 죽을 쑨 다음 쌀이 풀어지면 그릇에 담기 전에 꽃잎을 넣고 한소끔 끓이면 맛있는 죽이 된다.

차빌, 차이브, 바질, 나스터쥼, 사프란, 벚꽃, 소렐, 얼레지, 섬고추냉이꽃 등 꽃잎을 통째로 쓰는 것보다 채 썰어 넣는 것이 훨씬 모양 있고 맛도 좋다.

꽃술을 만들 수 있는 식용화

꽃을 술에 넣어 꽃술(약술)을 만들 때, 맛이나 향이 강한 위스키나 브랜디, 스캇치, 버본 같은 것을 피하고 화이트리거, 소주, 워카, 진, 람, 데킬라 같은 무색의 증류주를 쓴다. 담글 꽃의 향이나 빛깔, 맛 등을 손상시키지 않는 것과 부패되지 않게 하는 것이 중요하다. 꽃은 술에 담그기 전에 깨끗이 씻어 물기를 잘 걷은 후 프레쉬나 드라이 어느 것이라도 주머니에 넣어 담근다. 만개가 지난 꽃은 쓰지 않는다. 꽃술은 과자, 요리의 부향제 또는 화장품, 목욕재로도 쓰이므로 될 수 있으면 감미료를 넣지 않고 담근다. 마실 때 꿀을 치면 된다. 당분을 꺼리는 당뇨병이나 다이어트하는 사람은 스테비아나 감초를 넣어 마시면 된다. 입구가 큰 병에 담구어야 숙성된 후 꺼내기 쉽다. 라벨(식물명, 제조년월일) 등을 붙이고, 어둡고 서늘한 곳에 1개월쯤 두면 꽃술이 된다. 주머니를 꺼내고 다시 2~3개월 숙성시키면 마실 수 있다. 주의할 것은 꽃을 너무 오래 넣어두면 쓴맛이 나는 경우가 있다.

라벤더나 말로우, 보리지 등은 1주일이면 꽃술이 된다. 하룻밤 소주에 재어두어도 맛있는 꽃술이 되는 것도 있다.

① 동양의 허브 식용화

음양곽, 국화, 금목서, 치자, 벚꽃, 작약, 춘란, 부추, 해당화, 목단, 참나리, 찔레꽃, 동백, 술패랭이, 덩굴광대수염, 달맞이꽃, 산사나무(호손), 인동(허니서클), 잇꽃(사플라워), 접시꽃(홀리호크), 단아욱(코몬 말로우블루),

② 서양허브 식용화

아니스, 알로에, 오래가노, 오렌지, 카네이션, 캐모마일, 로젤, 펜넬, 폿트마리골드, 호손, 스피아민트, 페파민트, 페니로얄민트, 민트, 잉그리쉬 라벤더, 프렌치 라벤더, 스티캇트 라벤더, 텐타 라벤더, 린덴, 레몬밤, 로즈, 로즈마리, 자스민, 레몬, 사프란, 래드크로버, 화이트크로버, 코리안더, 야로우, 라베지, 라일락, 무스크말로우, 스위트마조람, 보리지, 호프, 덴파레, 세이지, 파인애플 세이지, 섬마세이지, 스테비야, 스위트 피, 스위트바이올렛, 구로브힝크, 크라리세이지, 콘플라워, 단데리온, 바질오팔, 피올라, 프리물라 포리안사, 팬지, 팻숀플라워, 시나몬바질, 부랙베리, 라스배리, 블루배리, 와일드스트로배리, 센티트제라늄 로즈, 센티트제라늄 민트

샤베트에 쓸 수 있는 식용화

① 동양허브 식용화

금목서, 치자, 벚꽃, 살구꽃, 매화, 찔레꽃, 해당화

② 서양허브 식용화

자스민, 스위트바이올렛, 로젤, 말로우, 코몬말로우 브랙크, 스피아민트, 페파민트, 페니로얄 민트, 잉그릿쉬라벤더, 프렌치라벤더, 스톡가스 라벤더, 덴타라벤더, 팬지, 피올라, 펜넬, 프리물라 포리안사, 폿트마리골드, 보리지, 홀리호크, 나스터듐 테이지, 스테비야, 스위트피, 오렌지, 카네이션, 크라리세이지, 그로브핑크, 콘플라워, 라일락, 레몬밤, 레몬, 로즈, 파인애플 세이지, 센티트제라늄 로즈, 센티트제라늄 민트 등 꽃술(花酒)을 섞으면

부드럽고 맛있는 샤베트가 된다. 빙수처럼 얼음을 갈았을 때는 위에다 꽃을 잘게 썰어 흩뿌리면 맛과 향이 돋보인다.

아이스크림에 쓸 수 있는 식용화

꽃 중에는 단백질에 의해 색이나 맛이 변하는 것이 있어 샤벳트에는 쓸 수 있으나 아이스크림에 쓸 수 없는 것도 있다. 샤벳트에 쓸 수 있는 식용화 중에서 쓸 수 없는 것만 골라 적어 둔다. 레몬, 로젤, 펜넬, 크라리세이지, 파인애플세이지, 센티트제라늄 로즈와 민트, 나스터듐 등을 제외한 다른 식용화는 샤벳트를 만들 수 있는 식용화와 동일하게 아이스크림 식용화로 쓸 수 있다.

INDEX : 학명(알파벳순)

A
- achillea milleforium 120
- agrimonia eupotoria 112
- alchemilla vulgaris 61
- aloe barbadenis 117
- aloysia triphylla 60
- althaea officinalis 73
- anethum graveolens 49
- angelica archangelica 118
- angelica gigas 48
- arctium lappa 87
- arctostaphylos uva-ursi 137
- aspalathus linearis 68
- astragalus membranaceous 187
- avena sativa 134

B
- borago officinalis 92

C
- calendula officinalis 175
- camellia sinensis 149
- carthamus tinctorus 100
- carum carvi 151
- centella asiatica 43
- chamaemelum nobile 154
- cimicifuga racemosa 93
- cinnamomum 110
- citrus aurantium 131
- citrus limon 55
- citrus vulgaris 130
- coix lacryma-job 140
- coriandrum sativum 158
- crataegus monogyna 183
- crocus sativus 98
- curcuma longa 166

- cymbopogon citratus 56
- cynara scolymus 116

D
- diospyros kaki 42

E
- echinacea purpurea 124
- eleutherococcus 40
- elettaria cardamomum 41
- equisetum arvense 184
- erica vulgaris 123
- eruca vesicaria subsp 67
- eucalyptus globulus 139
- euphrasia officinalis 114

F
- filipendula ulmaria 79
- foeniculum vulgare 173
- fragaria vesca 136

G
- galium aparine 163
- geranium thunbergi 143
- ginkgo biloba 141
- glycyrrhiza glabra 69
- gymnema sylvestris 44

H
- hamamelis virginiana 138
- hibiscus sabdariffa 189
- houttuynia cordata 122
- humulus lupulus 186
- hypericum perforatum 103
- hyssopus officinalis 191

I
- ilex paraguayensis 75

J
- jasminum officinale 145
- juniperus communis 147

L
- lavendula officinalis 50
- leonurus cardiaca 72
- linum usitatissimum 176

M
- marrubium vulgare 181
- matricaria chamomile 154
- malva sylvestris 77
- medicago sativa 119
- melilotus officinalis 81
- melissa officinalis 58
- mentha piperita 171
- mentha spicata 109
- mentha suaveoleus 172
- momordica charantia 128
- monarda didyma 90
- morus alba 82

N
- nepeta cataria 157

O
- ocimum basilicum 86
- olea europaea 135
- origanum majorana 74
- origanum vulgare 129
- orthosiphon 160

P
- panax ginseng 144
- passiflora incanrnata 168
- petroselinum crispum 167
- pimpinella anisum 113
- primula veris 152
- prunella vulgaris 105
- pulmonaria offieinalis 53

R
- ribes nigrum 96
- rosa canina 65
- rosa gallica officinalis 62
- rosemarinus officinalis 64
- rubusidaeus 52
- rumex crispus 127

- ruscus aculeatus 94

S
- salix alba 180
- salvia officinalis 102
- sambucus nigra 126
- satureja hortensis 101
- scutellaria lateriflora 107
- sehizandra chinensis 132
- silybum marianum 83
- stachys officinalis 89
- stevia rebaudiana 108
- syzygium aromaticum 162

T
- tanacetum parthenium 178
- taraxacum officinale 46
- thymus vulgaris 164
- tilla europaea 71
- trifolium pratense 54
- trigonella foenum 170
- tussitlago farfara 159

U
- uncaria tomentosa 155
- urtica dioica 45

V
- vaccinium myrtillus 97
- vaccinium oxycoccus 161
- valelianna officinalis 84
- verbascum thapsus 78
- verbena officinalis 88
- viola tricolor 179
- viola odorata 106
- vitex agnus castus 150

W
- withania somnifera 115

Z
- zingiber officinale 146

INDEX : 영명 (알파벳순)

A
- agrimony 112
- alfalfa 119
- aloe vera 117
- angelica 118
- angelicae gigantis 48
- anise 113
- apothecary rose 62
- apple mint 172
- artichoke 116
- ashwagandha 115
- astragalus 187

B
- basil 86
- bear berry 137
- bergamot 90
- betony 89
- bilberry 97
- bitter gourd 128
- bittle orange peel 131
- black cohosh 93
- black currant 96
- borage 92
- burdock 87
- butchers broom 94

C
- coriander 158
- caraway 151
- cardamom 41
- catnip 157
- cat's claw 155
- cat's whiskers 160
- cawslip 152
- chaste tree 150
- chinese persimmon kaki 42
- cinnamon 110
- cleavers 163
- cloves 162
- coicis semen 140
- colts foot 159

D
- dandelion 46
- dill 49

E
- echinasea 124
- elder 126
- eleuthero 40
- eucalyptus 139
- european cranberry 161
- eyebright 114

F
- fennel 173
- fenugreek 170
- feverfew 178
- flax 176

G
- german chamomile 154
- ginger 146
- ginkgo 141
- ginseng 144
- gofu kora 43
- gymnema 44

H
- hawthorn 183
- heartsease 179
- heather 123
- hibiscus 189
- hops 186
- horehound 181
- horsetall 184

	houttuyniae herba 122			pot marigold 175
	hyssop 190		**R**	raspberry 52
J	jasmine 145			red clover 54
	juniper 147			rocket 67
L	lady's mantle 61			roman chamomile 154
	lavender 50			rooibos 68
	linden 71			rose hip 65
	lemon 55			rosemary 64
	lemon balm 58		**S**	safflower 100
	lemon grass 56			saffron 98
	lemon verbena 60			sage 102
	liquorice 69			schizandra 132
	lungwort 53			self heal 105
M	mallow 77			skullcap 107
	marjoram 74			spearmint 109
	marshmallow 73			stevia 108
	meadowsweet 79			stinging nettle 45
	melilot 81			st. john's wort 103
	milk thistle 83			summer savory 101
	motherwort 72			sweet violet 106
	mulberry 82		**T**	tea 149
	mullein 78			thyme 164
O	oats 134			turmeric 166
	olive 135		**V**	valerian 84
	orange blossom 130			vervain 88
	oregano 129		**W**	wild strawberry 136
	oriental geranium 143			willow 180
P	paraguay tea 75			witch hazel 138
	parsley 167			yarrow 120
	passion flower 168		**Y**	yellow dock 127
	peppermint 171			

| 판권 사유 |
| 본소 |

커피보다 쉽게 즐기는
122가지 허브티

2014년 1월 15일 초판 3쇄 발행

저 자 : 최 영 전
발행인 : 김 중 영
발행처 : 오성출판사

서울시 영등포구 영등포동6가 147-7
TEL : (02) 2635-5667~8
FAX : (02) 835-5550

출판등록 : 1973년 3월 2일 제13-27호
ISBN : 978-89-7336-340-7
www.osungbook.com

값 18,000원

※파본은 교환해 드립니다.
※독창적인 내용의 무단 전재, 복제를 절대 금합니다.